# 工程咨询 BIM 技术应用指南

中晟宏宇工程咨询有限公司 ◎ 编著

中国·武汉

图书在版编目(CIP)数据

工程咨询BIM技术应用指南/中晟宏宇工程咨询有限公司编著.—武汉：华中科技大学出版社，2023.1
ISBN 978-7-5680-9139-8

Ⅰ.①工… Ⅱ.①中… Ⅲ.①建筑工程-咨询服务-应用软件-指南 Ⅳ.①F407.9-39

中国国家版本馆CIP数据核字(2023)第012102号

### 工程咨询BIM技术应用指南
Gongcheng Zixun BIM Jishu Yingyong Zhinan

中晟宏宇工程咨询有限公司　编著

策划编辑：康　序
责任编辑：段亚萍
封面设计：孢　子
责任监印：朱　玢
出版发行：华中科技大学出版社(中国·武汉)　　电话：(027)81321913
　　　　　武汉市东湖新技术开发区华工科技园　　邮编：430223
录　　排：武汉创易图文工作室
印　　刷：湖北新华印务有限公司
开　　本：889mm×1194mm　1/16
印　　张：16.5
字　　数：527千字
版　　次：2023年1月第1版第1次印刷
定　　价：88.00元

本书若有印装质量问题，请向出版社营销中心调换
全国免费服务热线：400-6679-118　竭诚为您服务
版权所有　侵权必究

运用数字信息技术推动谐钧人企业高质量发展

癸卯春月
玉华生题

## [编委会]

**主　编**　陈继东　梅金元　黄　磊

**副主编**　刘　京　林文敏

**参　编**（按姓氏笔画排序）

　　　　　乐苏华　刘玺悦　李向阳　肖　凯　林　晶
　　　　　罗　涛　周林军　赵　晓　胡　灿

**审　核**　秦永祥　陈　明　陈复昌

# 序 言

建筑业是产品规模最大的行业，也是数据量最大的行业，也是数据最难处理的行业，也是当前所有行业中最缺乏数据的行业。随着"数字中国"和"中国建造"等概念的提出，建筑业企业对数字化发展也越来越重视，特别是对作为数据载体的BIM技术，加大了推广应用的力度。我国BIM技术在建造阶段的应用水平已逐步和世界接轨，价值呈现日渐明显，BIM技术也被认为是提升工程项目精细化管理的核心竞争力。

工程咨询行业是建筑产业链中的重要一环，包含了项目管理、工程监理、工程造价、招标代理、全过程咨询等诸多子行业。BIM技术在这些咨询行业板块中，均能发挥出重要作用。应用BIM技术，咨询企业能够解决复杂工程的大数据创建、管理和共享应用，在数据、技术和协同管理三大层面，提供革命性的咨询管理手段。BIM将带来咨询产业价值链的重分布，能够将咨询行业各个子板块通过BIM技术进行有效的整合，为工程咨询企业创造更多的价值。

在中晟宏宇工程咨询的管理实践中，无论是以监理质量控制工作为主导的鲁班奖项目"湖北省医养康复中心项目"，还是以项目管理工作为主导的BIM技术全方位应用的"湖北省档案馆新馆项目"，抑或是侧重工程造价成果应用的"湖北鄂州花湖机场项目"，都可以高效地建立工程数字模型，应用BIM软件系统快速精准地进行数据分析，实现如BIM模型出图、设计BIM模型出量、碰撞检查、模型综合会审、BIM辅助进度控制、BIM模型计量支付、竣工移交运维管理等技术应用，最后实现基于互联网的项目级企业级的协同管理。BIM的这些能力给咨询行业的生产力带来巨大提升。另外，咨询行业的新业态全过程工程咨询也能借助BIM技术，实现项目业务流的整合，工作协同将完全重新定义，参建各方将在统一的平台中高效、标准地完成工作。

本书的出版，期待引发工程咨询行业各方在BIM技术应用方面开拓思路、积极创新，不断推进BIM技术在工程咨询业的深度应用与融合。希望以上诸多方面能给大家一些启发，在企业BIM之路上走上捷径。

企业创始人：黄玮
2023年1月10日

# 前 言

随着我国大力推动建筑业高质量发展,以新型建筑工业化带动建筑业全面转型升级迫在眉睫,工程咨询行业可以利用 BIM 技术,建立具有自身特色的全过程工程咨询服务管理体系及标准。

本书为应用指南类图书,是对工程咨询行业 BIM 技术应用的一次总结。本书以中晟宏宇工程咨询有限公司 BIM 研发中心现有的工作标准为基础,对从 BIM 技术起源到标准体系、管理体系的搭建,再到项目落地实施进行了详细阐述,并依托五个 BIM 实施案例进行总结分析,从不同角度展现了工程咨询 BIM 技术实施的应用价值。

本书分为 9 个部分,主要内容为工程咨询 BIM 技术概论、工程咨询 BIM 技术应用、BIM 技术应用实施路径、BIM 技术应用管理体系、咨询单位 BIM 实施标准、咨询企业 BIM 样板文件搭建、工程咨询企业管综深化要求、工程咨询企业 BIM 模型深化审核要点、BIM 技术咨询应用案例分析。

本书的主要特点如下:

一、内容针对性强,是咨询行业践行 BIM 技术的有力参考。根据 BIM 发展现状,为工程咨询行业定制 BIM 应用实施方案,增强工程咨询行业对 BIM 技术的认知,为项目实操提供指导性意见。

二、坚持以工程实践总结经验教训。根据以往项目经验形成完备的应用体系,并以项目实施过程验证其应用价值。

三、结构编排合理,内容详略得当。以常用 BIM 软件、BIM 应用点作为重点,以现有的国家标准为基础,不断细化企业级 BIM 相关标准,充分融合企业相关 BIM 技术成果,按照 BIM 概论—BIM 应用概述—实施路径及体系建立—一系列实施标准—案例分析的基本思路进行内容编排。

本书在编写过程中,参考和引用了一些文献资料,在此谨向相关文献资料的作者表示衷心感谢。由于编者水平有限,书中难免存在不足和疏漏之处,敬请读者批评指正。

编 者

2023 年 1 月

# 目录 Contents

## 第 1 章　工程咨询 BIM 技术概论　/001
1.1　工程咨询 BIM 技术应用概述　/002
1.2　工程咨询 BIM 技术的政策文件　/005

## 第 2 章　工程咨询 BIM 技术应用　/009
2.1　工程咨询 BIM 应用特点　/010
2.2　工程咨询 BIM 应用模式　/014

## 第 3 章　BIM 技术应用实施路径　/018
3.1　确定 BIM 咨询应用目标　/019
3.2　搭建 BIM 咨询团队组织架构　/019
3.3　选择合适的软件工具和硬件环境　/020
3.4　制定 BIM 咨询实施标准　/021
3.5　BIM 深化设计　/022
3.6　审查与确认　/022
3.7　成果与交付　/023

## 第 4 章　BIM 技术应用管理体系　/025
4.1　团队建设的必要性　/026
4.2　BIM 团队建设　/026
4.3　建立 BIM 技术咨询工作制度　/029

## 第 5 章　咨询单位 BIM 实施标准　/032
5.1　BIM 模型命名规则　/033
5.2　BIM 模型结构分类编码标准　/035
5.3　BIM 模型精度标准　/036
5.4　模型版本管理标准　/052
5.5　项目实施交付标准　/052

## 第 6 章　咨询企业 BIM 样板文件搭建　/057
6.1　咨询行业搭建 BIM 样板的必要性　/058

6.2 咨询行业搭建 BIM 样板的实施目标 /058
6.3 样板文件搭建步骤 /058

## 第 7 章　工程咨询企业管综深化要求　/104

7.1 管综深化排布目的及必要性 /105
7.2 管综深化排布基本原则 /105
7.3 初级管综深化排布注意点 /109
7.4 高级管综深化排布方案 /114

## 第 8 章　工程咨询企业 BIM 模型深化审核要点　/127

8.1 咨询单位审查职责 /128
8.2 全专业通用审核要点 /129
8.3 结构专业审核流程及要点 /134
8.4 建筑专业审核流程及要点 /144
8.5 机电专业审核流程及要点 /151

## 第 9 章　BIM 技术咨询应用案例分析　/181

9.1 湖北鄂州花湖机场项目 BIM 技术应用案例 /182
9.2 湖北省医养康复中心项目 BIM 技术应用案例 /197
9.3 湖北省档案馆新馆项目 BIM 技术应用案例 /213
9.4 高科创新产业园项目 BIM 技术应用案例 /224
9.5 中国移动东湖高新信息港园区项目 BIM 技术应用案例 /242

# 第1章 工程咨询BIM技术概论

GONGCHENG ZIXUN BIM JISHU GAILUN

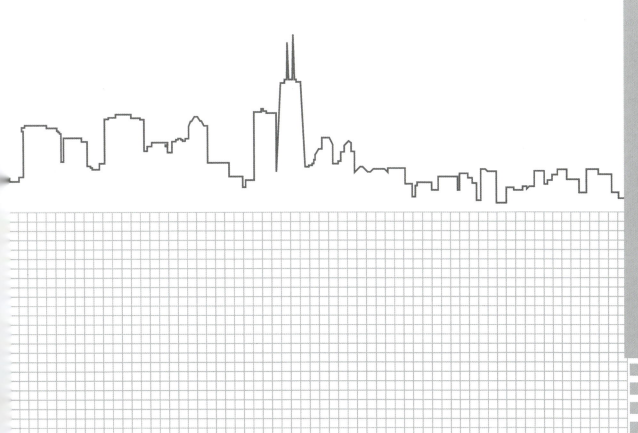

## 1.1 工程咨询 BIM 技术应用概述

BIM（building information modeling）即建筑信息模型，这一名词相信读者并不陌生，在我国经常被冠以"高大上""高科技""技术创新"等标签，给人一种既神秘又厉害、无所不能的感觉。作为从事多年 BIM 行业的建设者，我们认为并不需要过度对 BIM 技术进行神化，它是一种新技术，是一种新的管理模式，但它并不是无所不能，请沉下心理性地看待它。下面将从 BIM 的起源、BIM 技术在我国的发展情况、现阶段 BIM 支撑软件的应用情况这三个方面带领大家重新认识 BIM 技术。

### 1.1.1 BIM 的起源

BIM 起源于美国，也首先在美国发展起来。任职于美国佐治亚理工学院（Georgia Tech）的 Chuck Eastman，借鉴制造业的产品信息模型，在 1975 年，于 AIA 杂志上发表了关于"建筑描述系统（building description system）"的工作原理，"A computer-based description of a building"基于计算机 对建筑物进行智能模拟，也就是最初的 BIM 概念。随着 BIM 技术逐步在世界各国进行应用，逐渐衍生出"Building Information Modeling（建筑信息模型）"一词，并且 2002 年我们所熟知的 Autodesk 公司使用了"BIM"这个词，并推出了自己的 BIM 系列软件产品。随着 BIM 技术在我国的逐步落地实施，其"可视化、模拟性、协调性、优化性、可出图性、信息的完备性、信息的关联性、信息的一致性"八大特点也逐渐崭露头角。

### 1.1.2 BIM 技术在国外的发展情况

从全球的 BIM 发展方向看，BIM 技术与业务场景结合，更加有效地应用到各个阶段，为建筑业企业带来了可观的价值，成为现阶段应用 BIM 技术的共识。BIM 在全球各国实施落地的过程中，也出现了差异化的解读和诠释。

BIM 技术在国外的应用更多的是一种市场行为，政府的参与度不高，但是会设置各种 BIM 协会、BIM 咨询机构，同时也出台了各种 BIM 指导标准。例如：美国的 GSA（美国总务署）、USACE（美国陆军工程兵团）这两个机构要求所有大型项目、所有军事建筑项目都需要应用 BIM 技术。另外 BSA（building SMART alliance）出台了多版 BIM 技术相关标准，以便于更好地实现协同工作。

英国政府要求强制使用 BIM。2011 年 5 月，英国内阁办公室发布了《政府建设战略》（Government construction strategy），政府要求到 2016 年，全面协同 3D-BIM，并将全部的文件以信息化管理。

北欧是一些主要的建筑业信息技术软件厂商的所在地，由于北欧冬天漫长多雪，建筑设计的预制化非常重要，加之先进建筑信息技术软件的推动，BIM 技术的发展主要靠企业的自觉行为。

日本软件业较为发达，多家日本 BIM 软件商在 IAI 日本分会的支持下，以福井计算机株式会社为主导，成立了日本国产解决方案软件联盟。此外日本建筑学会在 2012 年发布了日本 BIM 指南，从团队建设、数据处理、设计流程、预算、模拟等方面提供 BIM 技术应用的指导。

韩国多个政府部门（比如公共采购服务中心和国土交通海洋部）都致力于制定 BIM 的标准。

新加坡负责建筑业管理的国家机构是 BCA（建筑管理署），其在 2010 年成立了一个 600 万新币的 BIM 基金项目，任何企业都可以申请，政府部门带头在所有新建项目中明确提出 BIM 需求。

### 1.1.3 BIM 技术在我国的发展情况

现阶段,我国建筑业已由高速增长阶段转向高质量发展阶段,迫切需要建筑数字信息技术为其发展助力,而 BIM 技术的引进恰好可以与其他数字技术的数据进行结合,逐步形成 BIM 作为载体的数字化管理系统。现如今 BIM 技术早已从最初的概念游走到落地实施,从单阶段碎片化技术应用到全过程集成化应用,我国各建筑企业对 BIM 技术应用点的研发及探索也可谓各有千秋。同时对 BIM 的认知也在不同层面进行了普及,其模型应用领域、数据应用拓展领域也越来越广,并且衍生了 BIM+GIS、BIM+装配式、BIM+智慧工地等新技术应用。

随着我们对 BIM 技术的不断深入挖掘,也出现了很多应用瓶颈:缺少高质量 BIM 模型难以实施落地;缺少统一的实施标准,各阶段 BIM 模型无法互通互用;现阶段缺乏一定的顶层设计思维,二维向三维的转换进程较慢;软件的研发不能与相关需求相匹配;数据接口的互通性不高,无法实现高效的共建共享,等等。笔者相信随着我国在信息化建设方面的投入,BIM 相关标准的不断建设完善,BIM 相关软件产品的不断研发迭代,以上问题将会迎刃而解,BIM 技术应用未来可期。

### 1.1.4 现阶段 BIM 应用软件支撑情况

目前 BIM 软件市场的主力军仍然是以国外 Autodesk、Bentley、Trimble 三大软件公司所推出的系列 BIM 软件为主,而我国虽然也涌现出广联达、品茗、红瓦、晨曦、橄榄山等一大批软件开发商,但其下的软件绝大多数也是依附于国外的基础建模软件之上,更多的是作为基础软件的一些插件以及一些技术应用,是管理类的软件。以下对 BIM 核心建模软件的选用进行简单的介绍:

(1)Autodesk 公司的 Revit 建筑、结构和机电系列,在民用建筑市场借助 AutoCAD 的天然优势,有相当不错的市场表现;

(2)Bentley 建筑、结构和设备系列,Bentley 产品在工厂设计(石油、化工、电力、医药等)和基础设施(道路、桥梁、市政、水利等)领域有无可争辩的优势;

(3)Trimble 公司是 GPS 技术开发和应用的领先者,旗下 BIM 软件侧重于与测量工具相结合,其中 Tekla 能够在材料或结构十分复杂的情况下,实现准确细致、极易施工的三维模型建模和管理,也是国内钢结构应用最为广泛的 BIM 软件。

因此,对于工程咨询行业 BIM 核心建模软件技术路线的确定,可以考虑如下基本原则:

(1)民用建筑用 Autodesk Revit;

(2)工厂设计和基础设施用 Bentley;

(3)单专业建筑事务所选择 ArchiCAD,Revit,Bentley 都有可能成功;

(4)项目完全异性、预算比较充裕的可以选择 CATiA。

通过建筑行业企业 BIM 软件应用情况调研发现,在 BIM 建模工具类软件中,Autodesk 系列的 Revit、Civil 3D、InfraWorks 等国际主流 BIM 软件应用占比仍比较大(87.08%,见图 1-1-1),其中 Civil 3D、InfraWorks 主要面向交通运输、土地开发和水利建设等项目,而 Revit 应用场景更为宽广。在实际项目实施过程中,Revit、Bentley、Tekla 为使用频率最高的三款软件,其中 Bentley 主要应用于市政工程,Tekla 主要应用于钢结构专业,Revit 为使用最广泛、应用场景最全面的 BIM 软件。

BIM 技术应用仅仅靠基础建模软件是远远不够的,我们完成一个项目定制化的 BIM 技术应用往往需要多款软件进行结合使用,只有数据互通、成果共享才能满足项目 BIM 技术应用高效的成果输出,才能实现一模多用的内在价值。

下面将从方案设计软件、BIM 绿色分析软件、BIM 结构分析软件、BIM 机电分析软件、BIM 可视化软件、BIM 成本管理软件、BIM 运维管理软件等方面进行简单介绍:

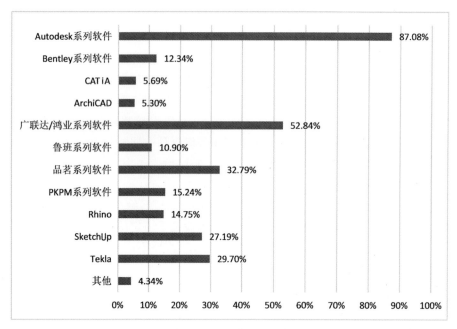

图 1-1-1 常用的 BIM 建模工具类软件品牌

(1)方案设计软件。

BIM 方案设计软件用在设计初期,其主要功能是把业主设计任务书里面基于数字的项目要求转化成基于几何形体的建筑方案,目前主要的 BIM 方案设计软件有 SketchUp、Rhino、FormZ、Onuma Planning System 和 Affinity 等。

(2)BIM 绿色分析软件。

可持续或者绿色分析软件可使用 BIM 模型的信息对项目进行日照、风环境、热工、景观可视度、噪声等方面的分析,主要软件有国外的 Echotect、IES、Green Building Studio 以及国内的 PKPM 等。

(3)BIM 机电分析软件。

水暖电等设备和电气分析软件,国内产品有鸿业、博超等,国外产品有 Design Master、IES Virtual Environment、Trane Trace 等。

(4)BIM 结构分析软件。

结构分析软件是目前和 BIM 核心建模软件集成度比较高的产品,两者之间基本上可以实现双向信息交换,主要软件有国外的 ETABS、STAAD、Robot 以及国内的 PKPM 等。

(5)BIM 可视化软件。

可视化软件可对模型进行漫游模拟、建造模拟、工艺模拟以及可视化交底等,作为成果输出的交互手段,常用的可视化软件包括 Lumion、Fuzor、720yun 等。

(6)BIM 成本管理软件。

成本管理软件利用 BIM 模型提供的信息进行工程量统计和造价分析,由于 BIM 模型结构化数据的支持,基于 BIM 技术的造价管理软件可以根据工程施工计划动态提供造价管理需要的数据,这就是所谓 BIM 技术的 5D 应用。国外的 BIM 造价管理软件有 Innovaya 和 Solibri,鲁班、广联达是国内 BIM 造价管理软件的代表。

(7)BIM 运维管理软件。

BIM 模型为建筑物的运维管理阶段服务是 BIM 应用重要的推动力和工作目标,在这方面美国运营管理软件 Archibus 是最有市场影响力的软件之一。

## 1.2 工程咨询BIM技术的政策文件

BIM技术政策是指国家、行业、地方及组织等制定的，用以引导、促进BIM技术应用和进步的相关政策。2011年5月，住建部发布了《2011—2015年建筑业信息化发展纲要》（建质函〔2011〕67号），这是我国建筑行业领域中第一次出现的BIM技术政策，可以看作BIM技术应用的起步政策，同时把BIM技术作为支撑建筑行业产业升级的核心技术进行重点发展，把BIM从理论研究阶段推进到工程应用阶段；在住房城乡建设部《关于印发推进建筑信息模型应用指导意见的通知》（建质函〔2015〕159号）中，国家将BIM技术提升为建筑业信息化的重要组成部分；在《2016—2020年建筑业信息化发展纲要》（建质函〔2016〕183号）中强调了BIM集成能力的提升，首次提出了向"智慧建造"和"智慧企业"的方向发展。

一般BIM技术政策可分为三个级别，首先是国家和行业的BIM技术政策，用以推动整个行业的BIM应用水平；其次是地方BIM技术政策，是结合了地方特色与需求制定的BIM进步激励机制；而组织及企业层面的BIM技术往往是更详细的组织形式或企业制度。

BIM技术作为数字化转型核心技术，逐渐从以施工阶段为主的应用向全生命期应用辐射，将建筑在全生命期内的信息集成在统一模型中，以工程咨询BIM技术实施作为联系枢纽，解决设计、施工、运维不同阶段业务分块割裂、数据无法共享的问题，实现一体化、全过程的应用。

### 1.2.1 涉及工程咨询的国家和行业标准

在国家层面，数字化转型是国家第十四个五年规划的主旋律。当前，我国建筑业正走向以新型工业化变革生产方式、以数字化推动全面转型、以绿色化实现可持续发展的创新发展新时代。

根据住建部2022年1月发布的《"十四五"建筑业发展规划》，2025年基本形成BIM技术框架和标准体系。在BIM软件研发方面，鼓励骨干企业和专业人才的发展；在标准建设方面，重点内容为编制数据接口、信息交换等标准，推进BIM与生产管理系统、工程管理信息系统、建筑产业互联网平台一体化应用；在BIM平台方面，实现设计、生产、施工环节数据共享；在BIM区域管理方面，探索建立单个项目建设与区域管理融合的新模式，在既有建筑区域探索基于现状的快速建模技术；在BIM报建审批方面，建立BIM辅助审查审批的信息系统，推进BIM与城市信息模型（CIM）平台融通联动。

2019年3月，国家发展改革委、住房城乡建设部印发《关于推进全过程工程咨询服务发展的指导意见》中，明确提及要建立全过程工程咨询服务管理体系。咨询单位要建立自身的服务技术标准、管理标准，不断完善质量管理体系、职业健康安全和环境管理体系，通过积累咨询服务实践经验，建立具有自身特色的全过程工程咨询服务管理体系及标准。大力开发和利用BIM、大数据、物联网等现代信息技术和资源，努力提高信息化管理与应用水平，为开展全过程工程咨询业务提供保障。

住房和城乡建设部在国内已有的BIM应用软件成果的基础上，截至2022年8月共发布10项BIM国家标准制定项目，从信息共享能力、协同工作能力、专业任务能力等方面对国家和行业BIM技术应用进行了研究与相关内容的编制；交通运输部、民航局、铁路局对其涉及的相关的工程领域共发布了6项标准，这些对工程咨询行业开展BIM技术应用均提供了政策引导与规则制约（见表1-2-1）。

表1-2-1 中国国家BIM标准

| 序号 | 标准名称 | 标准要点 | 重点关注对象 |
| --- | --- | --- | --- |
| 1 | 《建筑信息模型应用统一标准》GB/T 51212—2016 | BIM技术应用原则，是其他标准的基本准则 | 所有使用BIM技术的人员 |

续表

| 序号 | 标准名称 | 标准要点 | 重点关注对象 |
|---|---|---|---|
| 2 | 《建筑信息模型分类和编码标准》GB/T 51269—2017 | 建筑工程模型的分类和编码的基本原则、格式要求 | 软件开发人员、相关BIM技术人员 |
| 3 | 《建筑信息模型存储标准》GB/T 51447—2021 | 建筑工程全生命周期模型数据的存储要求 | 所有使用BIM技术的人员 |
| 4 | 《建筑信息模型施工应用标准》GB/T 51235—2017 | 施工阶段建筑信息模型的创建、使用和管理要求 | 施工人员、工程咨询人员 |
| 5 | 《建筑信息模型设计交付标准》GB/T 51301—2018 | 建筑工程设计模型数据交付的基本原则、格式要求、流程等 | 设计人员、工程咨询人员 |
| 6 | 《建筑工程设计信息模型制图标准》JGJ/T 448—2018 | 建筑工程设计模型单元表达、交付物表达、几何精度表达等 | 设计人员、工程咨询人员 |
| 7 | 《制造工业工程设计信息模型应用标准》GB/T 51362—2019 | 制造工业分支标准 | 制造业BIM设计人员和建造人员 |
| 8 | 《城市信息模型(CIM)基础平台技术导则》 | 城市"多规合一"业务协调平台的建设与管理 | 所有使用BIM技术的人员 |
| 9 | 《工程建设项目业务协同平台技术标准》CJJ/T 296—2019 | 工程建设协调平台的建设与管理 | 所有使用BIM技术的人员 |
| 10 | 《城市轨道交通工程BIM应用指南》2018年5月30日发布 | 城市轨道交通工程应用BIM技术 | 城市轨道交通项目参与人员 |
| 11 | 《公路工程施工信息模型应用标准》JTG/T 2422—2021 | 公路工程施工阶段BIM技术标准 | 公路工程项目参与人员 |
| 12 | 《公路工程信息模型应用统一标准》JTG/T 2420—2021 | 公路工程应用BIM技术标准 | 公路工程项目参与人员 |
| 13 | 《公路工程设计信息模型应用标准》JTG/T 2421—2021 | 公路工程设计阶段BIM技术标准 | 公路工程项目参与人员 |
| 14 | 《水运工程信息模型应用统一标准》JTS/T 198-1—2019 | 水运工程应用BIM技术标准 | 水运工程项目参与人员 |
| 15 | 《民用运输机场建筑信息模型应用统一标准》MH/T 5042—2020 | 民用机场建设工程应用BIM技术标准 | 民用机场建设工程项目参与人员 |
| 16 | 《铁路工程信息模型统一标准》TB/T 10183—2021 | 铁路工程应用BIM技术标准 | 铁路工程项目参与人员 |

### 1.2.2 涉及工程咨询的地方性标准

近年来全国各地纷纷出台了相关的BIM政策,而各地在推动BIM技术应用的政策和标准中,都有涉及工程咨询行业。例如:在2022年4月,湖北省住建厅《关于促进全省工程勘察设计行业高质量发展的若干措施》提出,在工程总承包、全过程工程咨询、智能建造、BIM、CIM应用等领域,打造一批新型企业或企业集团;2022年4月,《厦门市建设局关于印发厦门市房屋建筑和市政基础设施工程施工过程结算试点工作方案(试行)的通知》,鼓励咨询单位在全过程咨询服务中应用BIM等新技术。

这些地方BIM技术政策大多参考了住房和城乡建设部2015年发布的《关于印发推进建筑信息模型应

用指导意见的通知》，结合了各个地方的发展需求，从思想建设指导、确定工作目标、确立实施范围、布置重点任务、完善保障体系等多方因素，给出了地方性BIM应用的方法，部分地方标准也填补了国家标准在不同行业的空白。

一般地方标准的要求会高于国家标准，在项目实施时一般要求采取更为严格的标准来执行。不仅是技术推广应用类的相关标准，应用收费模式类相关标准以及细分领域应用类相关标准的出台也是越来越多，按照以上类型对目前地方性BIM标准和技术政策进行列举示例，如表1-2-2所示。各地方详细BIM政策可在地方政府网站进行浏览查阅，此处不一一列出。

表1-2-2 中国部分地方BIM标准

| 标准类型 | 标准名称 | 发布机构 | 发布/实施时间 |
| --- | --- | --- | --- |
| 技术推广应用相关标准 | 《山西省住房和城乡建设厅关于进一步推进建筑信息模型(BIM)技术应用的通知》 | 山西省住房和城乡建设厅 | 2020年7月 |
| | 《贵州省建筑信息模型技术应用标准》DBJ52/T 101—2020 | 贵州省住房和城乡建设厅 | 2020年12月 |
| | 《建筑工程信息模型设计交付标准》SJG 76—2020 | 深圳市住房和建设局 | 2020年8月 |
| 应用收费模式相关标准 | 《北京市房屋建筑和市政基础设施工程智慧工地做法清单(2022年版)》 | 北京市住房和城乡建设委员会 | 2022年4月 |
| | 《南京市建筑信息模型(BIM)技术应用服务费用计价参考(设计、施工阶段)》 | 南京市城乡建设委员会 | 2021年6月 |
| | 《河南省房屋建筑和市政基础设施工程信息模型(BIM)技术服务计费参考依据》 | 河南省住房和城乡建设厅 | 2021年4月 |
| 细分领域应用相关标准 | 《市政道路工程信息模型施工应用标准》 | 深圳市住房和建设局、深圳市交通运输局 | 2022年6月 |
| | 《深圳市装配式混凝土建筑信息模型技术应用标准》T/BIAS 8—2020 | 深圳市建筑产业化协会 | 2020年4月 |
| | 《医院建筑BIM版物业运维指南编制技术导则》JD 14-057—2021 | 山东省住房和城乡建设厅 | 2021年9月 |
| | 《成都市市政工程建筑信息模型(BIM)设计技术规定(试用版)》 | 成都市住房和城乡建设局 | 2022年3月 |

## 1.2.3 工程咨询企业级标准

随着国家和地方标准的出台与不断细化，企业作为BIM技术应用的前沿阵地，承担着BIM技术应用落地的责任，相较于其他标准，企业级BIM技术应用标准有着更强的针对性与实操性。作为工程咨询企业，需要对BIM的特性进行深入研究并与工程项目各个环节的业务进行有效的结合，制订详细有效的指导性计划，并进行深入实践，才能保证建筑工程的各个阶段的BIM技术应用得到落地实施，才能真正体现工程咨询企业BIM实践的价值。

制定工程咨询企业级BIM技术标准应该从两个方面入手：一方面是要充分理解BIM技术的优势，结合企业自身业务板块，发挥企业核心竞争力，以现有的BIM技术应用项目作为案例，结合自身实际情况制定企业现有BIM业务模块的标准；另一方面要根据实际情况加强BIM技术的资源投入，在企业内部及外部来宣贯 BIM 应用模式,通过全员参与来广泛听取不同意见,来完善企业的 BIM 技术应用标准。

企业 BIM 技术的落地应循序渐进,搭建标准的业务模块、框架体系与工作流程,以及协调工作、培训管理机制等,确保 BIM 技术应用落地。充分了解 BIM 技术、掌握 BIM 技术实施手段,更好地为企业及工程咨询行业发展做出贡献。每个企业 BIM 标准方向、范围、内容均会有差异,集团 BIM 标准体系管理办法可参见图 1-2-1,具体标准根据实际情况制定。

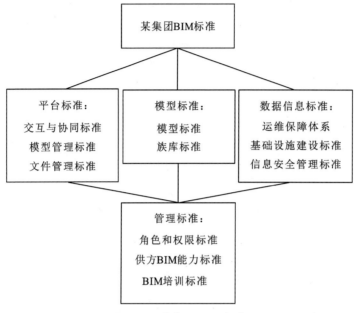

图 1-2-1　某集团 BIM 标准

# 第 2 章

# 工程咨询BIM技术应用

GONGCHENG ZIXUN BIM JISHU YINGYONG

近几年在国家 BIM 相关政策的推动下，BIM 技术在我国各种类型的项目上均得到了落地实施，同时随着建筑业信息化的改革，优胜劣汰的市场竞争显得异常激烈，工程建设各参建方也在着手策划自己的 BIM 咨询团队，由于各企业所处的角色不同，对 BIM 技术应用的探索也有所不同，目前我国 BIM 技术的应用呈现出百花齐放、各有千秋的态势。

在 BIM 技术的应用中有的侧重设计，有的侧重施工，或者从单个阶段的碎片化应用延伸至全生命周期集成应用，其目的都是获取项目数字化建设所带来的各项利好，同时还可以为项目管理赋能。

咨询企业的 BIM 服务模式同样离不开以上所谈到的 BIM 技术的碎片化应用与全过程集成应用，根据项目的规模和 BIM 使用场景及特点的不同，可对工程咨询 BIM 服务模式进行分类。

## 2.1 工程咨询 BIM 应用特点

### 2.1.1 BIM 应用特点

BIM 技术的应用可以贯穿于建设项目全生命周期，而工程建设的施工阶段，是将建设项目规划设计变成现实的关键环节，利用 BIM 技术应用为载体的过程管理体系，能够提升建设水平、保证施工质量，得到更多的经济效益。BIM 技术具体应用价值体现在以下几个方面：

（1）可视化：BIM 模型可以将建筑形态完整真实地展现出来，大大减少由工程人员的脑力想象所产生的错误与偏差，不仅节省时间，且可提高准确性。

（2）参数化：BIM 模型搭建的同时，构件会内置许多不同类型的参数，同时使用者也可依照项目需求自定义新的参数挂接在模型构件中，也可以利用外部参数反写到模型构件中。

（3）冲突检查：在实际设计中，往往由于各专业的沟通不足，导致施工过程中冲突不断，产生大量的设计变更与拆改。BIM 技术可以实现的冲突检测包括硬碰撞与软碰撞，硬碰撞是指两物体在空间中有所重叠而发生碰撞；软碰撞则指两物体在空间中虽未重叠，但因检修空间需要以及施工操作空间需要，必须要保持一定的空间距离，当无法满足这个距离而发生的碰撞。

（4）分析模拟：通过已建好的三维模型，BIM 技术可以直观地进行各项参数分析与模拟，包括节能分析、环境模拟、疏散逃生模拟等。

（5）施工模拟：BIM 技术可以帮助工程人员在工程开始前进行施工仿真，大大减少施工现场的空间冲突，直观地帮助工程人员改善空间配置，保证工程顺利进行，减少不必要的二次运输、场地内转运等问题。

项目全过程的 BIM 技术应用中，主要工作内容及预期成果见表 2-1-1。

表 2-1-1　项目全过程 BIM 技术的基本应用

| 序号 | 应用项 | 工作内容及预期成果 |
| --- | --- | --- |
| 1 | 场地分析 | 通过 BIM 与 GIS 的结合，对场地及拟建的建筑物的空间数据进行建模并分析，帮助项目在规划阶段评估场地的使用条件和特点 |
| 2 | 建筑性能模拟分析 | 利用 BIM 软件生成能量模型并进行分析计算，可以帮助优化提高建筑全生命周期的能耗效率，辅助设计者进行方案选择，包含能耗分析、照明分析、日照分析等 |
| 3 | 设计方案比选 | 基于 BIM 的设计方案比选，能节省方案设计所花费的大量时间与精力，通过 BIM 参数化的特性可以快速实现不同方案的转换与表达 |

续表

| 序号 | 应用项 | 工作内容及预期成果 |
| --- | --- | --- |
| 4 | 虚拟仿真漫游 | 利用 BIM 模型的可视化功能进行虚拟空间漫游,可指导施工并提高施工效率,亦可配合投标、市场营销、设备选型等 |
| 5 | 平面、立面、剖面检查 | 利用 BIM 模型的可视性能对模型进行任意平立剖面检查,比 CAD 图纸更加形象、直观且便捷 |
| 6 | 面积明细表统计 | 针对设计方案创建体量模型,快速创建面积分析明细表,实现建筑各楼层分析成本效益最高或利益最大 |
| 7 | 专业模型构建 | 搭建不同专业 BIM 模型是开展后期应用工作的基础 |
| 8 | 碰撞检测 | 通过全面的三维校审,在此过程中可发现大量隐藏在设计中的各类协同问题 |
| 9 | 三维管线综合 | 通过对管线综合模型进行调整,可达到消除碰撞问题、协调专业间冲突、施工精确定位、工程量统计、可视化管理等目的,确保模型管线最接近于施工成品 |
| 10 | 净空优化 | 对空间狭小、管线密集或净高要求高的区域进行净空分析,提前发现不满足净空要求和美观需求的部位,避免后期设计变更 |
| 11 | 二维图表达 | 根据模型可导出二维图纸,能增强模型设计意图的表达,并且模型与图纸可进行参数化联动,确保按模施工的准确性 |
| 12 | 施工深化设计 | 在施工前进行模型深化等工作,将模型应用深度与精细度进一步提升 |
| 13 | 施工场地规划 | 利用 BIM 软件对施工各阶段的场地地形、既有设施、周边环境、施工区域、临时道路及设施、加工区域、材料堆场、临水临电、施工机械、安全文明施工设施等进行规划布置和分析优化,实现场地布置科学合理 |
| 14 | 施工方案模拟 | 运用 BIM 模型与时间参数的挂接对施工方案进行真实的模拟,找出施工方案中的不足,并对实施方案进行改进 |
| 15 | 构件预制加工 | 运用 BIM 技术的构件制作能帮助施工单位实现高效率、高精度、高质量、低成本的工厂化预制加工和现场高效安装完美结合的目标 |
| 16 | 进度模拟与进度对比 | 通过将 BIM 与施工进度计划链接,将空间信息与时间信息整合在 BIM 模型中,可以直观、精确地反映整个建筑的施工过程。并且通过计划进度与实际进度对比,能合理优化使用施工资源以及科学地进行场地布置,对整个工程的施工进度、资源和质量进行统一管理和控制 |
| 17 | 设备与材料管理 | 利用 BIM 数据库对安装材料及设备进行管控,实现材料管理有的放矢,降低材料成本 |
| 18 | 质量与安全管理 | 综合运用 BIM 与数字监控、场地扫描、无线通信、移动互联及物联网等技术,以提高施工安全、提升施工精度和效率,通过工程控制确保施工的安全和质量 |
| 19 | 竣工模型构建 | 竣工模型内置各项施工信息以及各类设备参数信息,主要运用于竣工阶段的检查结算、核算工程量,以及运维管理中的设备管理、物业管理、维修维护管理等 |
| 20 | 运维管理方案策划 | 将 BIM 运维平台与运营维护管理系统进行融合,进行设备、能源、安保、租户等方面的管理,从而有效降低运营维护的成本 |
| 21 | 运维管理系统搭建 | 建筑运维管理系统的功能划分主要包括以下几个方面:空间管理、资产管理、设备管理、公共安全管理、能耗管理、合同管理、用户管理等 |

续表

| 序号 | 应用项 | 工作内容及预期成果 |
|---|---|---|
| 22 | 运维模型构建 | 运维阶段的BIM模型更关注模型数据的提取和模型视图的应用 |
| 23 | 空间管理 | 空间管理主要包括空间实际使用情况、空间可利用情况,可细分为租赁管理、垂直交通管理、车库管理、办公管理 |
| 24 | 资产管理 | 资产管理主要包括资产台账和资产借用两个部分 |
| 25 | 设备设施管理 | 设备设施管理主要包括设备信息管理和设备故障管理两个部分 |
| 26 | 应急管理 | 利用BIM技术进行风险识别并进行响应,也可作为模拟训练工具,降低制定应急决策的不确定性 |
| 27 | 能源管理 | 能源管理包括资源分配管理与节能减排管理 |
| 28 | 运维管理系统维护 | BIM模型结合运维管理系统可以充分发挥空间定位和数据记录的优势,合理制订维护计划,分配专人专项维护工作,降低建筑物在使用过程中出现突发状况的概率 |
| 29 | 设计概算工程量计算 | 利用BIM模型在设计概算阶段完成工程量计算 |
| 30 | 施工图预算与招投标清单工程量计算 | 利用BIM模型在施工图预算与招投标阶段完成工程量计算 |
| 31 | 施工过程造价管理工程量计算 | 利用BIM模型在施工过程造价管理阶段完成工程量计算 |
| 32 | 竣工结算工程量计算 | 利用BIM模型在竣工结算阶段完成工程量计算 |
| 33 | 预制构件深化设计 | 针对预制装配式建筑,通过BIM技术对预制构件的复杂节点及细部构件拆分等进行深化 |
| 34 | 预制构件碰撞检测 | 针对预制装配式建筑,对预制构件BIM模型进行碰撞检测 |
| 35 | 预制构件生产加工 | 针对预制装配式建筑,BIM技术保证了预制加工图纸信息的准确性,避免了信息的丢失和误解,保障了预制构件生产加工的工作效率与生产质量 |
| 36 | 施工模拟 | 针对预制装配式建筑的施工进行模拟,通过BIM实行虚拟施工的全过程模拟与交互模拟 |
| 37 | 施工进度管理 | 针对预制装配式建筑的施工进度进行管理,以达到缩短工期、降低风险的目的 |
| 38 | 业主协同管理平台 | 在项目BIM技术应用过程中,业主方利用协同管理平台信息化手段进行项目管控。主要协助业主加强与总承包方、设计方、监理方、承包商、供货商等的沟通,进行全生命周期管理 |
| 39 | 设计协同管理平台 | 在项目BIM应用过程中,设计方利用协同管理平台信息化手段管控项目 |
| 40 | 施工协同管理平台 | 在项目BIM应用过程中,施工方利用协同管理平台信息化手段管控项目 |
| 41 | 咨询顾问协同管理平台 | 在项目BIM应用过程中,咨询顾问方利用协同管理平台信息化手段管控项目 |

## 2.1.2 工程咨询行业 BIM 应用

工程咨询行业 BIM 技术应用的方式多种多样,可以在建筑全生命周期任意时段进行深入应用,可以对 BIM 技术应用实施全面管理,从实施策划到模型深化,最终到指导施工、按模验收,等等。工程咨询行业同样也可以作为第三方的 BIM 咨询团队为业主提供 BIM 技术应用,其提供的部分应用点如表 2-1-2 所示。

表 2-1-2  工程咨询行业项目 BIM 应用点

| 序号 | BIM 应用点 | | 预期成果 |
|---|---|---|---|
| 1 | 建模 | 建筑模型 | 提供准确、完整的工程信息模型 |
| | | 结构模型 | |
| | | 暖通模型 | |
| | | 电气模型 | |
| | | 给排水模型 | |
| 2 | 空间管理 | 碰撞检查 | 碰撞检测报告 |
| | | 净高分析 | 净高分析报告 |
| | | 预留洞口定位 | 预留洞口定位图 |
| | | 管线综合排布及碰撞优化 | 提前发现碰撞部位,运用三维模型找到最优方案,并进行优化排布,加快施工进度 |
| 3 | 深化设计 | 设计验证及优化 | 利用模型提前发现图纸问题,提高图纸设计的质量和进度 |
| | | 三维辅助图审 | |
| 4 | 协同管理 | 多专业集成应用 | 解决各专业协调问题,减少各专业交叉施工 |
| 5 | 可视化交底 | 三维可视化 | 利用 BIM 的可视化功能进行三维可视化交底 |
| 6 | 变更管理 | 模型维护,工程量变更依据 | 实时进行变更模型调整,实现对过程中签证、变更资料快速创建,方便结算阶段追溯 |
| 7 | 工程量统计 | 三维模型直接导出工程量 | 精确统计工程量,形成工程实物量清单 |
| 8 | 竣工交付 | 维护和更新 BIM 模型,形成竣工模型 | 包括大量运维数据及 BIM 模型,实现 BIM 竣工模型与实际建筑物信息一致 |
| 9 | 虚拟漫游 | 漫游视频、现场漫游展示 | 虚拟场景化,加快施工进度 |
| 10 | 动画渲染 | 动画渲染视频 | 可视化展示项目的真实效果,提前对项目功能性、不合理处进行评估和调整 |
| 11 | 场地布置 | 三维场地布置图 | 三维可视化场地布置,提前规划材料堆场及临建设施布置。可输出图片、视频、360°全景展示 |
| 12 | 施工模拟 | 施工模拟视频 | 展示施工工艺流程,关联进度,实现动态模拟施工全过程 |

## 2.1.3 主要应用点说明

1. 空间整体管理——碰撞检测

通过搭建各专业 BIM 模型实现二维图纸向三维模型的转换,这是图纸升维的一个过程,再利用相关 BIM 碰撞检测软件将不同专业模型进行链接整合,从而进行全专业碰撞分析,筛选出各专业之间存在碰撞的部位,对深化设计与施工图符合性进行全面的核查,使施工图纸更精准。

2. 空间整体管理——净高分析

通过 BIM 多专业集成应用,将机电管线与结构建筑在空间及功能上进行融合,查找楼层中净高不足之处,提前进行优化管理,避免了后期拆改导致工期延误,在大幅度减少返工的同时,改善工程质量,提前预见问题,减少危险因素,大大提升工作效率。

#### 3. 空间整体管理——预留洞口定位

为提高结构施工质量,在结构施工前利用 BIM 技术准确定位混凝土的预留孔口位置,同时可以精准输出预留洞口定位图,利用三维模型与二维定位图相结合,对班组进行可视化交底,避免二次开洞,破坏结构。

#### 4. 空间整体管理——管线综合排布及碰撞优化

管线的综合排布优化是施工实施的重要环节,这需要集成设计、施工、造价的知识整体考虑后再进行优化。在完成管线碰撞检测及净空分析后,通过手动避让完成碰撞点的优化,满足净空要求的同时,管线用量达到最优;提高施工效率,避免管线碰撞造成的返工。

#### 5. 深化设计——设计验证及优化

根据二维图纸进行三维建模,最终验证各设计方案是否符合规范以及业主的要求。第一时间发现问题,提前解决,避免后期的返工造成不必要的浪费。

#### 6. 深化设计——三维辅助图审

利用 BIM 模型对多专业图纸进行整合,协助图纸会审,直观地发现图纸的不合理性,以及专业间的冲突性,为项目图纸会审提供了重要的保障,由此将大大减少复杂建筑在多方配合、快速建设的前提下可能带入施工阶段的设计风险。

#### 7. 协调管理——多专业集成应用

解决各专业协作问题多、效率低、发现不及时等难题,减少各专业交叉施工干扰,最终确保整体施工质量、整体施工进度。

#### 8. 可视化交底——三维可视化

通过 BIM 模型可视化的特点可开展可视化施工交底,更加直观易懂,帮助施工管理人员与劳务班组在技术沟通过程中,减少因沟通偏差导致的施工问题,可有效降低沟通成本。

#### 9. 变更管理——模型维护,工程量变更依据

在模型维护过程中,及时根据设计变更,将模型调整完毕,并及时将变更后的模型反馈给现场管理人员及施工班组,保证模型与变更及现场的同步性,并保存好修改前后的模型,为今后的成本核算做准备。

## 2.2 工程咨询 BIM 应用模式

### 2.2.1 基于企业业务模块的 BIM 技术应用模式

基于项目建造特征的 BIM 技术应用的前提条件是咨询企业自身已经建立了 BIM 技术团队,能够作为第三方独立完成全流程 BIM 技术实施应用管理。这套应用模式的诞生主要是因为目前的市场有一定的需求,现阶段仍有不少设计院以及施工单位和业主单位因为各种原因没有建立 BIM 团队,而政府以及业主又对部分项目的 BIM 实施提出了一些需求,因此专业的第三方 BIM 咨询应声而出。我国建筑市场的第三方 BIM 咨询单位大体可以分为 BIM 科技公司的咨询团队与咨询企业的 BIM 团队。两者各有各的优势,前者在软件实操与模型搭建上能力突出,但单从工程建设的知识体系出发,咨询企业 BIM 团队在现场建造流程、设计及施工规范方面会更胜一筹,重点体现在 BIM 深化设计的可行性、规范性上,因此其实施的落地性更强。

咨询企业 BIM 团队可以针对甲方实际需求以及项目在 BIM 技术应用的资金投入等相关信息,制订本项目的 BIM 技术实施方案。其应用可以贯穿设计与施工多个阶段,同时也可以串并联多个 BIM 技术应用

点,从搭建设计模型开始,反向提资给设计院优化设计图纸,提高图审通过率以及图纸的质量,将施工中会遇到的图纸问题进行前置,避免后期的拆改与变更,对设计路由方案、空间布局进行优化,从源头为业主节约成本。同时也可以在设计阶段进行现场三维场地布置,指导施工单位进场规范临建设施,可以为业主争创文明施工标准化样板工地进行引路。

咨询企业 BIM 团队同样可以为设计院提供相关咨询服务。设计院开展 BIM 技术应用无非两种类型:正向设计与伴随设计。作为第三方 BIM 咨询团队很难进行正向设计,正向设计非常考验 BIM 工程师对设计规范的掌握能力。因此,最常用的咨询模式是伴随设计,也就是雇主设计单位在绘制完部分二维设计图纸后提资给 BIM 咨询公司进行三维 BIM 模型的搭建,通过模型搭建反向提资给各设计工程师进行二维图纸修改,最终完善模型后即可开展管线综合深化排布、净高分析、预留洞口定位分析、建筑功能分区分析等 BIM 技术应用。此种应用模式能够使设计院在花很小的成本的情况下快速取得最大的效益,确保图纸的质量,同时能够大大提高品牌影响力。

咨询企业 BIM 团队也可以针对施工单位开展 BIM 咨询服务。施工单位聘请第三方 BIM 咨询团队开展 BIM 咨询服务,一般分为以下三种情况:施工单位没有相关 BIM 团队、项目比较小或项目局部应用 BIM 技术、项目为了创杯创奖。针对以上情况,BIM 咨询团队需要聚焦项目在施工阶段的应用点,可以从项目三维场地布置策划、各专业模型搭建与深化、三维可视化交底、重要节点的施工模拟、预留预埋的定位出图、综合支架的布控、砌体排布、BIM 智慧管控平台的搭建等角度出发开展相关 BIM 技术应用。如果施工单位只需要针对设备机房进行局部应用,BIM 咨询单位必须充分考虑机房 BIM 深化的整体策划排布、设备选型尺寸的定位、机房各类支架的布设以及管段的拆分的合理性,同时也要考虑施工安装、检修的空间。如果需要进行创杯创奖,BIM 咨询单位必须掌握报奖 PPT 的编制以及宣传视频的制作。

因此,咨询企业 BIM 团队无论是为哪个参建方提供咨询服务,都需要根据项目的实际建造特征,有针对性地选用 BIM 技术应用点以及相关应用技能来开展 BIM 咨询工作,其形式较为多样化,对 BIM 团队各专业技能人才有一定的要求。

### 2.2.2 基于特定专业的 BIM 技术应用模式

随着工程行业 BIM 应用普及度上升,企业 BIM 应用的积极态度较之前趋于平缓,在价值的驱动下,BIM 应用深度逐步提高,通过 BIM 应用越来越多的业务问题得到了解决,单专业 BIM 技术应用趋于成熟,部分公司或部分项目在实际应用中采取了基于特定专业的 BIM 技术应用模式。

(1)基于土建专业的 BIM 技术应用模式中,主要应用价值为工程量统计、深化设计、复杂节点优化、洞口预留预埋、砌体排布精细化管理、三维可视化交底等;

(2)基于机电专业的 BIM 技术应用模式中,主要应用价值为管线综合排布、支吊架深化设计及受力分析、碰撞检测、空间净高分析等;

(3)基于钢结构专业的 BIM 技术应用模式中,主要应用价值为精细化设计、细部节点优化、出具施工图纸、工程量统计、异形构件吊装模拟等;

(4)基于装饰装修专业的 BIM 技术应用模式中,主要应用价值为复杂节点深化、可视化交底、碰撞检测、装饰面砖排版、施工方案对比、效果渲染;

(5)基于模架专业的 BIM 技术应用模式中,主要应用价值为模架三维立体化及参数化设计、模架整体稳定性分析、自动生成加工材料表、配合工厂预制化加工;

(6)基于小市政专业的 BIM 技术应用模式中,主要应用价值为地下管线模型可视化及信息化、管线深化设计、碰撞检查、管仓线路合理化布设等;

(7)基于施工总平面布置设计的 BIM 技术应用模式中,主要应用价值为设计各阶段现场材料堆场、临水临电、临时道路、垂直运输机械等平面布置,同时进行区域划分,并可提取临建工程量。

### 2.2.3 基于全过程咨询的 BIM 技术应用模式

全过程工程咨询是一种管理模式，BIM 咨询也可以说是一种 BIM 技术的管理模式，两者都是以项目为载体；全过程工程咨询的项目各阶段高度协调统一、集成化的管理模式和专业化的思维，让 BIM 技术能充分发挥其信息化管理优势，实现进度控制、质量控制、安全控制、投资控制的精细化管理，为 BIM 技术应用提供了天然沃土。

BIM 技术借全过程工程咨询的发展趋势，在决策、设计、招投标、施工、竣工、运维等多阶段连续应用，让建设项目各阶段的信息无缝传递，多参与方协同管理，消除信息孤岛的弊端，从而让全过程工程咨询的管理和技术水平大幅度提升，BIM 技术可以为全过程工程咨询提供技术支撑。

全过程咨询 BIM 技术应用是一种全新的 BIM 技术应用模式，现阶段一般由建设单位委托专业的独立第三方 BIM 咨询企业进行标准的建立、方案的拟定，以及实施统筹与管理。作为第三方的 BIM 咨询公司与设计、施工单位相比能更好地代表建设单位在项目中的权益。BIM 咨询单位在项目前期介入，有利于项目 BIM 需求的策划与落地，并且在方案阶段及时利用 BIM 提供技术支撑。

全过程咨询 BIM 技术应用模式并非 BIM 技术单点应用的简单串并联，而是要综合考虑全专业、全阶段、全参与地实施 BIM 技术。在实施全过程 BIM 技术应用时一定要做好前期需求分析与策划，做好顶层设计，制定项目级统一标准（涵盖编码标准、构件精度标准、构件命名标准、实施管理标准等），在编制招标文件时明确各参建单位的权责，等等。全过程 BIM 应用还需要牢记一项基本保证，那就是保证 BIM 模型具备"一模到底"的连贯性，从而具备历史版本的可追溯性、生长过程的可拓展性，最终实现竣工交付模型的准确性。

全过程咨询 BIM 技术应用模式的落地实施不仅要依靠上述所提到的策划、合同、标准等，还需要借助信息化平台为载体，不断录入各类施工过程参数信息，扩充 BIM 数据库。同时还需要通过信息化手段解决 BIM 数据互通问题，这里面不仅仅包含了不同系列 BIM 模型格式的互通交付，还包含了管理平台对各阶段各软件的 BIM 数据信息的兼容互通。

基于 BIM 技术的项目全过程应用可以更好地实现产业链各方协同完成建筑的设计、采购、施工、使用和运维，形成结构化与规模化的建筑信息数据库，发挥 BIM 技术应用的最大化价值。但是实施起来并不容易：实施起来投资巨大，回收效益慢；缺少足够深度的标准指引；综合性人才缺失，懂 BIM、设计、施工、IT 编程的复合型人才大量缺失，造成 BIM 与专业性脱钩、BIM 平台与工程结合不紧密；需要业主有强大的定力与魄力，全过程 BIM 技术应用需要统筹协调各参建单位，并且进行一定的资源整合，没有一个强大的业主为全过程咨询单位做支撑，仅凭全过程 BIM 咨询单位很难实现。

### 2.2.4 基于 BIM 技术应用模式的组织方式

BIM 技术在我国虽然从碎片化应用逐步向全过程集成应用推进，但由于集成应用投入大、回收期长，其成功落地实施很容易受模型传递标准、合同前期策划、实施标准、权责分配、工作协同等因素的影响。因此，目前绝大多数企业或项目推行的仍是 BIM 技术碎片化应用。工程咨询企业的业务模块相对来说是比较丰富的，因此刚好与 BIM 碎片化应用相契合，这是咨询企业开展 BIM 技术最容易突破也是最容易取得成效的一个方向。基于咨询企业现有业务板块可形成多种 BIM 技术应用的组织方式：

1. 设计业务板块的组织方式

设计业务板块可以在前期方案设计利用 BIM 软件快速搭建体量模型，输出建筑效果图辅助方案决策，同时可以利用 BIM 模型中的数据信息快速统计方案中各功能区面积所占百分比，分析方案的可行性。设计阶段同时可以通过搭建建筑模型开展日照、通风等性能分析，搭建机电模型进行管线综合优化，开展净高分析，提高机电各专业的设计质量，大量避免设计图纸的错、漏、碰、缺等问题。

### 2. 招投标业务板块的组织方式

招投标业务模块可以在编制招标文件的时候考虑企业 BIM 技术应用的能力,以是否具备借助 BIM 技术提高项目精细化管理的能力作为一个得分项,或针对甲方需求在编制项目招标文件时设置 BIM 模型搭建精度以及相关应用要求,必要时附加 BIM 技术应用能力测试题目对投标单位进行考核。投标文件的编制同样可以通过搭建 BIM 模型,利用其三维可视化的特点实现场地三维可视化的布控、方案可视化的模拟、重要节点可视化的分析等,使其投标方案更加直观,提高技术标的得分率。

### 3. 监理业务板块的组织方式

监理业务板块同样可以开展相关 BIM 技术应用,例如监理在项目实施阶段可以对 BIM 模型的深化进行审核,确保图模一致性的同时提高了 BIM 模型指导施工的准确性。同时监理企业可以根据已有的 BIM 模型进行进一步的深化设计和拓展应用,例如:针对管线综合排布快速提取预留洞孔定位图,验收现场结构预留预埋的准确性,避免后期开洞影响结构的安全性;通过 BIM 漫游软件沉浸式地对现场机电安装路由进行巡视检查,避免后期的拆改,能够大大弥补监理工程师在机电安装管控上的短板;通过建立监理企业的 BIM 虚拟建造样板视频,结合各类验收规范,剖析各类施工节点监理管控要点,用于一线监理项目部进行技术交底,能大大提高交底的质量及效率。

### 4. 造价业务模块组织方式

造价业务板块是目前 BIM 技术单点应用的难点,在某种意义上传统造价在很早以前就已经实现了搭建模型进行算量的功能,但是造价模型无法承载除造价外的更多建筑信息,无法实现一模多用,因此模型无法流转其他应用阶段。但目前随着我国信息技术的迅猛发展以及软件的不断更新迭代,逐步出现了模型转换的接口,以及各类插件的辅助,使造价 BIM 模型流转、信息承载问题在逐步解决。同时利用 BIM 5D 平台将 BIM 模型与项目进度计划以及各节点成本支出进行挂接,实现成本的动态分析,在项目跟审阶段能够发挥很大的效益,做到成本可控,发现偏差及时分析原因进行纠偏。

# 第 3 章

# BIM技术应用实施路径

BIM JISHU YINGYONG SHISHI LUJING

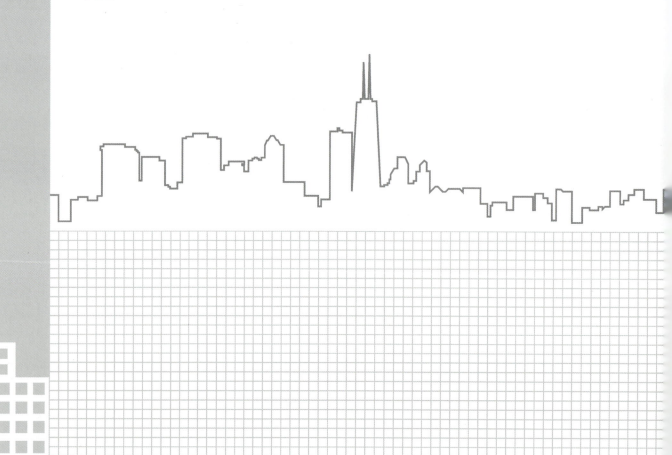

## 3.1 确定 BIM 咨询应用目标

### 3.1.1 明确 BIM 技术应用目标

根据合同要求、公司相关要求、项目自身情况,以提高项目管理效率、增加经济效益和社会效益、增强自身技术品牌效应、开拓市场等作为需求制定 BIM 应用的期望目标。明确具体的 BIM 应用点,设置合理的目标值。"三维"并不意味着项目中的每个工程部位、构件都进行三维建模,每个应用点的选择要结合项目的实际需求进行合理规划,不宜刻意追求大而全。

### 3.1.2 明确 BIM 技术应用模式

BIM 技术应用模式可分为全过程咨询 BIM 应用、业务模块 BIM 应用、特定专项 BIM 应用。项目需根据合同要求、项目的规模和不同的 BIM 使用场景,选择下列不同的应用模式及 BIM 实施的组织方式。

(1)全过程咨询 BIM 技术应用:指建设工程项目的工程勘察设计咨询、工程招标采购咨询、工程监理与项目管理服务等所有业务组合应用 BIM 技术。

(2)业务模块 BIM 技术应用:选择建设工程项目的全过程咨询业务模块中的某项或多项业务模块组合起来应用 BIM 技术。

(3)特定专项 BIM 技术应用:选择建设工程项目中特定专业或部位、专项实施应用 BIM 技术。

(4)BIM 实施组织方式按照实施的主体不同划分为:建设方委托,由规划、勘察、设计、施工、监理和运营维护等单位委托。

### 3.1.3 明确 BIM 技术应用内容及深度

根据确定的 BIM 技术应用模式及组织方式,确定工程建设不同阶段的 BIM 应用点,以及应用技术要求和应用深度。确定各参与方在 BIM 应用中所承担的工作范围、工作内容、工作职责及工作成果要求,各参与方应根据各自权限和标准要求进行项目数据收集、专项应用 BIM 信息模型创建、BIM 信息关联、BIM 信息模型检查、BIM 信息模型应用、BIM 成果展现、BIM 信息发布共享等步骤实施,进行数据提交、更新、下载和管理等。

## 3.2 搭建 BIM 咨询团队组织架构

### 3.2.1 企业 BIM 团队建设

(1)组建企业级 BIM 中心,设立 BIM 中心负责人,下辖 BIM 技术负责人及各专业 BIM 工程师,为项目提供全方位的后台支撑：技术支持、人才培养、人才储备、技术研发等。

（2）BIM 人员培训：采用灵活多变的培训模式，在全公司推广 BIM 技术应用，并在公司内部培养选拔 BIM 人才，根据公司的现状及各参训人员的岗位工作安排，制定灵活多变的培训方式；并结合项目实战培养人才，通过实际项目的运作来检验学习的成果，为企业培养、建立 BIM 人才库，为项目提供人才支撑。

### 3.2.2 项目 BIM 团队建设

确定项目 BIM 团队组织架构和相应岗位职责：建立由 BIM 组长为总负责人，由公司 BIM 中心提供技术支持，根据项目应用目标来确定所需专业 BIM 工程师及其他配合部门的组织架构，以及各岗位职责分工。

### 3.2.3 建立 BIM 技术咨询工作制度

1. 建立、完善企业级 BIM 技术咨询工作制度
（1）建立企业级 BIM 中心各岗位基本职责；
（2）建立企业级 BIM 品质管控体系。
2. 制定项目 BIM 技术咨询工作制度
（1）建立项目 BIM 咨询例会管理制度；
（2）建立项目 BIM 模型检查、审核机制。

## 3.3 选择合适的软件工具和硬件环境

### 3.3.1 BIM 应用软件选择

BIM 的实现需要依赖于多种软件产品的相互协作。有些软件适用于创建 BIM 模型（如 Revit），而有些软件适用于施工模拟，也有些软件适用于虚拟漫游、便于项目成果的展现，等等。不能期望一种软件完成所有的工作，关键是要确保所有的软件都能够依据 BIM 的理念进行数据交流，以支持 BIM 流程的实现。

（1）BIM 软件应具有相应的专业功能和数据互用功能，具备以下基本功能：模型输入、输出；模型浏览或漫游；模型信息处理；相应的专业应用功能；应用成果处理和输出；支持开放的数据交换标准。

（2）软件的选择首先应考虑委托人的要求，若委托人有明确的模型交付格式要求或软件要求，应符合委托人的要求。若无明确要求，则可提出合理建议。

（3）分析本项目的专业类型组成，并选择对应的软件，明确软件版本；列表概述常用的各类三维建模软件适用的专业类型、施工模拟软件适用的模拟类型等，对所选软件进行重点描述。

### 3.3.2 BIM 硬件环境配置

由于 BIM 基于三维的工作方式，项目数据信息量大，对硬件的计算能力和图形处理能力提出了很高的要求。BIM 硬件配置需根据项目的需求，以及结合目前硬件发展状况，满足项目 BIM 软件运行的最低配置要求，需要合理的 CPU、内存和显卡的配置。

关于各个软件对硬件的要求,软件厂商都会有推荐的硬件配置要求,但从项目应用 BIM 的角度出发,需要考虑的不仅仅是单个软件产品的配置要求,还需要考虑项目的大小、复杂程度、BIM 的应用目标、团队应用程度、工作方式等。

对于一个项目团队,可以根据每个成员的工作内容,配备不同的硬件,形成阶梯式配置。比如,单专业的建模可以考虑较低的配置,而对于专业模型的整合就需要较高的配置,某些大数据量的模拟分析所需要的配置就可能更高。

总体来说,BIM 硬件配置的原则为:控制成本,满足需求,经济适用。

## 3.4 制定 BIM 咨询实施标准

### 3.4.1 建立 BIM 咨询实施标准

建立 BIM 咨询实施标准,包含 BIM 模型分类管理标准、BIM 模型结构分类编码标准、BIM 模型实施精度标准、项目实施交付标准等,规范 BIM 模型的层级划分、信息的互通和交流的标准、模型内容及精细程度、各关联方的成果交付深度等,确保各阶段各专业模型建立、应用和共享的协调一致性。

1. BIM 模型分类管理标准

为规范 BIM 模型和相关文件的管理,统一 BIM 实施各关联方的成果交付,确保各阶段各专业模型建立、应用和共享的协调一致性,所有文件按其类别进行分类、储存和管理,咨询单位需要遵守规定,按标准进行模型分类及管理。

2. BIM 模型结构分类编码标准

BIM 分类和编码标准,是一个基础的标准,主要用于解决信息的互通和交流,涉及一些关键字和编码。在项目上为赋予 BIM 模型构件唯一识别码,对 BIM 模型构件进行编码。

3. BIM 模型实施精度标准

咨询单位制定 BIM 实施精度标准,可以规范咨询单位 BIM 实施过程中各阶段建筑信息模型内容及精细程度,明确 BIM 实施关联方的具体交付要求,提高建筑信息模型的应用水平。

4. 项目实施交付标准

为规范工程项目 BIM 实施过程中成果验收、交付物内容、交付过程以及交付物管理,在工程设计及建造阶段 BIM 实施中应规范交付标准,以应用于建筑信息模型的成果验收、交付准备、交付、交付物管理等行为。

### 3.4.2 BIM 样板文件搭建

本书主要以 Revit 软件为例,在 Revit 软件中设置合适的样板文件,有利于项目信息传递和专业模型整合。

1. 咨询行业搭建 BIM 样板的实施目标

搭建 BIM 样板需要以广泛性、规范性作为实施目标。各专业分别按建模规则建立一个样板,统一建模思路:如搭建全专业样板文件的通用步骤,搭建建筑、结构、机电等 BIM 样板文件的关键步骤。

2. 样板文件搭建步骤

(1)搭建全专业 BIM 样板文件的通用步骤为设置项目参数,即创建轴网标高、创建项目参数。

(2)搭建建筑、结构等专业 BIM 样板文件的关键步骤为识图、设置专业视图、设置视图样板以及样板案例。

（3）搭建机电专业BIM样板文件的关键步骤为识图、设置专业视图、设置管道系统、设置桥架系统、设置项目浏览器、设置视图样板以及样板案例。

## 3.5 BIM深化设计

深化设计的主要目的是提升深化后BIM模型的准确性、实用性。通过对项目各专业BIM模型设计缺陷、难点以及设计深度不足等情况进行分析，将施工规范与施工工艺融入BIM模型，进一步进行深化，使各专业间协调一致、合理分配空间、位置，便于项目安装及交付后运维。

机电专业是目前建筑工程BIM应用最广泛、落地性最强的专业，本书后续章节将以机电专业的BIM应用为例进行BIM深化设计的阐述。机电深化设计BIM应用中可充分发挥BIM技术的优势，高效、高质地完成机电管线综合优化、结构预留孔洞、复杂节点模拟、支吊架设计等工作。

机电管线综合优化的目的是确保工程施工顺序和工期，避免返工或材料浪费等现象，解决管线占位问题，使得专业管线及设备合理安装、美观布置，确保各机电系统达到高效运行、配合完善。

1. 管综深化排布基本原则

在机电管综深化排布中，管线间距应符合规范条文要求；管综排布优化应预留足够安装空间，并提前考虑安装顺序；机电系统优化后应符合设计要求及规范要求；管综排布应以节约安装成本、便于施工、净高控制为基准。

2. 初级管综深化排布注意点

初级管综深化排布即单项管综排布规则，主要针对留洞、管井、风井、防火卷帘、门高、吊板、管道系统等进行核查，能快速发现图模不一致、图纸设计错误、简单专业碰撞、管道系统布置不合理等问题。

3. 高级管综深化排布方案

高级管综深化排布即初级管综深化排布的叠加，对地下室各管线的空间位置进行合理布置、组合、排列、检查、调整，最终形成管线综合排布方案。以建筑工程为例，对地下室前厅、水管井、水泵房外侧、水泵房、湿式报警阀间、高层走廊等管线密集的部位可制订各自的排布方案，最终达到管综排布的规范性和合理性。

## 3.6 审查与确认

BIM模型在交付使用，以及交付竣工模型前，应增加BIM模型的检查审核环节，以有效地保证BIM模型的交付质量。为保证模型信息的准确、完整、合规，在使用和竣工交付前，对模型必须按规范的固化流程进行审核，确保BIM模型质量。

目前的模型检查，主要是依靠人工的审查方式对模型的几何及非几何信息进行确认，由于没有模型检查的规范和标准，检查中的错误遗漏、工作效率低等问题难以避免。BIM模型所承载的信息量丰富，逻辑性与关联性更强，因此，对于BIM模型是否达到交付要求的审查也更加复杂，在模型审查过程中，要明确建筑信息模型及相关数据的审核要点。

### 3.6.1 BIM 模型的通用审查

1. 模型完整性审查

审查 BIM 模型中所包含的模型、构件等内容是否完整，BIM 模型所包含的内容及深度是否符合交付要求。

2. 模型规范性审查

审查 BIM 模型是否符合建模规范，如 BIM 模型的建模方法是否合理，模型构件及参数间的关联性是否正确，模型构件间的空间关系是否正确，语义属性信息是否完整，交付格式及版本是否正确。

3. 设计指标、规范检查

审查 BIM 模型的具体设计内容、设计参数是否符合项目设计要求，是否符合国家、行业、地方有关设计规范要求。

4. 模型协调性审查

审查 BIM 模型中模型及构件是否具有良好的协调关系，如专业内部及专业间模型是否存在直接的冲突，安全空间、操作空间是否合理等。

### 3.6.2 BIM 模型的专业审查

1. 全专业审核要点

针对全专业模型审核，我们对报审文件的完整性、报审文件的有效性、报审文件的准确性以及模型坐标点等方面进行审查，涵盖了咨询企业在审核模型前对内容模型文件命名和模型的命名的筛查。

2. 结构专业审核流程及要点

对结构模型构件、钢筋构件、属性信息、构件碰撞等方面进行审查，由浅入深，便于咨询企业能更好地把控模型深度和建模质量。

3. 建筑专业审核流程及要点

对建筑模型构件、属性信息、构件的完整性、构件扣减关系等方面进行审查，建筑模型的审查还应该考虑配合装修、幕墙模型审核预埋装饰构件、预埋件连接，以及与结构、安装、精装、幕墙等模型链接进行碰撞对比审查。

4. 机电专业模型审核要点

对机电专业 BIM 模型管道属性信息、模型视图、构件族信息、模型碰撞等方面内容进行核查，用以指导咨询企业开展 BIM 模型审核工作。机电模型专项审核有管道系统合理性、布置的合理性、专业的协调性、构件编码等方面，对易错遗漏点进行详细说明。

## 3.7 成果与交付

为规范工程项目 BIM 实施过程中成果验收、交付物内容、交付过程以及交付物管理，应明确不同阶段应交付成果的技术要求以及模型深度要求。如在工程设计及建造阶段 BIM 实施中应规范交付标准，以应用于建筑信息模型的成果验收、交付准备、交付、交付物管理等行为。

1. BIM 成果的完整性

（1）按合同规定提交统一格式的成果文件（数据），应符合数据格式要求，以保证最终 BIM 模型数据的正确性及完整性。

(2)项目BIM应用实施过程中,每个阶段提交的BIM模型成果,应与同期项目的实施进度保持同步。

(3)交付的BIM成果应保证数据的准确性、完整性与一致性,所交付的信息模型、文档、图纸应保持一致。

(4)交付成果中的信息模型应包含源格式模型文件。

2. BIM模型精度要求

(1)各阶段提交的BIM模型及成果信息应符合合同规定的各阶段BIM模型精细度要求。

(2)BIM模型和模型构件的形状和尺寸及模型构件之间的位置关系准确无误,并且可以根据项目实施进度深化及补充,最终反映实际施工成果。

3. BIM成果提交进度要求

各阶段BIM模型及应用成果应根据项目实施阶段节点进行交付,每个阶段提交的BIM成果应满足同期项目的实施进度要求,并根据实施阶段节点提前交付。

4. BIM成果交付的管理要求

(1)交付成果按合同规定进行交付,应提供纸质版本的移交清单,移交清单须包括文件名称、格式、描述、版本、修改日期、审查验收情况、其他等信息。

(2)交付成果应按移交清单逐项组织接收,并核查审查验收情况,保证各阶段交付成果的完整性、合规性和可用性。

(3)交付方与接收方应共同签订移交接收单,附移交清单、纸质文件及其他相关文件。

# 第4章

## BIM技术应用管理体系

BIM JISHU YINGYONG GUANLI TIXI

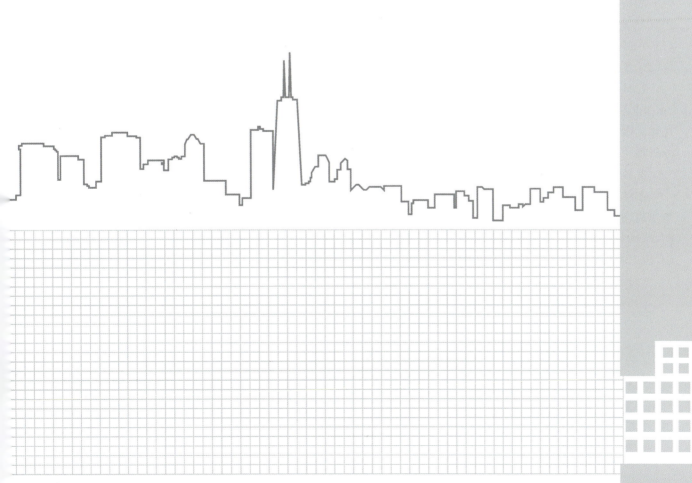

## 4.1 团队建设的必要性

BIM技术的应用每年都在发生变化,随着实践的不断深入和应用价值的不断显现,BIM应用也从单纯的技术管理走向项目管理、企业管理,甚至工程建设全产业链的应用;BIM技术在工程领域得到广泛的应用,越来越多的工程咨询企业运用BIM技术开始各项工作,并在项目上得以落地。BIM技术的成功应用离不开充足的BIM技术人才,企业对BIM技术人才的需求也在不断扩大,组建一个强大有实力的BIM团队尤为重要,在今后的工作中能够灵活地运用BIM技术,在新型的建筑行业有自己的立足之地,保证企业可持续发展。

## 4.2 BIM团队建设

### 4.2.1 组建企业级BIM研发中心

如图4-2-1所示,组建企业级BIM团队,建立由总工为总负责人、由公司各技术部门提供技术支持的BIM研发中心;BIM研发中心设立BIM负责人,下辖BIM技术负责人及BIM研发组、BIM培训组、BIM项目组,各组配备各专业BIM工程师;依托公司技术品质部的"7+2"研发中心为项目BIM技术应用提供全方位的后台支撑。

1. BIM研发组

BIM研发组主要负责技术研发、技术支持等。BIM研发组坚持开展、完善BIM中心的技术研发工作,提炼优质的管理做法、管理流程、标准模板等,形成相应的成果;为项目提供技术支持,提升项目BIM咨询服务质量。

2. BIM培训组

BIM培训组主要负责人才培养、人才储备等。BIM培训组可结合项目培养人才,培养人才最好的方式是实战,通过实际项目的运作来检验学习的成果,闭门造车永远无法学习到实战经验。并且在建立团队初期,选择合适的项目,结合专业培训技术指导,在实际项目中锤炼人才,主要是要建立起大家运用BIM的信心,使大家真实体会到BIM带来的价值,让参与人员快速见到成效。

3. BIM项目组

BIM项目组主要负责项目实施、对外协调等。企业工程技术人员经BIM培训组培训合格,进入BIM项目组,完成由学习型人才向实战型人才的转变。

### 4.2.2 BIM培训

采用灵活多变的培训模式在全公司推广BIM技术应用,并在公司内部培养选拔BIM人才,根据公司的现状及各参训人员的岗位工作安排,制定灵活多变的培训方式,主要分为网络视频培训及线下培训两种培训方式。

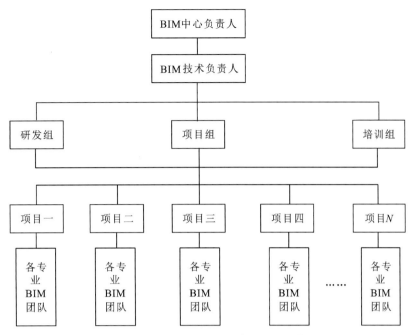

图 4-2-1 企业 BIM 研发中心组织架构

**1. 网络视频培训**

网络视频培训是现代企业培训中不可或缺的一部分,成为现代化培训中非常重要、有效的手段,它将文字、声音、图像以及静态和动态巧妙结合,激发员工的学习兴趣,提高员工的思考和思维能力。

**2. 线下培训**

内部 BIM 技术人员线下培训,采用三级培训教育的培养模式,一方面充分利用公司内部员工的先进技能和丰富的实践经验,帮助 BIM 初学者尽快提高业务能力,另一方面可以节约培训费用。三级培训模式主要内容如下:

(1) 三级培训主要为集中培训,咨询企业大面积普及,开展 BIM 技术基础知识、BIM 管理技能、新技术、新知识等前瞻性教育和培训,培训对象为全公司基层员工及全体管理人员,每月至少一次,每次不少于两个小时。

(2) 二级培训为咨询单位筛选对 BIM 技术感兴趣及对数字化有一定基础的员工,进行集中性培训,开展 BIM 技术应用点讲解、BIM 软件基本操作、BIM 技术实际应用等实操性教育和培训,每周一到两次,或进行集中时间持续性培训学习。

(3) 一级培训为一对一培训,培训后的人员持续输送到项目上进行实战上岗,企业持续跟踪项目发展情况并对人员进行有针对性的培训,灵活运用,根据项目特点、人员掌握技能等调整培训方案,培训对象为项目 BIM 技术人员,每月跟踪反馈并调整方案,不少于一次,每次不少于两个小时。

### 4.2.3 项目 BIM 团队建设

**1. 组建项目 BIM 团队**

建立由 BIM 项目组长为总负责人,由公司 BIM 中心提供技术支持,根据项目应用目标来确定所需专业 BIM 工程师及其他配合部门的组织架构(见图 4-2-2)。

**2. 项目团队的岗位职责**

项目团队成员的岗位职责见表 4-2-1。

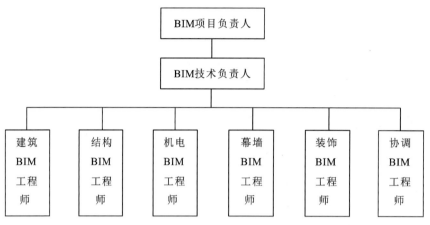

图 4-2-2 企业 BIM 项目团队组织架构

表 4-2-1 项目团队成员岗位职责表

| 岗位 | 职责 |
| --- | --- |
| 项目 BIM 负责人 | 负责制定 BIM 实施方案、工作计划、建模标准等，并监督、组织、跟踪落实；负责组织项目部内部的 BIM 培训实施、考核、评审；负责监督、检查项目执行进展；负责 BIM 模型构建的工作分配及进度保证；BIM 应用资料的整理以及 BIM 应用成果的总结 |
| BIM 技术负责人 | 负责 BIM 实施的技术问题的解决；负责协调 BIM 技术的现场应用和推广，对项目技术人员进行 BIM 技术培训；应用 BIM 技术优化和指导施工方案的实施；现场 BIM 应用价值点的挖掘；协调各专业 BIM 人员，拓展 BIM 工作；提供 BIM 技术应用指导，组织审核 BIM 模型质量等 |
| 建筑 BIM 工程师 | 负责 BIM 基础模型、建筑模型、结构模型、场布模型等专业模型建立；负责维护、共享、管理等工作；负责审核 BIM 模型及数据，确保模型与相关的施工图纸、图纸设计变更、签证单、技术核定单、工程联系单、施工方案保持一致；负责施工进度计划模拟；负责施工各阶段渲染效果图；负责各专业相关工作的协调、配合 |
| 结构 BIM 工程师 | 负责 BIM 结构模型建立；负责维护、共享、管理等工作；负责审核 BIM 模型及数据，确保模型与相关的施工图纸、图纸设计变更、签证单、技术核定单、工程联系单、施工方案保持一致；负责施工各阶段渲染效果图；负责各专业相关工作的协调、配合 |
| 机电 BIM 工程师 | 负责 BIM 机电给排水、暖通、电气等专业模型建立；负责维护、共享、管理等工作；负责审核 BIM 模型及数据，确保模型与相关的施工图纸、图纸设计变更、签证单、技术核定单、工程联系单、施工方案保持一致；负责管线综合、净高检查、支吊架深化，出预留孔洞报告；负责施工各阶段渲染效果图；负责各专业相关工作的协调、配合 |
| 幕墙 BIM 工程师 | 负责 BIM 幕墙模型建立；负责维护、共享、管理等工作；负责审核 BIM 模型及数据，确保模型与相关的施工图纸、图纸设计变更、签证单、技术核定单、工程联系单、施工方案保持一致；负责施工各阶段渲染效果图；负责各专业相关工作的协调、配合 |
| 装饰 BIM 工程师 | 负责 BIM 装修功能用房、办公室、公共走廊、卫生间、更衣室、室外景观等专业模型建立；负责维护、共享、管理等工作；负责审核 BIM 模型及数据，确保模型与相关的施工图纸、图纸设计变更、签证单、技术核定单、工程联系单、施工方案保持一致；负责管线综合、净高检查、支吊架、硬软装相关尺寸深化，出开孔洞报告；负责渲染精装修效果图；负责各专业相关工作的协调、配合 |
| 协调 BIM 工程师 | 负责相关参建方信息传递；负责相关参建方工作对接协调与配合；负责查看模型，审核各专业模型是否达到使用要求，提出优化意见；负责报告 BIM 模型中的复杂节点，用三维模型进行技术交底，指导施工；与各方沟通；建立、维护、每周更新和传送问题解决记录 |

### 3. 制定项目 BIM 实施细则

BIM 咨询单位应在项目开始前编制"施工阶段 BIM 实施方案",规定 BIM 实施标准、节点及交付要求。在各承建单位进场组建 BIM 实施团队后,由 BIM 咨询方向各承建单位进行 BIM 实施交底。各承建单位应根据"施工阶段 BIM 实施方案"内容进行专业实施计划细化工作,经监理单位审核后,汇总至建设单位并严格执行。

### 4. 建立 BIM 实施协同环境

(1)各承建单位进场后,应根据 BIM 总协调方确定的软硬件配置规定,着手配置 BIM 实施的软硬件设备。

(2)项目提供 BIM 协同工作平台,BIM 咨询方根据项目的特征、施工管理方式、各承建单位的组成来制定项目 BIM 协同方式和协同办法并开通协同平台账户。项目 BIM 实施协同平台由建设单位统一管理,并根据各承建单位的工作需要进行权限分配。

## 4.3 建立 BIM 技术咨询工作制度

### 4.3.1 建立、完善企业级 BIM 技术咨询工作制度

#### 1. 建立企业级 BIM 中心各岗位基本职责

(1)工程咨询企业尤其需要建立 BIM 中心,便于督促项目 BIM 工作能够紧紧结合工程技术质量及其他工程重难点深入开展;

(2)公司 BIM 中心需要委任一位 BIM 中心主任,建立并管理项目 BIM 团队,确定各角色人员的职责与权限,并定期进行考核、评价和奖惩;

(3)BIM 中心主任负责对项目 BIM 工作进度的管理与监控;

(4)BIM 中心主任负责各专业的综合协调工作(阶段性管线综合控制、专业协调等);

(5)BIM 中心主任负责 BIM 交付成果的质量管理,包括阶段性检查及交付检查等,组织解决存在的问题;

(6)各项目责任人负责对外数据的及时收集与归类,配合项目 BIM 人员与其他相关合作方进行检验,完成数据和文件的接收和交付;

(7)BIM 中心每年需对所有人员进行一次内部能力考核。

#### 2. 建立企业级 BIM 品质管控体系

(1)咨询企业需要健全企业品控管理体系,建立公司层级、项目部层级的 BIM 品质管控体系,主要从质量管理、职业健康安全管理与环境管理体系策划、过程监控、考核评价、内部审核和管理评审、监督和改进等方面进行咨询服务工作的品质管控。

(2)BIM 中心需要确定公司级各类 BIM 标准及规范,如指导项目建模构件切分的"BIM 建模指导体系"、指导专业间协同工作的"样板文件创建指导手册"、指导机电优化及管控的"管综深化排布方案指导手册"、指导模型审核的"BIM 模型审核作业指导手册"等。

(3)以实际项目为基础,提炼优质的管理做法、管理流程、标准模板等形成相应的成果,经 BIM 中心主任初步审核、企业技术负责人核准后,形成企业技术标准。

### 4.3.2 制定项目 BIM 技术咨询工作制度

1. 建立项目 BIM 咨询例会管理制度

(1)BIM 实施周例会。

①BIM 周例会的目的:定期检查计划的执行情况,现场提出存在的问题,协调各关联方,分析原因并研究对策,提出改进措施。

②BIM 周例会的要求:例会参与人为所有 BIM 实施关联方负责人及各专业主要负责人,如负责人不能到场,应委派具有相应资格的人员参加。所有参会者不得迟到或早退,如有特殊情况,应至少提前一天书面请假。

③BIM 周例会的工作内容:主要讨论 BIM 实施的有关进度方面的问题,监理需要形成相应的例会纪要,以及例会签到表。会议讨论问题包括:检查上次周例会 BIM 实施进度问题的改进落实情况;对照本周进度计划,检查本周 BIM 实施进度;审查下周 BIM 实施进度计划的可行性;BIM 实施进度控制的其他问题。

(2)BIM 实施月例会。

①BIM 月例会的要求:例会参与人为所有 BIM 实施关联方负责人及各专业主要负责人,如负责人不能到场,应委派具有相应资格的人员参加。所有参会者不得迟到或早退,如有特殊情况,应至少提前一天书面请假。

②BIM 月例会的工作内容:主要讨论 BIM 实施的有关进度方面的问题,监理需要形成相应的例会纪要,以及例会签到表。会议讨论问题包括:检查上次定期例会 BIM 实施进度问题的改进落实情况;总结本阶段的 BIM 实施进度问题及解决方案;提出对下一阶段 BIM 实施进度的要求;BIM 实施进度控制的其他问题。

(3)BIM 里程碑节点进度评审会议。

①里程碑节点检查以里程碑节点为目标,遵循动态控制、提前规划、优化人员配置、细化工作安排的原则,确保里程碑节点的实现。

②里程碑 BIM 实施进度工作内容包括:检查上次里程碑节点检查中 BIM 实施进度问题的改进落实情况;本阶段的 BIM 实施进度问题及解决方案;对下一阶段 BIM 实施进度的要求;BIM 进度控制的其他问题。

(4)成果交付评审会议。

成果交付评审会议制度主要目的是确定能否按期交付相关成果,按交付标准审查交付模型、应用成果和管理文件的完整性,提高交付成果的质量,保证整个 BIM 实施的总进度计划顺利完成。成果交付评审会议的主要内容包括:

①信息准备:接收各关联方提交的成果,确保为最新版的成果。

②成果评审:对提交的成果依据交付标准进行审查。

③评审会议纪要:在评审结束后,根据评审结果,形成书面的评审纪要,包含结论、说明和修改意见等内容;评审该成果是否满足要求,是否会对整个 BIM 实施工作进度产生影响。

2. 建立项目 BIM 培训管理制度

根据工程的 BIM 技术项目管理思路与其他项目管理有所不同,我司加大对项目层级 BIM 技术应用的培训力度,主要的培训思路为 BIM 工程师对现场的专业知识培训,现场的工程师对 BIM 模型信息的查看、提取等基本操作技能的培训。

(1)BIM 项目负责人要组织项目 BIM 技术人员每月两次的现场专业知识的培训,培训内容可根据现场施工情况具体安排。

(2)BIM 项目负责人要不定期地组织现场的 BIM 工程师研读学习该项目 BIM 实施技术标准、BIM 实施管理规范。

(3)BIM 项目负责人要对现场的人员进行 BIM 模型信息的提取、查看等基本的软件操作培训,规定为每周进行一次,要求全员参加,全员熟练掌握这些基本操作。

3. 建立项目BIM模型检查、审核机制

BIM成果交付之前应在实施过程中进行持续审查，对于BIM成果的审查流程主要包括：内部审查、其他相关方审查、BIM咨询审查、成果会审会签。成果提交方根据各级审查人员或单位提出的审查意见进行整改并反馈，经审查方确认后方可进行下一级审查。审查的成果文件应包括BIM模型成果、BIM应用成果以及BIM文档等。

（1）内部审查。

BIM实施执行方在提交BIM成果之前必须完成内部质量控制程序，包括内部校核、审核、评审等。内部校核之后提交内部审核。

（2）其他相关方审查。

提交的BIM成果需经过其他关联方审查，并由审查方给出审查意见。

（3）BIM咨询审查。

BIM咨询单位审查重点是校审模型是否满足设计要求，检查模型拆分和整合是否符合标准，检查文件及构件命名是否正确，检查内容是否完整，检查模型颜色和材质是否符合规定，检查模型和信息等是否满足模型深度要求，检查碰撞情况，检查BIM应用分析报告是否完整、分析结果是否明确。对涉及多专业、多部门的综合性BIM成果，在审核完成后，应由BIM项目负责人组织各专业负责人及团队成员进行内部评审，包括综合后多专业BIM模型与BIM应用成果，并形成内部评审报告。

4. 建立项目BIM考核管理制度

根据工程设计施工单位深化模型的审核工作，对现场BIM人员模型查看审查要求较高，我们需要督促项目BIM工程师熟练掌握BIM应用技能，因此制定一套BIM内部考核管理制度。

根据按检验批推送的深化模型，现场BIM工程师对其进行审核，根据工程进度相关节点将深化模型提交给公司BIM中心，由公司BIM中心对其深化模型审核质量情况进行考核，根据考核结果将给予一定的奖惩。

# 第 5 章 咨询单位BIM实施标准

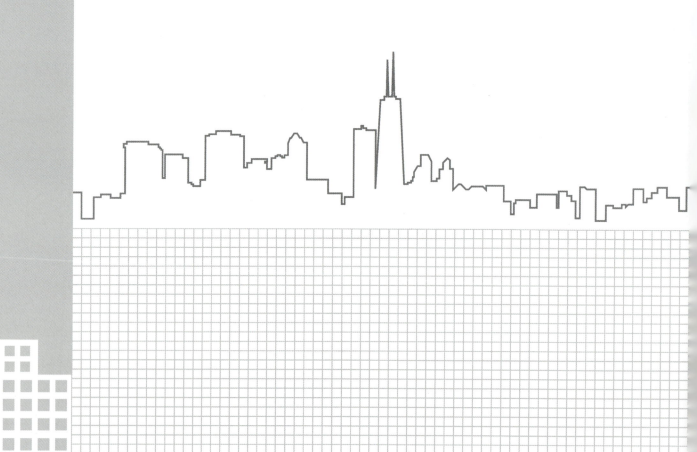

## 5.1 BIM 模型命名规则

### 5.1.1 一般规定

(1)模型单元、电子文件夹及电子文件的命名应使用通用及房屋建筑专业术语；
(2)模型单元、电子文件夹及电子文件的命名宜符合下列规定：
宜使用汉字、英文字符、数字、半角下划线"_"和半角连字符"-"的组合；
字段内部组合宜使用半角连字符"-"，字段之间宜使用半角下划线"_"分隔；
各字符之间、符号之间、字符与符号之间均不宜留空格。

### 5.1.2 模型单元命名

(1)同一项目中表达相同工程对象的模型单元命名应具有一致性。
(2)模型单元命名应能体现项目名称、实施阶段、模型单元的系统分类、模型单元名称等信息；宜根据项目应用需求添加自定义字段信息。
(3)项目级模型单元命名应由项目名称或编号、子项目名称或编号、项目实施阶段和描述字段依次组成(见图 5-1-1)并符合以下规定：

| 项目名称 | - | 子项目名称 | - | 二级子项目名称 | - | 项目阶段 | - | 描述 |
| --- | --- | --- | --- | --- | --- | --- | --- | --- |

图 5-1-1　项目级模型单元命名

项目名称宜采用英文字母缩写，项目编号宜采用数字编码，均应在项目中统一制定；
子项目名称宜使用中文简称或英文字母缩写，编码应在项目中统一制定，若无子项目，子项目名称字段应省略；
项目阶段宜采用中文简称或英文字母缩写，项目阶段包含项目建设阶段和运维阶段；
描述字段可自定义，也可省略。
(4)功能级模型单元命名宜在继承项目级模型单元命名中项目字段信息的基础上，增加模型单元名称和相应的描述字段组成(见图 5-1-2)，并符合下列规定：

| 项目字段信息 | - | 模型单元名称 | - | 项目阶段 | - | 描述 |
| --- | --- | --- | --- | --- | --- | --- |

图 5-1-2　功能级模型单元命名

项目字段信息包含项目名称或编号、子项目名称或编号，通用的功能级模型单元可省略项目级模型单元命名字段；
模型单元名称应采用工程对象的名称，描述系统的模型单元应采用系统分类的名称，系统分类应符合《建筑信息模型设计交付标准》(GB/T 51301—2018)的有关规定。
(5)构件级模型单元的命名宜在继承项目级模型单元命名中项目字段信息的基础上，增加系统分类、模型单元名称和描述字段组成(见图 5-1-3)，并符合下列规定：

| 项目字段信息 | - | 功能或系统分类 | - | 模型单元名称 | - | 描述 |

图 5-1-3　构件级模型单元命名

项目字段信息包含项目名称或编号、子项目名称或编号，通用的构件级模型单元可省略项目级模型单元命名字段；

系统分类应继承功能级模型单元的分类信息，同时属于多个系统的，应全部列出，并应以连字符"-"隔开，通用的模型单元可省略此字段；

模型单元名称应采用工程对象的名称，当需要为多个同一类型模型单元进行编号时，可在此字段内增加序号，序号依照正整数依次编排。

(6)零件级模型单元命名宜由模型单元名称和描述字段依次组成，并符合下列规定：

模型单元名称采用工程对象的名称，当需要为多个同一类型模型单元进行编号时，可在此字段内增加序号，序号依照正整数依次编排。

### 5.1.3　电子文件夹和文件命名

(1)电子文件夹的名称由顺序码、项目简称、分区或系统、项目阶段、文件夹类型和描述组成，并符合下列规定：

顺序码宜采用文件夹管理的编码；

项目简称宜采用识别项目的简要称号，可采用英文或拼音，项目简称不宜空缺；

分区或系统应简述项目子项、局部或系统，应使用汉字、英文字符、数字的组合；

文件夹类型宜符合表 5-1-1 的规定；

用于进一步说明文件夹特征的描述信息可自定义。

表 5-1-1　文件夹类型

| 文件夹类型 | 文件夹类型（英文） | 内含文件主要适用范围 |
| --- | --- | --- |
| 工作中 | Work In Progress（可简写为 WIP） | 仍在设计中的设计文件 |
| 共享 | Shared | 专业设计完成的文件，但仅限于工程参与方内部协同 |
| 出版 | Published | 已经设计完成的文件，用于工程参与方之间的协同 |
| 存档 | Archived | 设计阶段交付完成后的文件 |
| 外部参考 | Incoming | 来源于工程参与方外部的参考性文件 |
| 资源 | Resources | 应用在项目中的资源库中的文件 |

(2)电子文件的命名应包含模型单元简述、专业字段和版本号字段。

模型单元简述字段应体现模型单元所描述的工程对象主要特征。

专业字段的专业代码应符合表 5-1-2 规定，当涉及多专业时可并列所涉及的专业。

表 5-1-2　专业代码

| 专业名称 | 专业代码 | 中文简称 |
| --- | --- | --- |
| 设备工艺 | EQ | 工艺 |
| 标识 | SE | 标识 |
| 场道 | AE | 场道 |

续表

| 专业名称 | 专业代码 | 中文简称 |
|---|---|---|
| 岩土 | GE | 岩土 |
| 道桥 | R | 道桥 |
| 航管 | ATC | 航管 |
| 通信 | TE | 通信 |
| 助航灯光 | N | 灯光 |
| 供油 | AF | 供油 |
| 规划 | PL | 规 |
| 总图 | G | 总 |
| 建筑 | A | 建 |
| 结构 | S | 结 |
| 给排水 | P | 水 |
| 暖通 | M | 暖 |
| 电气 | E | 电 |
| 弱电（智能化） | T | 通 |
| 动力 | EP | 动 |
| 消防 | F | 消 |
| 勘察 | V | 勘 |
| 园林景观 | L | 景 |
| 室内装饰 | I | 室内 |
| 绿色节能 | GR | 绿建 |
| 环境工程 | EE | 环 |
| 地理信息 | GIS | 地 |
| 经济 | EC | 经 |
| 建筑信息模型 | BIM | 模型 |
| 其他专业 | X | 其他 |

## 5.2 BIM 模型结构分类编码标准

### 5.2.1 编码目的与意义

BIM 分类和编码标准，是一个基础的标准，主要用于解决信息的互通和交流，涉及一些关键字和编码，为规范咨询单位在建筑信息模型中对信息的分类和编码，实现建筑工程全生命期信息的交换与共享，推动建筑信息模型的应用发展制定本标准。在项目上为赋予 BIM 模型构件唯一识别码,对 BIM 模型构件进行编码。

### 5.2.2 分类和编码的对象

分类和编码贯穿了整个建筑全生命周期：从概念设计阶段到运营维护阶段,甚至更新拆除阶段。它也包括了构成建设环境的所有建造工程。为了建筑工程全生命期的信息化应用,有必要将建筑工程中所涉及的对象进行分类。将建筑工程中涉及的对象划分为四个大的部分,包括建设资源、建设进程、建设成果和建设属性,其中建设属性作为一个特殊的内容单独出现也是国际通行的做法。

### 5.2.3 分类和编码的方法

采用面分法和线分法混合的分类法对 BIM 模型构件进行分类。项目模型构件编码由项目管理属性代码组、设计管理属性代码组、构件管理属性代码组、构件实例属性代码组四个代码组构成,每个代码组内容如下：

(1)项目管理属性代码组由工程(项目)代码、单项工程代码、单位工程代码、子单位工程代码顺次组成,采用 2 位数字表示；

(2)设计管理属性代码组由阶段代码、专业(工程施工阶段为：分部工程)代码、子专业(工程施工阶段为：子分部工程)代码、二级子专业(工程施工阶段为：分项工程)代码顺次组成,采用 2 位数字表示；

(3)构件管理属性代码组由构件类别代码、构件族(构件子类别)代码、构件类型代码顺次组成,其中构件类别代码采用 2 位数字表示,构件族(构件子类别)代码、构件类型代码采用 4 位数字表示；

(4)构件实例属性代码组由构件实例代码组成,采用 6 位数字表示。

不同组代码之间用半角下划线"_"连接；同一组代码中,相邻层级代码之间用英文字符"."隔开。模型构件编码结构如表 5-2-1 所示。

表 5-2-1 构件编码结构

| 项目管理属性代码组 | 设计管理属性代码组 | 构件管理属性代码组 | 构件实例属性代码组 |
| --- | --- | --- | --- |
| 工程代码、单项工程代码、单位工程代码、子单位工程代码 | 阶段代码、分部工程代码、子分部工程代码、分项工程代码 | 构件类别代码、构件族代码、构件类型代码 | 构件实例代码 |

## 5.3 BIM 模型精度标准

### 5.3.1 基本规定

咨询单位制定 BIM 实施精度标准,可以规范咨询单位 BIM 实施过程中各阶段建筑信息模型内容及精细程度,明确 BIM 实施关联方的具体交付要求,提高建筑信息模型的应用水平,咨询单位可参照本章内容搭建标准。BIM 实施精度标准主要用于明确建筑信息模型建立、应用和交付的行为,主要参考国家标准《建信息模型设计交付标准》(GB/T 51301—2018)。

(1)模型构件单元应以几何信息和属性信息描述工程对象的设计和施工信息,可使用二维图形、文字、文档、多媒体等方式补充和增强表达信息;

(2)建筑信息模型应根据 BIM 应用相关专业和任务的需要创建,其模型构件单元和模型精度应满足各阶段的项目和应用需求;

(3)建筑信息模型宜采用分工协作方式按专业或任务分别创建,建筑信息模型应采用全比例尺和统一的坐标系、原点、度量单位;

(4)在模型转换和传递过程中,应保证模型的完整性,不应发生信息丢失或失真;

(5)BIM 实施应覆盖所有项目建设阶段,包括方案设计阶段、初步设计阶段、施工图设计阶段、施工准备阶段、施工实施阶段、竣工阶段等;

(6)BIM 模型应覆盖相应阶段图纸的全部内容,本标准遗漏的构件几何信息和属性信息,应根据相应图纸内容和需要进行建模。

### 5.3.2 模型架构和精细度

(1)模型精度等级。

模型精度可划分为方案设计模型、初步设计模型、施工图设计模型、深化设计模型、施工过程模型、竣工模型,其等级代号应符合表 5-3-1 的规定。模型精度介于基本等级之间时,可扩充等级的划分。

模型精度等级所包含的模型构件单元及其几何和属性信息应满足本阶段各项专业任务对模型的需要。

表 5-3-1 模型精度等级划分

| 模型精度 | 等级代号 | 形成阶段 |
|---|---|---|
| 方案设计模型 | LOD100 | 方案设计阶段 |
| 初步设计模型 | LOD200 | 初步设计阶段 |
| 施工图设计模型 | LOD300 | 施工图设计阶段 |
| 深化设计模型 | LOD350 | 施工准备阶段 |
| 施工过程模型 | LOD400 | 施工实施阶段 |
| 竣工模型 | LOD500 | 竣工阶段 |

(2)几何信息及几何表达精度。

模型构件单元的几何信息应符合下列规定:

建筑信息模型中模型构件单元的几何信息表达应包含空间定位、空间占位和几何表达精度;

应选取适宜的几何表达精度呈现模型构件单元几何信息;

在满足设计深度和应用需求的前提下,应选取较低等级的几何表达精度;

不同的模型构件单元可选取不同的几何表达精度;

几何表达精度的等级划分应符合表 5-3-2 的规定。

表 5-3-2 几何表达精度的等级划分

| 等级 | 几何表达精度要求 | 代号 |
|---|---|---|
| 1级几何表达精度 | 满足二维化或者符号化识别需求的几何表达精度 | G1 |
| 2级几何表达精度 | 满足空间占位、主要颜色等粗略识别需求的几何表达精度 | G2 |
| 3级几何表达精度 | 满足建造安装流程、采购等精细识别需求的几何表达精度 | G3 |
| 4级几何表达精度 | 满足高精度渲染展示、产品管理、制造加工准备等高精度识别需求的几何表达精度 | G4 |

(3)构件单元属性信息及信息深度。

模型构件单元的属性信息应符合下列规定：

应选取适宜的信息深度体现模型构件单元属性信息。

属性应包括中文字段名称、编码、数据类型、数据格式、计量单位、值域、约束条件等。交付表达时，宜至少包括中文字段名称、计量单位。

属性值应根据建设阶段的发展而逐步完善，并应符合下列规定：应符合唯一性原则，即属性值和属性应一一对应，在单个应用场景中属性值应唯一；应符合一致性原则，即同一类型的属性、格式和精度应一致。

(4)模型构件单元信息深度等级的划分应符合表 5-3-3 的规定。

表 5-3-3　信息深度等级的划分

| 等级 | 等级要求 | 代号 |
| --- | --- | --- |
| 1 级信息深度 | 宜包含模型构件单元的身份描述、尺寸等信息 | N1 |
| 2 级信息深度 | 宜包含和补充 N1 等级信息，增加定位信息、系统信息、功能信息和模型构件信息 | N2 |
| 3 级信息深度 | 宜包含和补充 N2 等级信息，增加技术信息、生产信息、安装信息 | N3 |
| 4 级信息深度 | 宜包含和补充 N3 等级信息，增加资产信息和维护信息 | N4 |

(5)各专业的模型构件单元的几何表达精度要求见表 5-3-4 至表 5-3-9。

表 5-3-4　总图专业的模型构件单元几何表达精度

| 模型构件单元 | 几何表达精度 | 几何表达精度要求 |
| --- | --- | --- |
| 现状场地 | G1 | 宜以二维图形表示场地范围 |
| | | 若项目周边现状场地中有铁路、地铁、变电站、水处理厂等基础设施时，可采用二维图形表示 |
| | | 除非可视化需要，场地及其周边的水体、绿地等景观可以二维区域表达 |
| | G2 | 应建模，等高距宜为 2 m |
| | | 若项目周边现状场地中有铁路、地铁、变电站、水处理厂等基础设施时，可采用二维图形表示，必要时，宜采用简单几何形体表示 |
| | | 除非可视化需要，场地及其周边的水体、绿地等景观可以二维区域表达 |
| | G3 | 应建模，等高距宜为 1 m |
| | | 若项目周边现状场地中有铁路、地铁、变电站、水处理厂等基础设施时，宜采用简单几何形体表示 |
| | | 除非可视化需要，场地及其周边的水体、绿地等景观可以二维区域表达，必要时，宜采用简单几何形体表示 |
| | G4 | 应建模，等高距宜为 0.5 m |
| | | 若项目周边现状场地中有铁路、地铁、变电站、水处理厂等基础设施时，宜采用高精度几何形体表示 |
| | | 场地及其周边的水体、绿地等景观宜采用高精度扫描成果表达 |

续表

| 模型构件单元 | 几何表达精度 | 几何表达精度要求 |
|---|---|---|
| 设计场地 | G1 | 宜以二维图形表示场地范围 |
| | | 除非可视化需要，水体、绿地等景观可以二维区域表达 |
| | G2 | 应建模，等高距宜为 1.0 m |
| | | 除非可视化需要，水体、绿地等景观可以二维区域表达 |
| | | 应在剖切视图或三维视图中观察到与现状场地的填挖关系 |
| | G3 | 应建模，等高距宜为 0.5 m |
| | | 水体、绿地等景观可以二维区域表达，必要时，宜采用简单几何形体表示，项目设计的景观设施构筑物宜建模 |
| | | 应在剖切视图或三维视图中观察到与现状场地的填挖关系 |
| | G4 | 应建模，等高距宜为 0.1 m |
| | | 水体、绿地等景观可以二维区域表达，必要时，宜采用简单几何形体表示，项目设计的景观设施构筑物宜建模 |
| | | 应在剖切视图或三维视图中观察到与现状场地的填挖关系 |
| 现状建筑和设施（仅限体量化建模表示空间占位） | G1 | 宜以二维图形表示 |
| | G2 | 应以体量表示空间占位 |
| | G3 | 应建模表示主要外观特征 |
| | G4 | 宜采用高精度扫描成果表达 |
| 新（改）建建筑和设施（仅限体量化建模表示空间占位） | G1 | 宜以二维图形表示 |
| | G2 | 应以体量表示空间占位 |
| | G3 | 应建模表示主要外观特征 |
| | G4 | 应以体量表示外观和空间特征，并且模型表面宜有可正确识别的材质 |
| 道路 | G1 | 宜以二维图形表示宽度、坡度、走向等 |
| | G2 | 应建模表示大致的尺寸、形状、位置和方向 |
| | G3 | 应建模表示精确尺寸与位置 |
| | | 表达路面、路基、沿街设施、排水、照明及绿化设施 |
| | G4 | 应建模表示实际尺寸与位置 |
| | | 表达路面、路基、沿街设施、排水、支挡、防护、照明及绿化设施 |
| | | 模型表面宜有可正确识别的材质 |
| 桥梁 | G1 | 宜以二维图形表示高度、体形、位置、朝向等 |
| | G2 | 应建模表示大致的尺寸、形状、位置和方向 |
| | G3 | 应建模表示精确尺寸与位置 |
| | G4 | 应建模表示实际尺寸与位置 |
| | | 模型表面宜有可正确识别的材质 |
| 隧道 | G1 | 宜以二维图形表示高度、体形、位置、朝向等 |
| | G2 | 应建模表示大致的尺寸、形状、位置和方向 |
| | G3 | 应建模表示精确尺寸与位置 |
| | G4 | 应建模表示实际尺寸与位置 |
| | | 模型表面宜有可正确识别的材质 |

续表

| 模型构件单元 | 几何表达精度 | 几何表达精度要求 |
| --- | --- | --- |
| 水池、水箱 | G1 | 宜以二维图形表示 |
| | G2 | 应体量化建模表示主体空间占位 |
| | G3 | 应建模表示设备尺寸及位置 |
| | | 应表示主要设备外部构造 |
| | | 宜表达其连接管道、阀门、管件、附属设备或基座等安装构件 |
| | G4 | 宜按照产品的实际尺寸建模或采用高精度扫描模型,表示外部构造及主要内部构造 |
| 水管、水管管件 | G1 | 宜以二维图形表示 |
| | G2 | 应体量化建模表示管道空间占位 |
| | G3 | 应按照管线实际规格尺寸及材质建模,管线支线应建模 |
| | | 有坡度的管道宜按照实际坡度建模 |
| | | 有保温管道宜按照实际保温材质及厚度建模 |
| | | 应建模表示管道支架的尺寸 |
| | G4 | 应按照管线实际规格尺寸及材质建模,管线支线应建模 |
| | | 有坡度的管道宜按照实际坡度建模 |
| | | 有保温管道宜按照实际保温材质及厚度建模 |
| | | 管件宜按照其规格尺寸和材质建模 |
| | | 应建模表示管道支架的尺寸和材质 |
| 管道附件 | G1 | 宜以二维图形表示 |
| | G2 | 应体量化建模表示空间占位 |
| | G3 | 应建模表示构件的实际尺寸及材质 |
| | G4 | 应建模表示构件的实际尺寸、材质、连接方式、安装附件等 |
| 构筑物 | G1 | 宜以二维图形表示 |
| | G2 | 应体量化建模表示空间占位 |
| | G3 | 构造层厚度不小于 20 mm 时,应按照实际厚度建模 |
| | | 应表示各构造层的材质 |
| | | 应表示安装构件 |
| | G4 | 构造层应按照实际厚度建模 |
| | | 应表示各构造层的材质 |
| | | 应按照实际尺寸建模表示安装构件 |
| 设备 | G1 | 宜以二维图形表示 |
| | G2 | 应体量化建模表示主体空间占位 |
| | G3 | 应建模表示设备尺寸及位置、主要外部构造 |
| | | 宜建模表示其连接电缆桥架、母线、附属设备或基座等安装位置及尺寸 |
| | G4 | 宜按照产品的实际尺寸建模或采用高精度扫描模型,表示外部构造及主要内部构造 |

续表

| 模型构件单元 | 几何表达精度 | 几何表达精度要求 |
| --- | --- | --- |
| 电缆桥架 | G1 | 宜以二维图形表示 |
| | G2 | 应体量化建模表示主体空间占位 |
| | G3 | 应按照桥架的实际规格尺寸及材质建模 |
| | | 应建模表示管道支架的尺寸 |
| | G4 | 应按照桥架实际规格尺寸及材质建模 |
| | | 应建模表示管道支架的尺寸 |
| | | 有防火包裹的应按照实际包裹材质及厚度建模 |
| | | 宜按照桥架实际安装尺寸进行分节 |
| | | 宜按照实际尺寸建模表示安装构件 |
| 电气线路敷设配线管（电线、电缆配线管） | G1 | 宜以二维图形表示 |
| | G2 | 应体量化建模表示主体空间占位 |
| | G3 | 管径不小于 32 mm 的配线管应建模表示构件尺寸及位置 |
| | G4 | 应按照产品的实际尺寸、构造信息建模 |

**表 5-3-5　建筑专业的模型构件单元几何表达精表**

| 模型构件单元 | 几何表达精度 | 几何表达精度要求 |
| --- | --- | --- |
| 外墙 | G1 | 宜以二维图形表示 |
| | G2 | 应体量化建模表示空间占位 |
| | | 宜表示核心层和外饰面材质 |
| | | 外墙定位基线宜与墙体核心层外表面重合，如有保温层，宜与保温层外表面重合 |
| | G3 | 构造层厚度不小于 20 mm 时，应按照实际厚度建模 |
| | | 应表示安装构件 |
| | | 应表示各构造层的材质 |
| | | 外墙定位基线应与墙体核心层外表面重合，无核心层的外墙体，定位基线应与墙体内表面重合，有保温层的外墙体定位基线应与保温层外表面重合 |
| | G4 | 构造层应按照实际厚度建模 |
| | | 应按照实际尺寸建模表示安装构件 |
| | | 应表示各构造层的材质 |
| | | 外墙定位基线应与墙体核心层外表面重合，无核心层的外墙体，定位基线应与墙体内表面重合，有保温层的外墙体定位基线应与保温层外表面重合 |
| | | 当砌体垂直灰缝大于 30 mm，采用 C20 细石混凝土灌实时，应区分砌体与细石混凝土 |

续表

| 模型构件单元 | 几何表达精度 | 几何表达精度要求 |
| --- | --- | --- |
| 内墙 | G1 | 宜以二维图形表示 |
| | G2 | 应体量化建模表示空间占位 |
| | | 宜表示核心层和外饰面材质 |
| | | 内墙定位基线宜与墙体核心层表面重合,如有隔音层,宜与隔音层外表面重合 |
| | G3 | 构造层厚度不小于20 mm时,应按照实际厚度建模 |
| | | 应表示安装构件 |
| | | 宜表示各构造层的材质 |
| | | 内墙定位基线应与墙体核心层外表面重合,无核心层的墙体定位基线应与墙体内表面重合,有隔音层的内墙体定位基线与隔音层外表面重合 |
| | G4 | 构造层应按照实际厚度建模 |
| | | 应按照实际尺寸建模表示安装构件 |
| | | 应表示各构造层的材质 |
| | | 内墙定位基线应与墙体核心层外表面重合,无核心层的内墙体定位基线应与墙体内表面重合,有隔音层的外墙体定位基线应与隔音层外表面重合 |
| 特殊墙体 | G1 | 宜以二维图形表示 |
| | G2 | 应体量化建模表示空间占位 |
| | | 宜表示核心层和外饰面材质 |
| | | 建筑柱定位基线宜与柱核心层表面重合,如有保温层,宜与保温层外表面重合 |
| | G3 | 构造层厚度不小于20 mm时,应按照实际厚度建模 |
| | | 应表示安装构件 |
| | | 宜表示各构造层的材质 |
| | | 建筑柱定位基线应与柱体核心层外表面重合,无核心层的建筑柱,定位基线应与建筑柱内表面重合,有保温层的建筑柱定位基线与保温层外表面重合 |
| | G4 | 构造层应按照实际厚度建模 |
| | | 应按照实际尺寸建模表示安装构件 |
| | | 应表示各构造层的材质 |
| | | 建筑柱定位基线应与柱体核心层外表面重合,无核心层的建筑柱,定位基线应与建筑柱内表面重合,有保温层的建筑柱定位基线与保温层外表面重合 |
| | | 构造柱构件的轮廓表达应与实际相符,即包括嵌接墙体部分(马牙槎) |

续表

| 模型构件单元 | 几何表达精度 | 几何表达精度要求 |
| --- | --- | --- |
| 门 | G1 | 宜以二维图形表示 |
| | G2 | 应表示框材、嵌板 |
| | | 门窗洞口尺寸应准确 |
| | G3 | 应表示框材、嵌板、主要安装构件 |
| | | 应表示内嵌板的门窗 |
| | | 门窗、百叶框材和断面模型容差应为 30 mm |
| | | 独立的门槛石和独立门套应建模 |
| | G4 | 应表示框材、嵌板、门套、门槛石、主要安装构件、密封材料 |
| | | 应按照实际尺寸建模表示内嵌的门窗和百叶 |
| 窗 | G1 | 宜以二维图形表示 |
| | G2 | 应表示框材、嵌板 |
| | | 门窗洞口尺寸应准确 |
| | G3 | 应表示框材、嵌板、主要安装构件 |
| | | 应表示内嵌板的门窗 |
| | | 门窗、百叶框材和断面模型容差应为 30 mm |
| | | 独立的窗台板和独立的窗套应建模 |
| | G4 | 应表示框材、嵌板、窗套、窗台板、主要安装构件、密封材料 |
| | | 应按照实际尺寸建模表示内嵌的门窗和百叶 |
| 屋顶 | G1 | 宜以二维图形表示 |
| | G2 | 应体量化建模表示空间占位 |
| | | 平屋面建模可不考虑屋面坡度,且结构构造层顶面与屋面标高线宜重合 |
| | | 坡屋面与异形屋面应按设计形状和坡度建模,主要结构支座顶标高与屋面标高线宜重合 |
| | G3 | 应输入屋面各构造层的信息,构造层厚度不小于 20 mm 时,应按照实际厚度建模 |
| | | 楼板的核心层和其他构造层可按独立楼板类型分别建模 |
| | | 平屋面建模宜考虑屋面坡度 |
| | | 坡屋面与异形屋面应按设计形状和坡度建模,主要结构支座顶标高与屋面标高线宜重合 |
| | | 屋面主要构件宜建模,模型容差为 20 mm |
| | G4 | 应输入屋面各构造层的信息,构造层应按照实际厚度建模 |
| | | 楼板的核心层和其他构造层可按独立楼板类型分别建模 |
| | | 平屋面建模应考虑屋面坡度 |
| | | 坡屋面与异形屋面应按设计形状和坡度建模,主要结构支座顶标高与屋面标高线宜重合 |
| | | 宜按照实际尺寸建模表示安装构件 |
| | | 如视觉表达需要,屋面各层构造、构件宜赋予可识别的材质信息 |

续表

| 模型构件单元 | 几何表达精度 | 几何表达精度要求 |
|---|---|---|
| 楼面 | G1 | 宜以二维图形表示 |
| | G2 | 应体量化建模表示空间占位 |
| | | 除非设计要求，无坡度楼板顶面与设计标高应重合，有坡度楼板根据设计意图建模 |
| | G3 | 应输入楼板各构造层的信息，构造层厚度不小于 20 mm 时，应按照实际厚度建模 |
| | | 楼板的核心层和其他构造层可按独立楼板类型分别建模 |
| | | 主要的无坡度楼板建筑完成面应与标高线重合 |
| | G4 | 在"类型"属性中区分建筑楼板和结构楼板 |
| | | 应输入楼板各构造层的信息，构造层应按照实际厚度建模 |
| | | 楼板的核心层和其他构造层可按独立楼板类型分别建模 |
| | | 无坡度楼板建筑完成面应与标高线重合 |
| 地面 | G1 | 宜以二维图形表示 |
| | G2 | 应体量化建模表示空间占位 |
| | | 地面完成面与地面标高线宜重合 |
| | G3 | 应输入地面各构造层的信息，构造层厚度不小于 20 mm 时，应按照实际厚度建模 |
| | | 地面的核心层和其他构造层可按独立楼板类型分别建模 |
| | | 建模应符合地面坡度变化 |
| | | 平地面完成面与地面标高线宜重合 |
| | G4 | 应输入地面各构造层的信息，构造层应按照实际厚度建模 |
| | | 地面的核心层和其他构造层可按独立楼板类型分别建模 |
| | | 建模应符合地面坡度变化 |
| | | 平地面完成面与地面标高线宜重合 |
| | | 如视觉表达需要，地面各层构造、构件宜赋予可识别的材质信息 |
| 顶棚 | G1 | 宜以二维图形表示 |
| | G2 | 应体量化建模表示空间占位 |
| | | 宜表示嵌板，并按照设计意图划分 |
| | G3 | 应表示嵌板、主要支撑构件 |
| | | 人孔、百叶等应明确表示 |
| | | 幕墙竖梃和横撑断面模型容差应为 10 mm |
| | G4 | 宜按照实际尺寸建模表示嵌板、主要支撑构件、支撑构件配件、安装构件、密封材料 |
| | | 人孔、百叶等应明确表示 |
| 天花板 | G1 | 宜以二维图形表示 |
| | G2 | 应体量化建模表示空间占位 |
| | | 宜表示嵌板，并按照设计意图划分 |
| | G3 | 应表示嵌板、主要支撑构件 |
| | | 人孔、百叶等应明确表示 |
| | | 幕墙竖梃和横撑断面模型容差应为 10 mm |
| | G4 | 宜按照实际尺寸建模表示嵌板、主要支撑构件、支撑构件配件、安装构件、密封材料 |
| | | 人孔、百叶等应明确表示 |

续表

| 模型构件单元 | 几何表达精度 | 几何表达精度要求 |
| --- | --- | --- |
| 运输系统 | G1 | 宜以二维图形表示 |
| | G2 | 主要部件应建模,模型容差为 100 mm |
| | | 可采用生产商提供的成品设备信息模型 |
| | G3 | 主要部件应建模,模型容差为 50 mm |
| | | 可采用生产商提供的成品设备信息模型 |
| | G4 | 宜采用高精度扫描成果表达 |
| 楼梯 | G1 | 宜以二维图形表示 |
| | G2 | 应体量化建模表示空间占位 |
| | | 楼梯应建模表示踏步、梯段 |
| | G3 | 梯梁、梯柱应建模,并应输入构造层信息,构造层厚度不小于 20 mm 时,应按照精确厚度建模 |
| | G4 | 梯梁、梯柱应建模,并应输入构造层信息。构造层应按照实际厚度建模 |
| 坡道、台阶 | G1 | 宜以二维图形表示 |
| | G2 | 应体量化建模表示空间占位 |
| | G3 | 坡道或台阶应建模,并应输入构造层信息,构造层厚度不小于 20 mm 时,应按照精确厚度建模 |
| | G4 | 坡道或台阶应建模,并应输入构造层信息。构造层应按照实际厚度建模 |
| | | 宜按照实际尺寸建模表示防滑条和安装构件 |
| 栏杆扶手 | G1 | 宜以二维图形表示 |
| | G2 | 应体量化建模表示空间占位 |
| | G3 | 应建模,主要部件模型容差宜为 20 mm |
| | G4 | 应按照实际尺寸建模 |
| 檐口 | G1 | 宜以二维图形表示 |
| | G2 | 应体量化建模表示空间占位 |
| | G3 | 构造层厚度不小于 20 mm 时,应按照精确厚度建模 |
| | G4 | 构造层应按照实际厚度建模 |
| 雨篷 | G1 | 宜以二维图形表示 |
| | G2 | 应体量化建模表示空间占位 |
| | | 雨篷板按照设计意图划分 |
| | G3 | 应表示雨篷板、主要支撑构件 |
| | G4 | 应按照实际尺寸建模表示雨篷板、主要支撑构件、支撑构件配件、安装构件、密封材料 |

续表

| 模型构件单元 | 几何表达精度 | 几何表达精度要求 |
|---|---|---|
| 阳台、露台 | G1 | 宜以二维图形表示 |
| | G2 | 应体量化建模表示空间占位 |
| | | 阳台(露台)板顶面与设计标高线应重合,有坡度的阳台(露台)板根据设计意图建模 |
| | G3 | 应输入阳台(露台)板各构造层的信息,构造层厚度不小于 20 mm 时,应按照实际厚度建模 |
| | | 主要的无坡度阳台(露台)板建筑完成面应与标高线重合 |
| | G4 | 应输入阳台(露台)板各构造层的信息,构造层应按照实际厚度建模 |
| | | 应按照实际尺寸建模表示安装构件 |
| | | 无坡度阳台(露台)板建筑完成面应与标高线重合 |
| 变形缝 | G1 | 宜以二维图形表示 |
| | G2 | 应体量化建模表示空间占位 |
| | G3 | 应建模,主要部件模型容差宜为 10 mm |
| | G4 | 应按照实际尺寸建模表示需生产加工的构件 |
| 孔洞 | G1 | 宜以二维图形表示 |
| | G2 | 应体量化建模表示空间占位 |
| | G3 | 应建模,主要部件模型容差宜为 10 mm |
| | G4 | 应按照实际尺寸建模表示需生产加工的构件 |
| 压顶 | G1 | 宜以二维图形表示 |
| | G2 | 应体量化建模表示空间占位 |
| | G3 | 构造层厚度不小于 20 mm 时,应按照精确厚度建模 |
| | G4 | 构造层应按照实际厚度建模 |

说明:本专业模型构件单元与其他专业重复时,以其中较高的几何表达精度要求为准。

表 5-3-6　结构专业的模型构件单元几何表达精度

| 模型构件单元 | 几何表达精度 | 几何表达精度要求 |
|---|---|---|
| 地基、基础 | G1 | 宜以二维图形表示 |
| | G2 | 应体量化建模表示空间占位 |
| | G3 | 构造层厚度不小于 20 mm 时,应按照实际厚度建模;宜以精确几何形体表达垫层,并添加材质;后浇带可在模型平面图中表达,并添加材质 |
| | | 应表示安装构件 |
| | | 应区分带形基础、独立基础、满堂基础、桩承台基础、设备基础 |
| | | 有肋式带形基础中肋与基础部分宜独立建模,基础部分按基础类型建模,肋按墙或其他类型建模,并对肋高信息进行表达 |
| | | 箱式满堂基础和框架式设备基础应区分柱、梁、墙、底板、顶板 |

续表

| 模型构件单元 | 几何表达精度 | 几何表达精度要求 |
|---|---|---|
| 地基、基础 | G4 | 构造层应按照实际厚度建模；宜以精确几何形体表达垫层 |
| | | 应表示各构造层的材质、垫层材质 |
| | | 应按照实际尺寸建模表示安装构件和后浇带 |
| | | 应区分带形基础、独立基础、满堂基础、桩承台基础、设备基础 |
| | | 有肋式带形基础中肋与基础部分应独立建模，基础部分应按基础类型建模，肋应按墙或其他类型建模，并应对肋高信息进行表达 |
| | | 箱式满堂基础和框架式设备基础应区分柱、梁、墙、底板、顶板 |
| 结构墙柱、管廊结构 | G1 | 宜以二维图形或图例表示 |
| | G2 | 应体量化建模表示空间占位 |
| | G3 | 构造层厚度不小于 20 mm 时，应按照实际厚度建模；后浇带可在模型平面图中表达，并添加材质 |
| | | 应表示各构造层的材质 |
| | | 应表示安装构件 |
| | | 应区分直形墙、弧形墙、短肢剪力墙 |
| | | 应区分矩形柱、异形柱 |
| | | 依附于柱上的牛腿和升板的柱帽应按被依附的柱类型建模 |
| | G4 | 构造层应按照实际厚度建模 |
| | | 应表示各构造层的材质 |
| | | 应按照实际尺寸建模表示安装构件 |
| | | 应区分直形墙、弧形墙、短肢剪力墙（墙肢截面的最大长度与厚度之比小于或等于6倍的剪力墙） |
| | | 应区分矩形柱、异形柱、约束边缘柱、暗柱、构造边缘 |
| | | 依附于柱上的牛腿和升板的柱帽应按被依附的柱类型建模 |
| 梁 | G1 | 宜以二维图形表示 |
| | G2 | 应体量化建模表示空间占位 |
| | G3 | 构造层厚度不小于 20 mm 时，应按照实际厚度建模；后浇带可在模型平面图中表达，并添加材质 |
| | | 应表示各构造层的材质 |
| | | 应表示安装构件 |
| | | 应区分基础梁、矩形梁、异形梁、圈梁、过梁；设计阶段可不表达过梁、圈梁 |
| | | 有梁板（包括主、次梁与板）中的梁应区别于其他结构梁 |
| | G4 | 构造层应按照实际厚度建模 |
| | | 应表示各构造层的材质 |
| | | 应按照实际尺寸建模表示安装构件 |
| | | 应建模，区分基础梁、矩形梁、异形梁、圈梁、过梁、暗梁 |
| | | 有梁板（包括主、次梁与板）中的梁应区别于其他结构梁 |

续表

| 模型构件单元 | 几何表达精度 | 几何表达精度要求 |
|---|---|---|
| 板 | G1 | 宜以二维图形表示 |
| | G2 | 应体量化建模表示空间占位 |
| | G3 | 构造层厚度不小于 20 mm 时,应按照实际厚度建模;后浇带可在模型平面图中表达,并添加材质 |
| | | 应表示各构造层的材质 |
| | | 应表示安装构件 |
| | | 应区分有梁板、无梁板、平板、拱板 |
| | G4 | 构造层应按照实际厚度建模 |
| | | 应表示各构造层的材质 |
| | | 应按照实际尺寸建模表示安装构件 |
| | | 应区分有梁板、无梁板、平板、拱板 |
| 配筋 | G1 | 宜以二维图形表示 |
| | G2 | 宜以二维图形表示 |
| | G3 | 主要结构筋、构造筋、箍筋应建模 |
| | G4 | 各类配筋应按照实际尺寸建模 |
| 钢结构 | G1 | 宜以二维图形表示 |
| | G2 | 应体量化建模表示主要受力构件 |
| | G3 | 主要受力构件应按照实际尺寸建模 |
| | | 主要安装构件应建模 |
| | G4 | 应按照实际尺寸建模 |
| 木结构 | G1 | 宜以二维图形表示 |
| | G2 | 应体量化建模表示主要受力构件 |
| | G3 | 主要受力构件应按照实际尺寸建模 |
| | | 主要安装构件应建模 |
| | G4 | 应按照实际尺寸建模 |
| 砌体结构 | G1 | 宜以二维图形表示 |
| | G2 | 应体量化建模表示主要受力构件 |
| | G3 | 主要受力构件应按照实际尺寸建模 |
| | | 主要安装构件应建模 |
| | G4 | 应按照实际尺寸建模 |
| 预埋构件 | G1 | 宜以二维图形表示 |
| | G2 | 应建模表示孔洞的大小和位置 |
| | G3 | 应建模表示孔洞的精确位置 |
| | | 主要安装构件、预埋件应建模,模型容差宜为 10 mm |
| | G4 | 应建模表示孔洞的精确位置 |
| | | 主要安装构件、预埋件应按实际尺寸建模 |

说明:地基、基础 G3 精度中,独立基础和承台基础等底面为规则平面的垫层应按实际尺寸建模,其他基础垫层可不建模。

**表 5-3-7　暖通专业的模型构件单元几何表达精度**

| 模型构件单元 | 几何表达精度 | 几何表达精度要求 |
|---|---|---|
| 设备 | G1 | 宜以二维图形表示 |
| | G2 | 应体量化建模表示主体空间占位 |
| | G3 | 应建模表示设备尺寸及位置 |
| | | 应粗略表示主要设备内部构造 |
| | | 宜表达其连接管道、阀门、管件、附属设备或基座等安装构件 |
| | G4 | 宜按照产品的实际尺寸建模或采用高精度扫描模型,表示外部构造及主要内部构造 |
| 风管和风管管件 | G1 | 宜以二维图形表示 |
| | G2 | 应体量化建模表示管道空间占位 |
| | G3 | 应建模表示管线实际规格尺寸及材质 |
| | | 应建模表示风管支管及末端百叶实际尺寸及位置 |
| | | 应建模表示管道支架的尺寸 |
| | G4 | 应按照管线实际规格尺寸及材质建模 |
| | | 应建模表示风管支管及末端百叶实际尺寸及位置 |
| | | 有保温管道宜按照实际保温材质及厚度建模 |
| | | 宜按照管道实际安装尺寸进行分节 |
| | | 管件宜按照其规格尺寸和材质建模 |
| | | 应建模表示管道支架的尺寸和材质 |
| 液体输送管道和管件 | G1 | 宜以二维图形表示 |
| | G2 | 应体量化建模表示管道空间占位 |
| | G3 | 应按照管线实际规格尺寸及材质建模,管线支线应建模 |
| | | 有坡度的管道宜按照实际坡度建模 |
| | | 有保温管道宜按照实际保温材质及厚度建模 |
| | G4 | 应按照管线实际规格尺寸及材质建模,管线支线应建模 |
| | | 有坡度的管道宜按照实际坡度建模 |
| | | 有保温管道宜按照实际保温材质及厚度建模 |
| | | 管件宜按照其规格尺寸和材质建模 |
| | | 应建模表示管道支架的尺寸和材质 |
| 风管附件和管道附件 | G1 | 宜以二维图形表示 |
| | G2 | 应体量化建模表示空间占位 |
| | G3 | 应建模表示构件的实际尺寸及材质 |
| | G4 | 应建模表示构件的实际尺寸、材质、连接方式、安装附件等 |
| 风管支吊架和管道支吊架 | G1 | 宜以二维图形表示 |
| | G2 | 应体量化建模表示主要部件空间占位 |
| | G3 | 应建模表示构件的实际尺寸及材质,管廊支吊架应建模表示构件的实际尺寸及材质 |
| | G4 | 应建模表示构件的实际尺寸、材质、连接方式、安装附件等 |

说明:①管道附件 G3 精度中,施工图的平面图上不表示的构件可以不建模,如水管 DN25 及以下的水管附件(例如风机盘支管阀门等),但考虑满足模型算量等要求,建议阀门和设备成组布置,或者在设备中添加阀门相关属性信息;法兰片可不作为单独构件进行建模,但须作为其他管道附件的一部分进行建模。②在液体输送管道、管件和管道附件 G3 精度中,冷凝水管可不带坡度建模,但在模型属性中须进行说明。③支吊架 G3 精度中,宜保持图模一致。

表 5-3-8　给排水专业的模型构件单元几何表达精度

| 模型构件单元 | 几何表达精度 | 几何表达精度要求 |
|---|---|---|
| 设备、水池、水箱 | G1 | 宜以二维图形表示 |
| | G2 | 应体量化建模表示主体空间占位 |
| | G3 | 应建模表示设备尺寸及位置 |
| | | 应粗略表示主要设备内部构造 |
| | | 宜表达其连接管道、阀门、管件、附属设备或基座等安装构件 |
| | G4 | 宜按照产品的实际尺寸建模或采用高精度扫描模型 |
| 管道、管道管件 | G1 | 宜以二维图形表示 |
| | G2 | 应体量化建模表示管道空间占位 |
| | G3 | 应按照管线实际规格尺寸及材质建模,管线支线应建模 |
| | | 有坡度的管道宜按照实际坡度建模 |
| | | 应建模表示管道支架的尺寸 |
| | G4 | 应按照管线实际规格尺寸及材质建模,管线支线应建模 |
| | | 有坡度的管道宜按照实际坡度建模 |
| | | 有保温管道宜按照实际保温材质及厚度建模 |
| | | 管件宜按照其规格尺寸和材质建模 |
| | | 应建模表示管道支架的尺寸和材质 |
| 管道附件 | G1 | 宜以二维图形表示 |
| | G2 | 应体量化建模表示空间占位 |
| | G3 | 应建模表示构件的实际尺寸及材质 |
| | G4 | 应建模表示构件的实际尺寸、材质、连接方式、安装附件等 |
| 卫浴装置 | G1 | 宜以二维图形表示 |
| | G2 | 应体量化建模表示空间占位,主要部件模型容差为 50 mm |
| | G3 | 应建模,主要部件模型容差宜为 20 mm |
| | G4 | 宜采用高精度扫描成果表达 |
| 构筑物 | G1 | 宜以二维图形表示 |
| | G2 | 应体量化建模表示空间占位 |
| | G3 | 构造层厚度不小于 20 mm 时,应按照实际厚度建模 |
| | | 应表示各构造层的材质 |
| | | 应表示安装构件 |
| | G4 | 构造层厚度应按照实际厚度建模 |
| | | 应表示各构造层的材质 |
| | | 应按照实际尺寸建模表示安装构件 |
| 管道支吊架 | G1 | 宜以二维图形表示 |
| | G2 | 应体量化建模表示主要部件空间占位 |
| | G3 | 应建模表示构件的实际尺寸及材质,管廊支吊架应建模表示构件的实际尺寸及材质 |
| | G4 | 应建模表示构件的实际尺寸、材质、连接方式、安装附件等 |

说明:①支吊架 G3 精度中,宜保持图模一致;②在水管、水管附件 G3 精度中,卫生间排水管可不带坡度建模,但在模型属性中须进行说明;③管道附件 G3 精度中,法兰片可不作为单独构件进行建模,但须作为其他管道附件(如水表)的一部分进行建模。

表 5-3-9　电气专业的模型构件单元几何表达精度

| 模型构件单元 | 几何表达精度 | 几何表达精度要求 |
| --- | --- | --- |
| 设备 | G1 | 宜以二维图形表示 |
| | G2 | 应体量化建模表示主体空间占位 |
| | G3 | 应建模表示设备尺寸及位置、主要外部构造 |
| | | 宜建模表示其连接电缆桥架、母线、附属设备或基座等安装位置及尺寸 |
| | G4 | 宜按照产品的实际尺寸建模或采用高精度扫描模型，表示外部构造及主要内部构造 |
| 电缆桥架 | G1 | 宜以二维图形表示 |
| | G2 | 应按照桥架的规格尺寸建模 |
| | G3 | 应按照桥架的实际规格尺寸及材质建模 |
| | | 应建模表示管道支架的尺寸 |
| | G4 | 应按照桥架实际规格尺寸及材质建模 |
| | | 应建模表示管道支架的尺寸 |
| | | 有防火包裹的应按照实际包裹材质及厚度建模 |
| | | 宜按照桥架实际安装尺寸进行分节 |
| | | 宜按照实际尺寸建模表示安装构件 |
| 电缆、电线敷设 | G1 | 宜以二维图形表示 |
| | G2 | 宜以二维图形表示 |
| | G3 | 室外电力电缆、干线电缆应建模表示构件尺寸及位置，室内电缆不建模 |
| | | 室内电线以二维图形表示 |
| | G4 | 电缆应按照产品的实际尺寸、构造信息建模 |
| | | 电线以二维图形表示 |
| 电气线路敷设配线管（电线、电缆配线管） | G1 | 宜以二维图形表示 |
| | G2 | 应体量化建模表示主体空间占位 |
| | G3 | 管径不小于 32 mm 的配线管应建模表示构件尺寸及位置 |
| | G4 | 应按照产品的实际尺寸、构造信息建模 |
| 接闪带、接地测试点等 | G1 | 宜以二维图形表示 |
| | G2 | 应体量化建模表示主体空间占位 |
| | G3 | 应建模表示构件的几何特征 |
| | G4 | 宜按照产品的实际尺寸、构造信息建模或采用高精度扫描模型 |
| 支吊架 | G1 | 宜以二维图形表示 |
| | G2 | 应体量化建模表示主要部件空间占位 |
| | G3 | 应建模表示构件的实际尺寸及材质 |
| | G4 | 应建模表示构件的实际尺寸、材质、连接方式、安装附件等 |

说明：①支吊架 G3 精度中，宜保持图模一致；②在接闪带、防雷引下线、接地网等 G3 精度中，绝缘垫可不建模；③设备 G3 精度中，设备内部构造（如励磁电阻器、可控硅铃流发生器等细节电气装置）可不单独建模；④电缆为发电、供配电的线路，电线为设备末端连接线路。

### 5.3.3 模型交付深度

建筑信息模型的交付应包括项目建设阶段的交付和面向应用的交付。交付协同过程中，应根据项目建设阶段要求和应用需求选取模型交付深度。

1. 建设阶段的交付深度

在 BIM 实施过程中，项目建设阶段的模型交付深度应与模型精度等级相对应，满足模型精度设置的要求。建设阶段交付的模型精度宜符合下列规定：

方案设计阶段模型精度等级不宜低于 LOD100；
初步设计阶段模型精度等级不宜低于 LOD200；
施工图设计阶段模型精度等级不宜低于 LOD300；
施工准备阶段模型精度等级不宜低于 LOD350；
施工实施阶段模型精度等级不宜低于 LOD400；
竣工阶段的模型精度等级不宜低于 LOD500。

2. 面向应用的交付深度

面向应用的模型交付深度应满足应用方的应用需求，在选取模型交付深度时，应明确以下内容：

信息应用方应依据应用需求明确提出所需的信息；
确保信息提供方可以交付应用方所需的信息。

## 5.4 模型版本管理标准

补充模型版本管理内容，主要包括模型文件保存方式、版本更新的依据、流程和修改权限，版本更新命名原则等。

## 5.5 项目实施交付标准

为规范工程项目 BIM 实施过程中的成果验收、交付物内容、交付过程以及交付物管理，在工程设计及建造阶段 BIM 实施中应规范交付标准，以应用于建筑信息模型的成果验收、交付准备、交付、交付物管理等行为。

### 5.5.1 基本规则

（1）建筑信息模型交付准备过程中，应根据交付深度、交付物形式、交付协同要求安排模型架构和选取适宜的模型精细度，根据不同阶段信息输入模型内容。

（2）项目实施交付成果宜按照专业、子单位工程、单位工程、标段逐级进行，面向各阶段设计深度或施工实施的要求,根据设计和建造阶段的要求和应用需求,从各阶段建筑信息模型中提取所需的信息形成交付物。交付物还应包括交付管理过程中产生的过程审核文件和管理流程文件等内容。

(3)交付物以通用或商定的数据格式传递建筑模型信息,交付物包括模型、图纸、表格及相关文档等,不同表现形式之间的数据、信息应一致,且交付人应保证模型几何信息与属性信息准确,所有文件链接、信息链接有效。

### 5.5.2 交付物

交付物应包括建筑信息模型,宜包括属性信息表、工程图纸、项目需求书、建筑信息模型执行计划、模型工程量清单等,具体内容如下。

1. 建筑信息模型

建筑信息模型应包含交付所需的全部信息。建筑信息模型可索引其他类别的交付物,交付时需一并交付,且应确保索引路径有效。建筑信息模型的表达方式可包括模型视图、表格、文档、图像、视频、点云及网页等,各种表达方式间应具有关联访问关系。

2. 属性信息表

项目级、功能级或构件级模型单元在交付时,应随模型单元提交属性信息表。属性信息表电子文件的名称可参照表格编号、模型单元名称、提交日期、数据格式、描述来展开设置,进行系统性分类。属性信息表内容可包括项目信息、版本信息、模型单元基本信息、模型单元属性信息。

3. 工程图纸

工程图纸应基于建筑信息模型的视图和表格加工而成。电子工程图纸文件可索引其他交付物,交付时需一并交付,并应确保索引路径有效,且工程图纸应符合国家相关标准。

4. 实施目标计划书

建筑信息模型建立之前应制订实施目标计划书,项目实施目标计划书应包括以下内容:

项目实施规划,包含项目地点、项目类型、项目规模、项目实施目标等;

项目建筑信息模型的应用深度及需求;

项目参与方协同模式、数据存储和访问方式、数据访问权限管理;

交付物类型及交付时间和方式;

建筑信息模型的权属及过程资料保密情况。

5. 项目执行计划书

根据项目实施计划,在项目实施过程中应制订项目执行计划书,项目执行计划书应包括以下内容:

项目简述,包含项目名称、项目代码、项目类型、项目规模、应用需求等信息;

项目中涉及的建筑信息模型属性信息命名、分类、编码以及版本;

建筑信息模型精细度等级,几何信息及几何精度表达,以及构件单元属性信息及信息深度;

交付物明细;

软硬件配置、工作环境及保障措施;

资源配置情况、人力资源分配情况。

6. 实施应用成果文件

根据项目建造阶段不同,基于BIM的基本应用点形成的成果文件也不同,从而实施相应的BIM应用目标。

实施应用成果文件可分为BIM应用分析报告、模型工程量清单、多媒体及图像文件、过程审核文件,具体内容如下:

BIM应用分析报告为碰撞检测和净空优化、施工方案模拟等应用的分析结果,应包含项目简述、分析原则、分析过程、分析结果。

模型工程量清单基于建筑信息模型导出,应包含项目简述、模型工程量清单应用场景、工程量及编码、单项工程量所对应的模型单元信息。

多媒体及图像文件应清晰表达工程建筑物的设计效果,并反映主要空间布置、复杂区域的空间构造等;漫游文件应包含全专业模型、动画视点和漫游路径等;图像文件应保证真实的效果与尺寸。

过程审核文件应根据交付物审核管理过程及时提交,应包含项目简述、提交阶段相关信息、交付物信息、提交单位及审查单位信息、审查意见内容及意见回复、审查单位及接收单位签名签章和日期。

7. 管理流程文件

根据BIM实施过程进行管理流程文件记录,并根据成果实时进行提交。管理流程文件应包括流程对应任务事件的信息、流程所涉及的各方信息、任务事件的内容和进展情况说明、流程下阶段任务和计划、流程所涉及各方签名签章和日期。

### 5.5.3 交付准备

(1)建筑信息模型交付准备过程中,应根据交付深度、交付物形式、交付协同要求选取适宜的模型精细度,并录入信息。

(2)建筑信息模型应由模型单元组成,交付全过程应以模型单元作为基本操作对象。

(3)模型单元应以几何信息和属性信息描述工程对象的设计信息,可使用二维图形、文字、文档、多媒体等方式补充和增强表达设计信息。

(4)当模型单元的几何信息与属性信息不一致时,应优先采信属性信息。

### 5.5.4 交付协同

1. 交付目标

除各建设阶段的模型交付物外,BIM实施过程中还要根据应用需求,从相应建筑信息模型中提取所需的信息,并根据分析应用结果形成交付物,包括应用相关的模拟视频、效果图片、审核浏览文件等。

交付协同过程中应根据不同阶段或应用需求选取模型交付深度及交付物,根据BIM实施管理过程,编制过程审核文件(审核报告、评估报告)、管理流程文件(会议纪要、工作联系单)形成交付物。

根据不同建造阶段,交付成果也会不同,在BIM实施不同阶段主要交付物如表5-5-1所示。

表 5-5-1 阶段交付成果表

| 序号 | 阶段 | 交付成果 |
| --- | --- | --- |
| 1 | 实施准备阶段 | 1.实施目标计划书;<br>2.项目执行计划书;<br>3.各项规范及会议纪要 |
| 2 | 设计阶段 | 1.设计阶段建筑信息模型;<br>2.设计阶段专项分析模型;<br>3.设计阶段基于BIM的应用分析报告;<br>4.设计阶段工程量统计报表;<br>5.设计阶段模型属性信息表;<br>6.虚拟模拟动画、方案效果图等多媒体文件 |

续表

| 序号 | 阶段 | 交付成果 |
|---|---|---|
| 3 | 施工实施阶段 | 1. 施工阶段节点建筑信息模型；<br>2. 施工阶段模型属性信息表；<br>3. 管线综合分析报告及深化图纸；<br>4. 施工场地布置模拟报告（含场布方案文档）；<br>5. 施工设备模拟报告（含设备清单文档）；<br>6. 施工进度模拟报告（含施工进度计划文档）；<br>7. 施工工艺模拟报告（含施工技术交底文档）；<br>8. 施工节点验收可视化视频展示；<br>9. 施工阶段工程量统计分析报告及工程量清单 |
| 4 | 竣工阶段 | 1. 竣工阶段节点建筑信息模型；<br>2. 竣工阶段模型属性信息表；<br>3. 竣工阶段图纸；<br>4. 竣工节点验收可视化视频展示；<br>5. 竣工阶段工程量清单 |

2. 应用成果交付

应用成果的交付宜包括需求定义、模型实施和模型交付三个过程。

需求定义过程宜由建筑信息模型应用方完成，并应符合下列规定：

应根据应用目标确定 BIM 应用点，并标明全部应用目标；

应根据 BIM 应用点制订应用需求文件。

模型实施过程应由建筑信息模型提供方完成，并应满足应用需求。

模型交付过程应由建筑信息模型应用方和提供方共同完成，并应符合下列规定：

提供方根据应用需求文件向应用方提供交付物；

应用方应复核交付物及其提供的信息，并提取所需的模型单元形成应用数据集；

应用方可根据建筑信息模型的设计和施工信息创建应用模型；

审核通过并经被交付方批准的 BIM 实施成果，项目工程 BIM 实施各关联方可以共享交付物和资源，且项目人员应通过受控的权限访问 BIM 成果数据，所有 BIM 成果数据应定期进行备份；

涉及知识产权应按照合同约定以及相关法律进行知识产权管理。

面向应用的交付，应用需求文件应包含下列内容：

建筑信息模型的应用类型和应用目标；

属性信息和现行标准名称；

模型单元的模型精细度、几何表达精度、信息深度，并应列举必要的属性及其计量单位；

交付物类别和交付方式。

### 5.5.5 其他规定

（1）成果交付时，应向被交付方提供成果交付说明书。

（2）成果交付说明书包含模型成果交付说明和非模型成果交付说明。

模型成果交付说明应包含以下内容：

模型成果交付目标、模型结构说明、模型属性信息表、交付格式说明、数据库类型、模型查阅与修改方法等。

非模型成果交付说明中,应列表对所有非模型成果进行统一说明,方便双方对接工作。

(3)每个交付阶段应以交付双方最后认可的模型成果作为唯一有效文件,以保证建筑信息模型的唯一有效性。

# 第 6 章

## 咨询企业BIM样板文件搭建

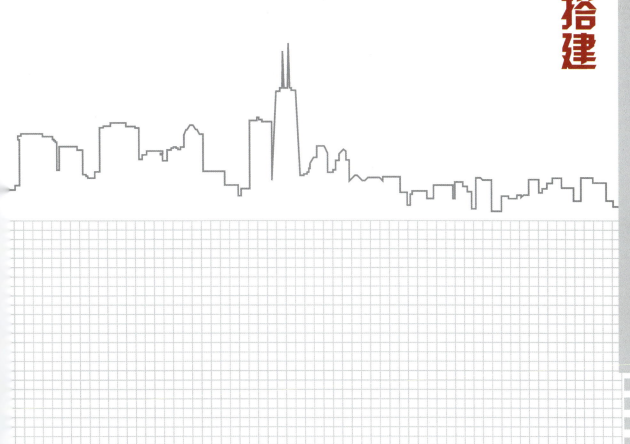

## 6.1 咨询行业搭建 BIM 样板的必要性

在 BIM 应用过程中，Revit 作为 BIM 核心建模软件之一，在国内外 BIM 领域均比较流行。而 Revit 项目样板的设置是一个项目开始的先决条件，是一种预定义的项目设置，只有样板搭建完成之后，相关模型搭建才会顺理成章，统一的项目样板，有利于团队之间模型的通用性传递及不同专业模型的整合。

一般情况下，可用 Revit 自带的一些普通样板直接建模，但是在建模过程中会遇到各种问题，比如在机电建模中，打断管线操作无法生成连接件故管线无法断开、无适合管材、管道系统未区分颜色、视图无法显示需要的管线等。

而在实际项目实施过程中，单个模型标准设定会花费大量时间，且在模型文件中的设置无法传递，无法适用广泛的协调作业环境需求的场景，各专业无法有效契合，增加工作量与工作难度。

样板文件作为 BIM 模型创建的前置标准模块，为新项目提供了开始环境，包括视图样板、已载入的族、已定义的设置（如单位、填充样式、线样式、线宽、视图比例等）和几何图形等，赋予了企业 BIM 技术执行的统一办公标准。

创建企业级样板文件即为企业各专业预先设置模板，根据不同项目应用标准不同，再对样板文件进行及时调整。其预设的内容越多，可大幅提升建模效率，项目实施也越流畅，有利于团队之间模型的通用性传递及不同专业模型的整合，故为不同专业设置样板文件可为 BIM 项目应用提质增效。

## 6.2 咨询行业搭建 BIM 样板的实施目标

咨询行业搭建 BIM 样板需要以通用性、规范性作为实施目标。通用性即适用于常规项目，能在不进行大幅调整的情况下为常规项目应用提供通用样板文件；规范性即样板文件标准设置须符合规范，包括《建筑工程设计信息模型制图标准》(JGJ/T 448—2018)、《建筑信息模型设计交付标准》(GB/T 51301—2018)、《建筑信息模型施工应用标准》(GB/T 51235—2017)等国家标准，以及地方相应技术标准。

在本章节中，将针对四个方面的样板文件搭建步骤进行梳理：第一部分为搭建全专业样板文件的通用步骤，主要为搭建 Revit 样板文件时，不区分专业的通用样板参数设置；第二至四部分为搭建结构 BIM 样板文件的关键步骤、搭建建筑 BIM 样板文件的关键步骤、搭建机电 BIM 样板文件的关键步骤。以结构、建筑、机电这三个重要专业为主，讲解在搭建全专业 BIM 样板文件的通用步骤之后，并且针对已搭建好的样板文件案例进行说明。

## 6.3 样板文件搭建步骤

### 6.3.1 搭建全专业 BIM 样板文件的通用步骤

**1. 创建轴网标高**

打开 Revit，新建样板文件。在"项目浏览器"—"视图（全部）"—"楼层平面"—"标高 1"视图中，在"属性"—"可见性/图形替换"右侧点击"编辑"(快捷键 VV),在"模型类别"—"场地"中勾选"测量点""项目基点"(见图 6-3-1)。

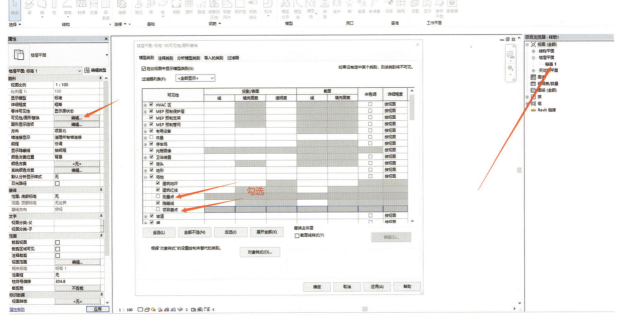

图 6-3-1　勾选测量点、项目基点

根据项目信息,以项目基点为 1—1 交 A—A 轴(轴网左下角)交点(见图 6-3-2),在"结构"—"轴网"(快捷键 GR)中绘制轴网(系统轴网符号无圆标头,可自行载入轴网族)。

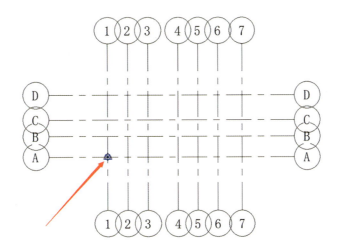

图 6-3-2　创建项目基点

在"视图(全部)"—"立面(立面 1)"—"立面 1-a"中,即可创建立面视图。在"建筑"—"标高"(快捷键 LL)中可绘制标高,如图 6-3-3 所示(系统标高族无标头、楼层文字,可自行载入标高族)。

在"视图"—"平面视图"—"楼层平面"中,选择所有新建的标高,点击确定(见图 6-3-4),即可在"项目浏览器"—"视图(全部)"—"楼层平面"中添加选定标高(见图 6-3-5)。

2.创建项目参数

新建项目参数。点击"管理"—"项目参数"—"添加",添加名称为"视图分类-父""视图分类-子"两个项目参数。参数类型为"文字",过滤器中选择"视图"(见图 6-3-6)。

添加完成后可于每个视图左侧属性栏中显示(见图 6-3-7)。

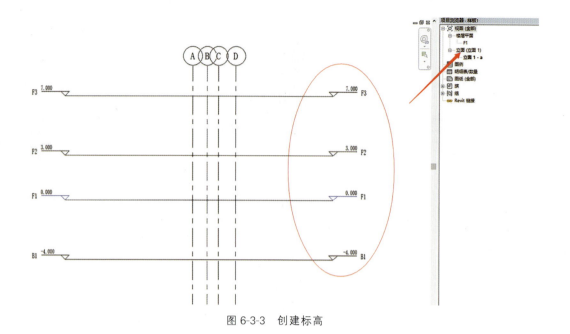

图 6-3-3　创建标高

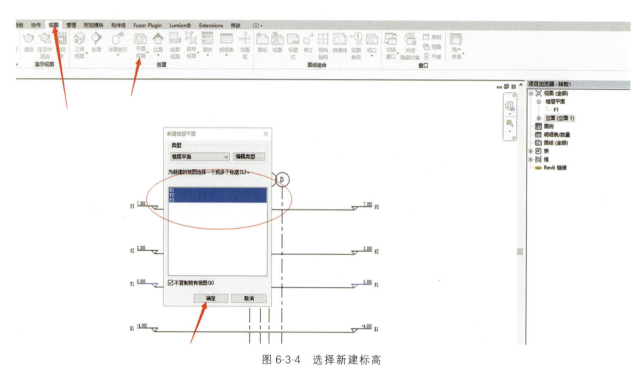

图 6-3-4　选择新建标高

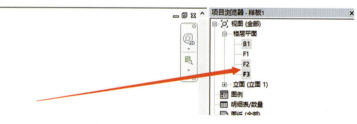

图 6-3-5　添加选定标高

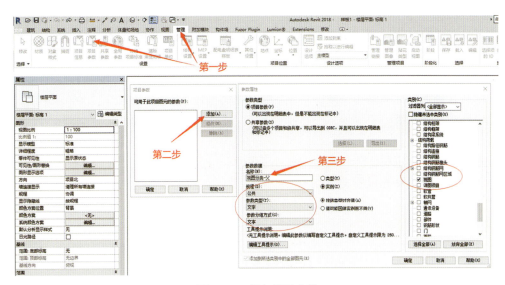

图 6-3-6 添加视图参数

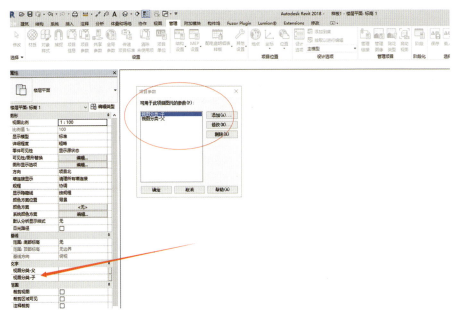

图 6-3-7 显示视图参数

### 6.3.2 搭建结构 BIM 样板文件的关键步骤

**1. 识图**

(1) 确定项目信息。

查看结构图纸设计及施工说明(建筑图纸适当辅助):

①设计内容:确认坐标原点位置,若项目未做要求可忽略;核查结构边界是否完整、结构图纸是否缺项等。

②结构设计总说明:核查并提取结构形式、抗震设防烈度与设防类别、砼结构环境类别、各构件的混凝土强度等级、基础形式、垫层的设置、钢筋保护层厚度信息、大样做法等。

③平面图:核查结构构件是否与标注尺寸吻合、做法大样是否缺失等。

以上内容为结构项目实施流程中,建模阶段的识图步骤(包括但不限于以上步骤),创建项目样板前可粗略浏览,在此处不详细展开。接收图纸前务必确认图纸是否为最新版本,并做好整理归类。

(2)识图注意点。

以下是建模过程中容易忽略的几个点,在进行建模前的识图阶段需要认真识图,将容易忽略的点在图纸对应位置进行重点标注,尽量避免后期建模过程中将以下信息遗忘或者出现偏差。

①确定建筑、结构标高。注意建筑、结构、机电各专业图纸中的相对标高、绝对标高是否一致。注意建筑单元的地下标高与地下室标高是否一致。

②混凝土构件的强度等级。

③竖向构件的标高。

④结构详图做法大样的定位。

⑤结构楼层平面图中的补充说明文字。

2. 专业视图

(1)创建专业视图。

新建专业视图:在项目浏览器中,右键点击"视图(全部)",选择"浏览器组织",新建,命名为"结构"(见图6-3-8)。

编辑机电视图属性:在"成组和排序"中,成组条件依次选择"视图分类-父""视图分类-子"(见图6-3-9)。

图6-3-8 新建结构专业视图　　　　图6-3-9 浏览器属性设置

**注意** 若项目浏览器中,视图处于"视图(全部)",可右键点击"视图(全部)",在浏览器组织选择"结构",可跳转至视图(结构)。

图6-3-10 复制楼层

(2)调整专业视图。

在"项目浏览器"—"视图(全部)"—"楼层平面"中,将所有的楼层平面复制7份(右键—"复制视图"—"复制",见图6-3-10)。特殊结构层次划分可根据项目实际情况确定。

重命名:将F2的8个视图重命名为S-F2 二层柱平面图-01 建模、S-F2 二层墙平面图-01 建模、S-F2 二层梁平面图-01 建模、S-F2 二层板平面图-01 建模、S-F2 二层柱平面图-02 出图、S-F2 二层墙平面图-02 出图、S-F2 二层梁平面图-02 出图、S-F2 二层板平面图-02 出图(见图6-3-11)。重命名时不能选择修改到相应标高和视图。

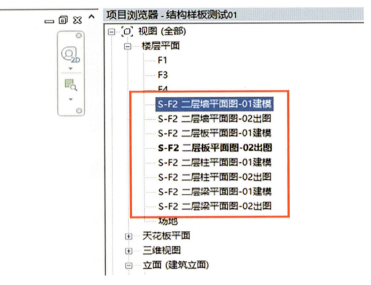

图 6-3-11 楼层重命名

在平面视图的"属性"—"范围"中,确定相关标高为本楼层标高,并根据楼层标高设置视图范围(见图 6-3-12)。

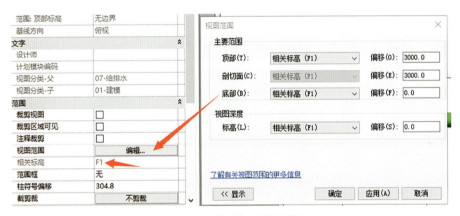

图 6-3-12 修改标高视图范围

右键点击"视图(全部)",打开"浏览器组织",进入"视图"(结构),可见修改好名称的视图(见图 6-3-13)。

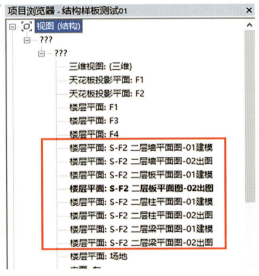

图 6-3-13 项目浏览器查看视图

将S-F2二层柱平面图-01建模、S-F2二层墙平面图-01建模、S-F2二层梁平面图-01建模、S-F2二层板平面图-01建模的视图，在"属性"—"文字"—"视图分类-父"中，填写"02-主体结构"；

将S-F2二层板平面图-01建模视图，在"属性"—"文字"—"视图分类-子"中，填写"01-建模"；

将S-F2二层柱平面图-02出图、S-F2二层墙平面图-02出图、S-F2二层梁平面图-02出图、S-F2二层板平面图-02出图的视图，在"属性"—"文字"—"视图分类-子"中，填写"02-出图"。

同理基础结构的楼层，"视图分类-父"就划分在"01基础结构"里面，对应的建模与出图就划分在"视图分类-子"的"01-建模"和"02-出图"中。F1到F$n$层各平面图就可以划分在"02主体结构"里面，对应的建模与出图就划分在"视图分类-子"的"01-建模"和"02-出图"中，在此就不重复讲解。

三维视图不做复制，由于结构的特殊性，查看构件三维视图无系统区别，直接利用剖切框进行剖切查看，精确定位至我们想要查看的部位。因此在项目浏览器的专业视图板块，将三维视图作为一个单项，"视图分类-父"命名为"03三维视图"，"视图分类-子"命名为"3D"（见图6-3-14）。

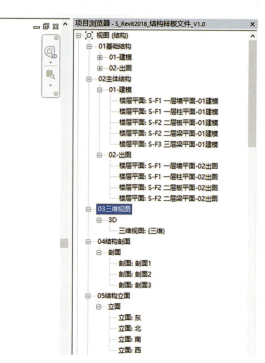

图6-3-14 "父子"视图命名

在做剖面视图时，避免分类的杂乱，可以将结构剖面同样单独列项，"视图分类-父"命名为"04结构剖面"，"视图分类-子"命名为"剖面"。

结构立面同样单独列项，"视图分类-父"命名为"05结构立面"，"视图分类-子"命名为"立面"。

3. 视图样板

（1）创建视图样板。

视图样板是一系列视图属性，例如，视图比例、规程、详细程度以及可见性设置。将视图样板指定给某个视图后，将在样板和视图之间建立一种链接，以后对视图样板所做的修改会自动应用于任何链接的视图。

点击"视图"—"视图样板"—"从当前视图创建样板"，命名为"结构建模"（见图6-3-15）；

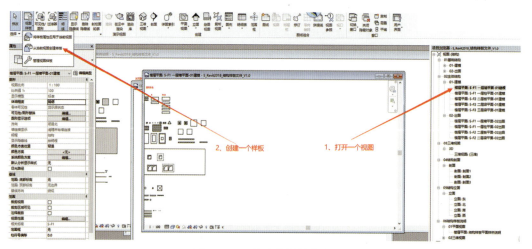

图6-3-15 创建样板并命名

在"视图"—"视图样板"—"管理视图样板"中，点击"V/G替换模型"，在"模型类别"中，取消勾选机电相关管线及管道附件（见图6-3-16）。

第6章 咨询企业BIM样板文件搭建

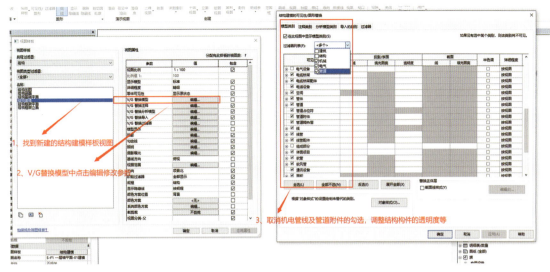

图 6-3-16　修改样板的可见性

项目样板中的视图属性可按照图 6-3-17 勾选，具体内容设置不展开。

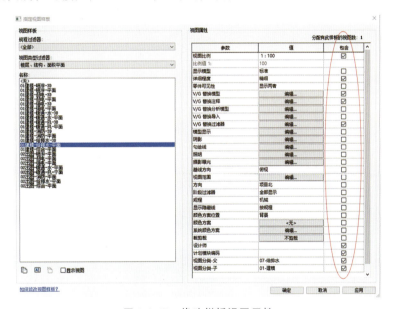

图 6-3-17　修改样板视图属性

同理，我们也可以创建结构出图视图样板，操作方法与上述结构建模操作方法一致，在此不做赘述。

（2）指定视图样板。

制作好结构建模与结构出图的视图样板后，可在所有楼层平面视图的"属性"—"标识数据"—"视图样板"处选择"结构建模"与"结构出图"（见图 6-3-18）。

> **注意**　在进行视图样板的选择时一定要与视图对应，"视图分类-子"为"01-建模"的视图在选择视图样板时应选择"结构建模"，"视图分类-子"为"02-出图"的视图在选择视图样板时应选择"结构出图"。

（3）常用参数设置。

以下为软件常用参数设置，可根据实际情况修改。

①点击细线按钮（快捷键：TL）更改模型显示边线粗细，默认设置为细（见图 6-3-19 和图 6-3-20）。

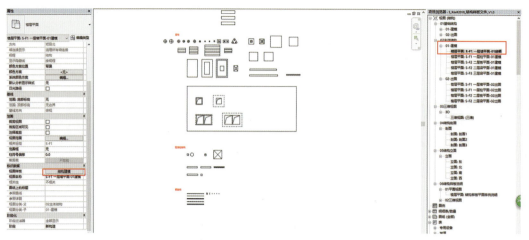

图 6-3-18 选择对应视图操作

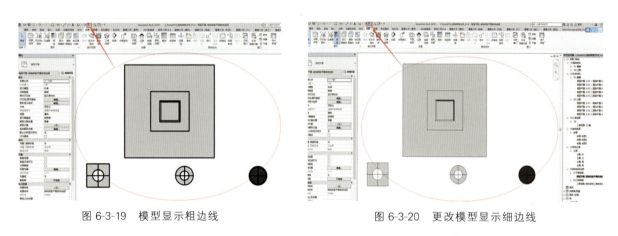

图 6-3-19 模型显示粗边线　　　　　图 6-3-20 更改模型显示细边线

②制作视图样板前,更改每个视图的详细程度为"精细",图形显示为"着色"(见图 6-3-21)。

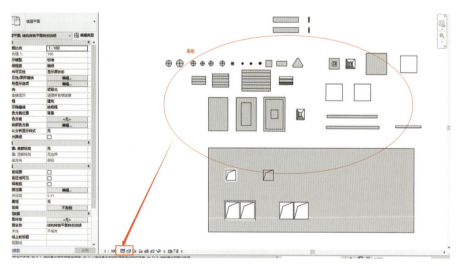

图 6-3-21 更改图形显示

应用视图样板后,可在"视图样板"—"视图属性"中修改详细程度、模型显示、视图范围、规程等(见图 6-3-22)。

③新建的视图分类根据项目需求以及所含有的专业类别,可设置对应的过滤器,如图 6-3-23 所示(根据实际需求而定,一般结构专业不做过多的区分要求,如果需要将基础结构与主体结构进行区分,也可以设置相应的过滤器区分)。

# 第6章 咨询企业BIM样板文件搭建

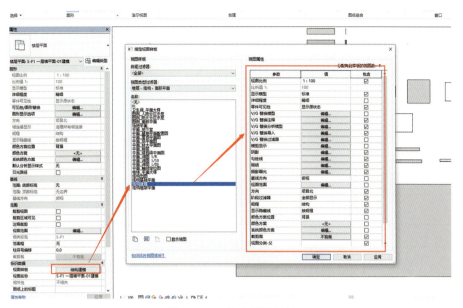

图 6-3-22　修改视图属性

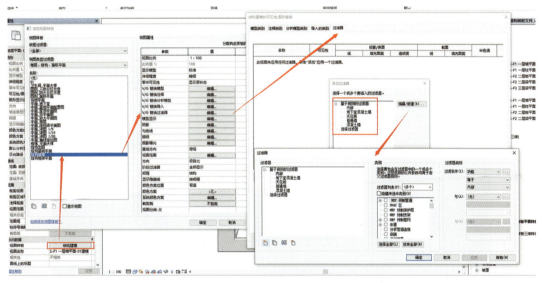

图 6-3-23　设置过滤器区分

④出图视图务必在导出图纸前将图形显示改为线框模式（见图 6-3-24）。

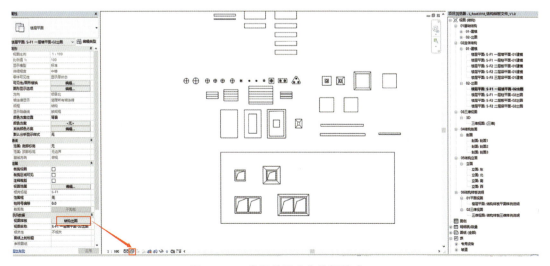

图 6-3-24　出图前更改为线框模式

专业命名参考样例如表 6-3-1 所示。

表 6-3-1 专业代码表

| 专业(中文) | 专业(英文) | 专业代码(中文) | 专业代码(英文) |
| --- | --- | --- | --- |
| 总图 | General | 总 | G |
| 建筑 | Architecture | 建 | A |
| 结构 | Structural Engineering | 结 | S |
| 机电 | Mechanical | 机电 | MEP |
| 地质 | Geology | 地质 | GEO |
| 岩土 | Geotechnical Engineering | 岩土 | GE |
| 桥梁 | Bridge Engineering | 桥梁 | BE |

专业命名多样,可根据项目需求、使用习惯等因素进行划分。样板文件的命名统一规定如下:专业/多专业代码_软件版本_[描述]_版本。例如将结构样板命名为 S_Revit2018_结构样板文件_V1.0。

4. 样板案例

以下对结构专业已制作好的样板文件 S_Revit2018_结构样板文件_V1.0 进行解释说明。

(1)步骤说明。

在开展项目的结构建模时,样板文件选择 S_Revit2018_结构样板文件_V1.0,打开界面,如图 6-3-25 和图 6-3-26 所示。

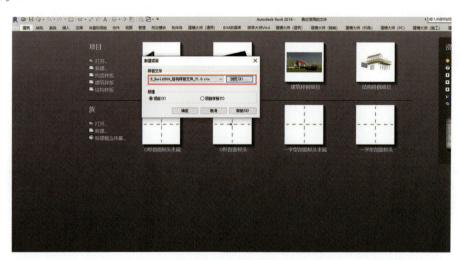

图 6-3-25 选择样板文件

在进行模型搭建时,建议先阅读样板文件中建模须知的相关内容(见图 6-3-27)。

以下为建模前准备步骤:

①确定轴网、标高以及项目基点位置;

②修改视图样板;

③修改视图;

④复制构件并命名。

创建方法的详细内容已于之前介绍,此处不一一赘述。完成上述步骤后可导入图纸进行绘制。

(2)项目浏览器。

本结构样板已创建好了结构视图,分为 6 个专业类别,分别是:01 基础结构、02 主体结构、03 三维视图、04 结构剖面、05 结构立面、06 结构样板说明。

每个专业类别分 2 个子项:01-建模、02-出图。其中 01-建模为各楼层平面的建模视图,02-出图为各楼层建模对应的出图平面视图(见图 6-3-28)。

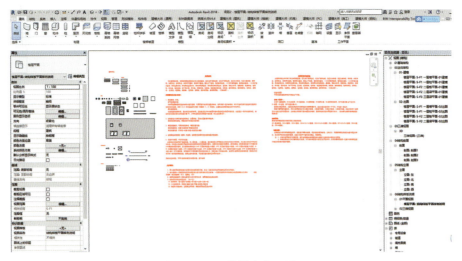

图 6-3-26　样板文件界面

### 建模须知

为方便模型创建，常规结构模型样板包含常见筏板基础、钻孔非扩底灌注桩、钻孔扩底灌注桩、预应力方形桩、预应力圆形桩、钢管桩、注浆管、声测管、单桩承台、多桩承台、单阶杯口基础、锥形杯口基础、梭柱上下柱墩、锥形条形基础、一二三阶条形基础、锥形独立基础、一二三阶独立基础、直坑形集水坑、斜底直坑形集水坑、直坑形电梯基坑、斜底直坑形电梯基坑、基础梁、钢板止水带、砼矩形柱、砼圆形柱、砼梯柱、斜牛腿、锥形柱帽、地下室外墙、剪力墙、砼矩形梁、砼梯梁、砼变截面矩形梁、扶梯梁、圆形钢管柱、矩形钢管柱、角钢柱、槽钢柱、I型钢柱、H型钢柱、槽钢梁、I型钢梁、角钢梁、矩形钢管梁、圆形钢管梁。（仅供参考）

**建模前准备步骤(必需)：**

1、确定轴网、标高。
　　多专业模型协调：
　　如果需要按照实际项目的坐标点进行建模，可提前进行项目基点坐标设置，各专业统一定好参照点。对于不要求设置项目基点与实际项目坐标点的模型，拟将（0,0）的项目基点作为第一根轴线（1，A）的交点，以避免出现链接模型位置不对的情况。
　　添加楼层步骤：
　　立面视图中复制标高，建立对应的结构标高，在视图选项卡中的楼层平面中添加对应的楼层平面视图，最后通过一系列的复制命名，修改对应的视图分类-父和视图分类-子，从而形成规范化的楼层平面视图（详见注意事项5）。

2、须根据设计说明项目的结构形式、抗震等级、混凝土强度信息等设置。
　　添加项目信息参数：管理选项卡中修改项目信息。

3、确定视图类别，可添加视图样板，确定视图深度。
　　添加视图样板：视图-视图样板-管理视图样板。
　　确定视图深度：打开某一视图-属性-视图范围-编辑。

4、结构模型请在视图（结构）中绘制，绘制前应选择对应的建模楼层平面绘制。

5、创建不同楼层、不同专业视图。
　　此样板文件已经内置了基础标高、负一层标高、一二层标高，我们在建模之前需要在立面修改对应的标高信息，并且建立样板文件未给定的标高。标高建立好后我们需要将标高信息添加至对应的楼层平面中，复制对应的楼层平面信息，进行重命名（例如标高创建了S-F3，我们将S-F3添加到楼层平面中，多次复制并重命名为 S-F3 三层梁平面图-01建模、S-F3 三层板平面图-01建模、S-F3 三层柱平面图-01建模、S-F3 三层墙平面图-01建模、S-F3 三层梁平面图-02出图、S-F3 三层板平面图-02出图、S-F3 三层柱平面图-02出图、S-F3 三层墙平面图-02出图，共计8个平面视图），再修改每个平面视图对应的视图分类-父、视图分类-子的相关参数。最后可以选择对应的样板视图（样板文件已经内置了结构建模样板视图、结构出图样板视图，可根据项目的实际应用需求设置）。

完成上述步骤后，可导入图纸至相应的楼层平面，进行绘制。

**注意事项：**

　　1、导入图纸需在结构视图中选择对应的建模楼层平面，并且一定要勾选仅当前视图和选择单位为毫米。
　　2、进行建模时一定要在样板自带的族基础上进行复制，修改对应的参数，一定要记住添加标识数据栏的砼强度等级以及构件的名称编号（例如梁编号：KL12　砼等级：C35）。
　　3、绘制柱墙梁板时一定要注意它们之间的剪切关系，板需要沿柱边梁边绘制。
　　4、结构构件扣减关系优先级（主→次）：
　　　　（1）结构构件：桩→基础→结构柱→剪力墙→主梁→次梁→板。
　　　　（2）二次结构构件：构造柱/圈梁/过梁/导墙/抱框柱/窗台板。
　　　　（3）钢结构/幕墙埋件、注浆管及声测管、钢筋无须扣减混凝土构件。

图 6-3-27　阅读建模须知

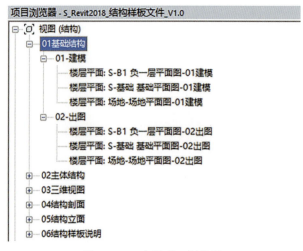

图 6-3-28　查看项目浏览器

**注意**　在建模过程中我们导入的图纸一定要与建模楼层平面相对应。

(3)结构明细表。

结构样板文件已创建好了结构基础明细表样表、结构柱明细表样表、结构墙明细表样表、结构梁明细表样表、结构楼板明细表样表(见图 6-3-29 和图 6-3-30)。各明细表的字段以及过滤条件已经进行了匹配筛选，根据不同的项目需求进行细部调整即可。

图 6-3-29　明细表列表　　　　　　　图 6-3-30　结构楼板明细表

(4)视图样板。

项目结构样板文件已经配置好了结构建模、结构出图的视图样板。我们在建模视图与出图视图开展相应的工作时需要选择对应的视图样板文件(见图 6-3-31)。

(5)图纸建立。

项目结构样板文件已经配置好了 8 份图纸图框(见图 6-3-32)，可以根据不同的项目对其 log 以及其他参数进行修改。

### 6.3.3　搭建建筑 BIM 样板文件的关键步骤

**1. 识图**

(1)确定项目信息。

结合标签信息添加项目参数到项目信息中，同一项目中相同信息不需要重复填写。

可参考标准图签,添加以下参数：

图签栏:建设单位、项目名称、设计阶段、专业、版本号、方案、出图日期、专业负责人、校核、项目负责人、批准。

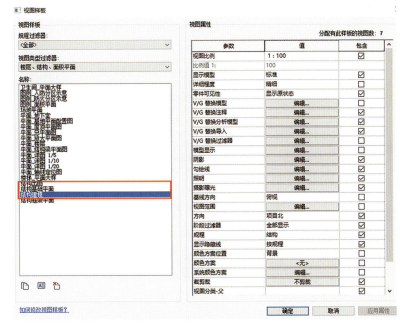

图 6-3-31　选择对应的视图样板文件　　　　　　图 6-3-32　图纸图框

会签栏：建筑、结构、给排水、电气、暖通、智能。

其中建设单位、项目名称为项目信息。

参数在不同图纸上可能不同，所以将其添加进"图纸"类别，在图纸"实例属性"中手动添加。

确认坐标原点位置，若项目未做要求可忽略。

确认建筑、结构标高。

核查设计及施工说明，包括但不限于：

①建筑、结构标高（核查准确性）；

②设计内容（核查系统是否完整）；

③平面图（核查建筑构件与尺寸标注是否吻合、建筑大样是否遗漏等）。

以上内容为建筑项目实施流程中，建模阶段的识图步骤，创建项目样板前可粗略浏览，在此处不详细展开。另接收图纸前务必确认图纸版本是否为最新，并做好整理归类。

（2）识图注意点。

确定建筑、结构标高；

注意建筑、结构、机电各专业图纸中的相对标高、绝对标高是否一致，注意建筑单元的地下标高与地下室标高是否一致；

建筑构件类型确定；

建筑构件参数确定；

注意建筑构件形式。

2. 专业视图

（1）创建专业视图。

新建专业视图：在项目浏览器中，右键点击"视图（全部）"，选择"浏览器组织"，新建，命名为"建筑"（见图 6-3-33）。

编辑建筑视图属性：在"成组和排序"中，成组条件依次选择"视图分类-父""视图分类-子"（见图 6-3-34）。

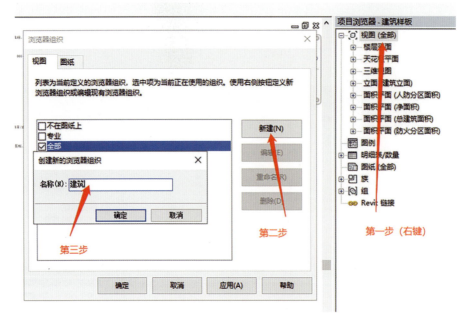

图 6-3-33 新建专业视图

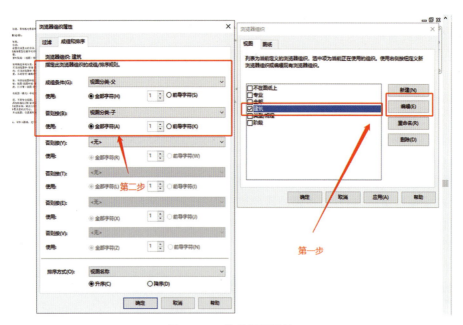

图 6-3-34 编辑视图属性

**注意** 若项目浏览器中,视图处于"视图(全部)",可右键点击"视图(全部)",在浏览器组织选择"建筑",可跳转至视图(建筑)。

(2)调整专业视图。

在"项目浏览器"—"视图(全部)"—"楼层平面"中,将所有的楼层平面复制7份(右键—"复制视图"—"复制",见图6-3-35)。特殊结构层次划分可根据项目实际情况确定。

重命名:将F2的8个视图重命名为 F2 二层柱平面图-01 建模、F2 二层墙平面图-01 建模、F2 二层屋顶平面图-01 建模、F2 二层板平面图-01 建模、F2 二层柱平面图-02 出图、F2 二层墙平面图-02 出图、F2 二层屋顶平面图-02 出图、F2 二层板平面图-02 出图,重命名时不能选择修改到相应标高和视图(见图6-3-36)。

图 6-3-35　复制楼层平面　　　　　图 6-3-36　重命名楼层平面

在平面视图的"属性"—"范围"中，确定相关标高为本楼层标高，并根据楼层标高设置视图范围（见图 6-3-37）。

右键点击"视图（全部）"，打开浏览器组织，进入"视图（建筑）"，可见修改好名称的视图（见图 6-3-38）；

将 F2 二层柱平面图-01 建模、F2 二层墙平面图-01 建模，在"属性"—"文字"—"视图分类-父"中，填写"01-砌筑工程"；F2 二层屋顶平面图-01 建模，在"属性"—"文字"—"视图分类-父"中，填写"05-屋面工程"；F2 二层板平面图-01 建模，在"属性"—"文字"—"视图分类-父"中，填写"02-混凝土工程"。

将 F2 二层柱平面图-01 建模、F2 二层墙平面图-01 建模、F2 二层屋顶平面图-01 建模、F2 二层板平面图-01 建模的视图，在"属性"—"文字"—"视图分类-子"中，填写"01-建模"。

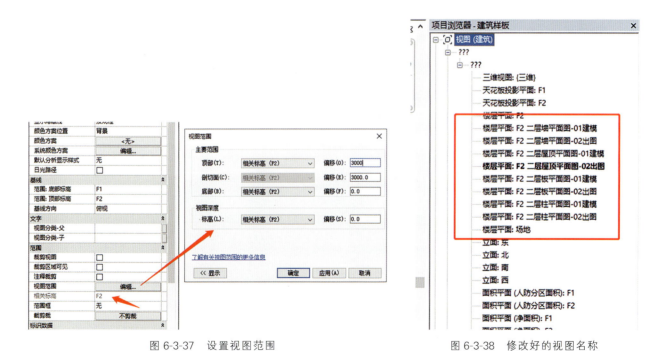

图 6-3-37　设置视图范围　　　　　图 6-3-38　修改好的视图名称

将 F2 二层柱平面图-02 出图、F2 二层墙平面图-02 出图、F2 二层屋顶平面图-02 出图、F2 二层板平面图-02 出图的视图，在"属性"—"文字"—"视图分类-子"中，填写 02-出图。

同理建筑的楼层，"视图分类-父"就划分在"01-砌筑工程"里面，对应的建模与出图就划分在"视图分类-子"的"01-建模"和"02-出图"中。F1 到 Fn 层各平面图就可以划分在"01-砌筑工程"里面，对应的建模与出图就划分在"视图分类-子"的"01-建模"和"02-出图"中,在此就不重复讲解。

三维视图不做复制,由于建筑的特殊性,查看构件三维视图无系统区别,直接利用剖切框进行剖切查看,精确定位至我们想要查看的部位。因此,在项目浏览器的专业视图板块,将三维视图作为一个单项,"视图分类-父"命名为"03-三维视图","视图分类-子"命名为"3D"。

在做剖面视图时,为避免分类的杂乱,可将建筑剖面同样单独列项,"视图分类-父"命名为"04-建筑剖面","视图分类-子"命名为"剖面"。

建筑立面同样单独列项,"视图分类-父"命名为"05-建筑立面","视图分类-子"命名为"立面"。

3. 视图样板

(1)创建视图样板。

视图样板是一系列视图属性,例如视图比例、规程、详细程度以及可见性设置。将视图样板指定给某个视图后,将在样板和视图之间建立一种链接,以后对视图样板所做的修改会自动应用于任何链接的视图。

点击"视图"—"视图样板"—"从当前视图创建样板",命名为"建筑建模"(见图6-3-39);

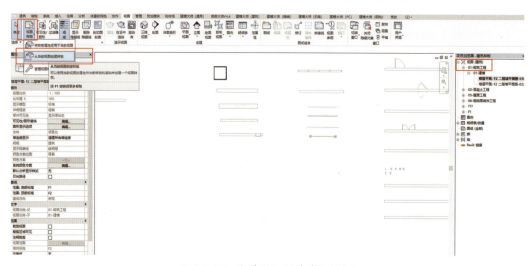

图6-3-39　当前视图创建建筑样板

在"视图"—"视图样板"—"管理视图样板"中,点击"V/G替换模型",在模型类别中,取消勾选机电相关管线及管道附件(见图6-3-40)。

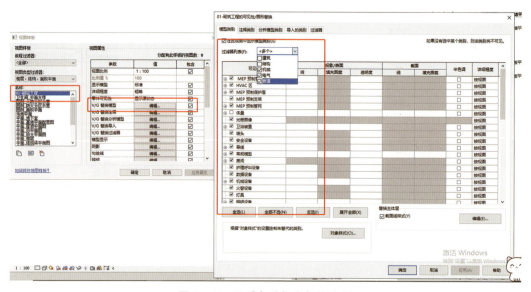

图6-3-40　取消勾选机电相关选项

项目样板中的视图属性可按照图6-3-41勾选,具体内容设置不展开。

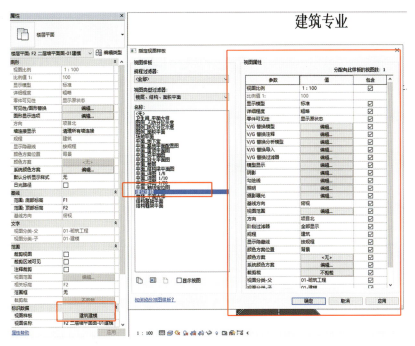

图 6-3-41　视图属性选择

同理，我们也可以创建建筑出图视图样板，操作方法与上述建筑建模操作方法一致，在此不做赘述。

（2）指定视图样板。

制作好建筑建模与建筑出图的视图样板后，可在所有楼层平面视图的"属性"—"标识数据"—"视图样板"处选择"建筑建模"与"建筑出图"。

> **注意**　在进行视图样板的选择时一定要与视图对应，"视图分类-子"为"01-建模"的视图在选择视图样板时应选择建筑建模，"视图分类-子"为"02-出图"的视图在选择视图样板时应选择建筑出图。

（3）常用参数设置。

以下为软件常用参数设置，可根据实际情况修改。

点击细线按钮（快捷键：TL）更改模型显示边线粗细，默认设置为细（见图 6-3-42 和图 6-3-43）。

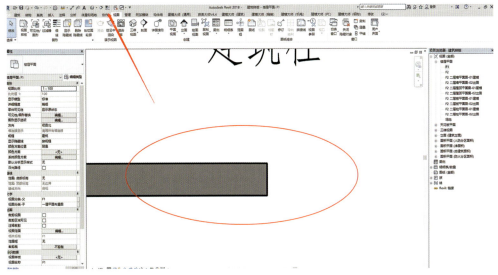

图 6-3-42　模型显示粗边线

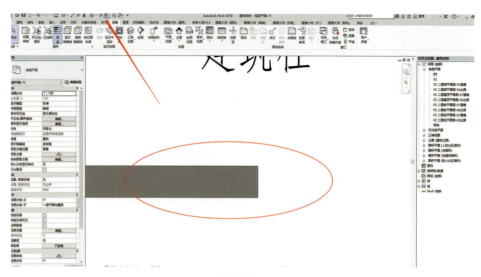

图 6-3-43 修改模型显示细边线

制作视图样板前,更改每个视图的详细程度为"精细",图形显示为"着色"(见图 6-3-44)。

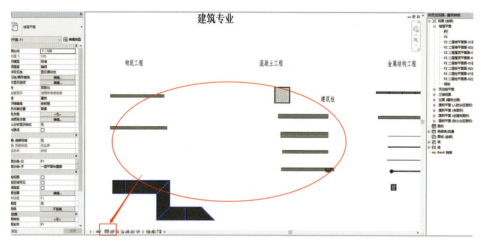

图 6-3-44 修改模型图形显示

应用视图样板后,可在"视图样板"—"视图属性"中修改详细程度、模型显示、视图范围、规程等(见图 6-3-45)。

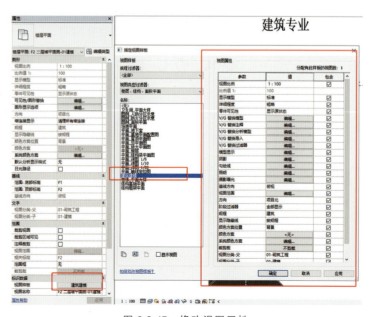

图 6-3-45 修改视图属性

新建的视图分类根据项目需求以及所含有的专业类别,可设置对应的过滤器,如图 6-3-46 所示(根据实际需求而定,一般结构专业不做过多的区分要求,如果需要将基础结构与主体结构进行一个区分也可以设置相应的过滤器区分)。

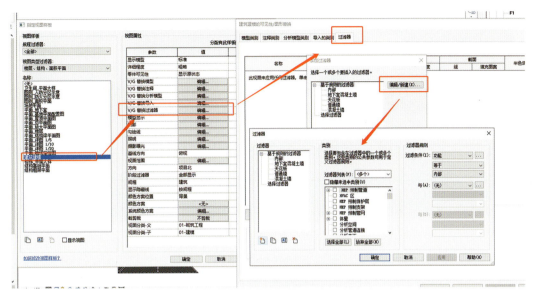

图 6-3-46　设置视图过滤器

出图视图务必在导出图纸前将图形显示改为线框模式(见图 6-3-47)。

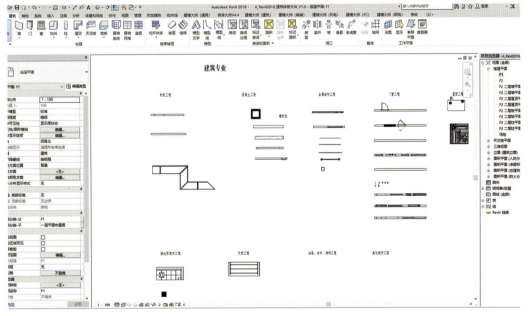

图 6-3-47　出图修改图形显示

专业命名参考样例见表 6-3-1。

专业命名多样,可根据项目需求、使用习惯等因素进行划分。样板文件的命名进行统一规定如下:专业/多专业代码_软件版本_[描述]_版本。例如将建筑样板命名为 A_Revit2018_建筑样板文件_V1.0。

4. 样板案例

以下对建筑专业已制作好的样板文件 A_Revit2018_建筑样板文件_V1.0 进行解释说明。

(1)步骤说明。

在开展项目的建筑建模时,样板文件选择 A_Revit2018_建筑样板文件_V1.0,打开界面,如图 6-3-48 和图 6-3-49 所示。

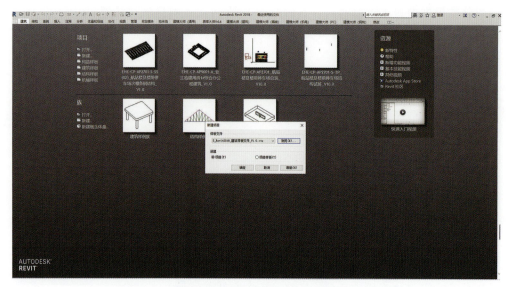

图 6-3-48　打开建筑样板文件

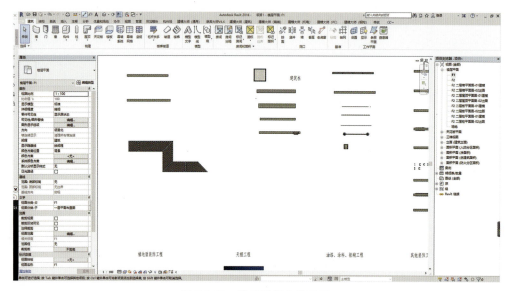

图 6-3-49　建筑样板文件界面

在进行模型搭建时，建议先阅读样板文件中建模须知的相关内容（见图 6-3-50）。

建模须知：
为方便模型创建，常规建筑模型样板包含砌筑工程、混凝土工程、金属结构工程、门窗工程、屋面工程、楼地面装饰工程、天棚工程、油漆、涂料、裱糊工程、其他装饰工程。（仅供参考）

建模前准备步骤(必需)：
1、确定轴网、标高。
多专业模型协调：
对于不要求设置项目基点的项目，拟将（0，0）的项目基点作为第一根轴线（1，A）的交点，如出现多项目基点需求，各专业统一定好参照点，以避免出现链接模型位置不对的情况。
添加楼层步骤：
立面视图中复制标高，建立对应的建筑标高，在视图选项卡中的楼层平面中添加对应的楼层平面视图，最后通过一系列的复制命名，修改对应的视图分类-父和视图分类-子。

2、须根据设计说明确定构件属性。

3、确定视图类别，可添加视图样板，确定**视图深度**。
添加视图样板：视图-视图样板-管理视图样板。
确定视图深度：打开某一视图-属性-视图范围-编辑。

4、建筑模型请在视图（建筑）中绘制。

5、创建不同楼层、不同专业视图。
第一点中已添加标高F2(例)至项目浏览器（全部）中，复制楼层平面中F2，在属性中确定无视图样板，修改视图名称，修改父规程、子规程，修改视图范围，最后应用视图样板，即可在视图（建筑）中更改至相应专业。（此步骤是为确保视图的相关标高为F2）
若需F2其他专业视图，仅需复制相关标高为F2的视图修改视图名称，修改父规程、子规程，修改视图样板。

完成上述步骤后，可导入图纸，进行绘制。

图 6-3-50　建筑样板文件建模须知

以下为建模前准备步骤：
①确定轴网、标高以及项目基点位置；
②修改视图样板；
③修改视图；
④复制构件并命名。
创建方法的详细内容已于本书之前章节介绍，此处不一一赘述。完成上述步骤后可导入图纸进行绘制。
（2）项目浏览器。
本建筑样板已创建好了建筑视图，分为9个专业类别，分别是：01-砌筑工程，02-混凝土工程，03-金属结构工程，04-门窗工程，05-屋面工程，06-楼地面装饰工程，07-天棚工程，08-油漆、涂料、裱糊工程，09-其他装饰工程。

每个专业类别分2个子项：01-建模、02-出图。其中01-建模为各楼层平面的建模视图，02-出图为各楼层建模对应的出图平面视图（见图6-3-51）。

> **注意** 在建模过程中我们导入的图纸一定要与建模楼层平面相对应。

（3）建筑明细表。
本建筑样板文件已创建好了幕墙明细表样表、房间明细表样表、材料明细表样表、内墙明细表样表、外墙明细表样表、屋面明细表样表、楼板明细表样表（见图6-3-52和图6-3-53）。各明细表的字段以及过滤条件已经进行了匹配筛选，根据不同的项目需求进行细部调整即可。

图6-3-51　建筑视图浏览

图6-3-52　明细表列表浏览

图6-3-53　建筑外墙明细表

（4）视图样板。
建筑样板文件已经配置好了建筑建模、建筑出图的视图样板。我们在建模视图与出图视图开展相应的工作时需要选择对应的视图样板文件（见图6-3-54）。

(5)图纸建立。

项目建筑样板文件已经配置好了 8 份图纸图框(见图 6-3-55),可以根据不同的项目对其 log 以及其他参数进行修改。

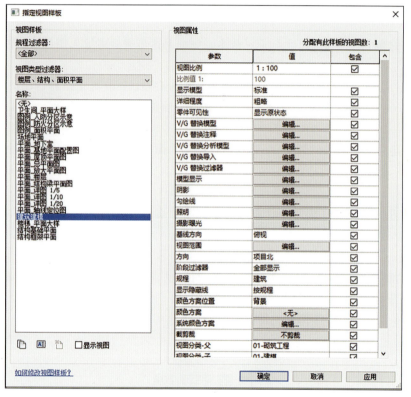

图 6-3-54　选择指定建筑建模视图样板

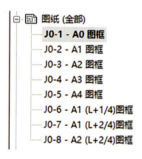

图 6-3-55　图纸图框

### 6.3.4　搭建机电 BIM 样板文件的关键步骤

**1. 识图**

(1)确定项目信息。

在建筑、结构图纸中,确认坐标原点位置,若项目未做要求可忽略;确认建筑、结构标高。

在机电各专业图纸中,核查设计及施工说明内容,包括但不限于:

①建筑、结构标高(核查准确性);

②设计内容(核查系统是否完整);

③系统设计说明(核查系统原理、设计依据等);

④系统施工说明(核查管材、附件、安装高度、坡度等);

⑤系统图、大样图(核查系统准确性、是否遗漏管线配件);

⑥平面图(核查与系统图是否对应、管线是否遗漏)。

以上内容为机电项目实施流程中,建模阶段的识图步骤,创建项目样板前可粗略浏览,在此处不详细展开。另接收图纸前务必确认图纸版本是否为最新,并做好整理归类。

(2)识图注意点。

①确定建筑、结构标高。注意建筑、结构、机电各专业图纸中的相对标高、绝对标高是否一致,注意建筑单元的地下标高与地下室标高是否一致。

②管线材质、连接方式、阀门附件。

③管道系统类型。

④保温层、管线坡度、设备选型、非必需附件等其他内容。

⑤注意套管形式。

2. 专业视图

(1)创建专业视图。

新建专业视图：在项目浏览器中，右键点击"视图（全部）"，选择"浏览器组织"，新建，命名为"机电"（见图 6-3-56）。

图 6-3-56　新建机电视图

编辑机电视图属性：在"成组和排序"中，成组条件依次选择"视图分类-父""视图分类-子"（见图 6-3-57）。

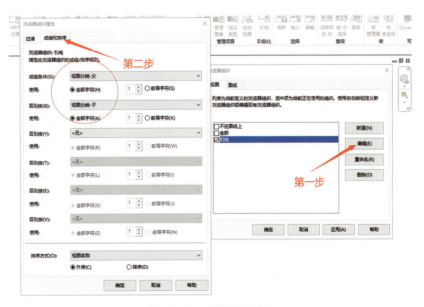

图 6-3-57　编辑机电视图

> **注意**　若项目浏览器中，视图处于"视图（全部）"，可右键点击"视图（全部）"，在浏览器组织选择"机电"，可跳转至视图（机电）。

(2)调整专业视图。

在"项目浏览器"—"视图（全部）"—"楼层平面"中，将所有的楼层平面复制两份（一份建模视图、一份出图视图，右键—"复制视图"—"复制"）；在三维视图中复制 $N$ 个（$N$ 为楼层数）三维视图（见图 6-3-58）。

重命名：将 B1 两个视图命名为地下一层给排水平面图-01 建模、地下一层给排水平面图-02 出图，将其

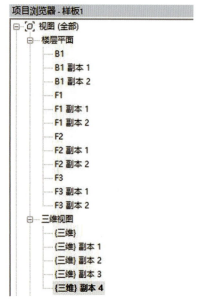

图 6-3-58　复制机电视图

中一个三维视图命名为 3D-B1 给排水。

在 3D-B1 给排水中，勾选"属性"—"范围"—"剖面框"，修改剖面框范围至 B1 层（见图 6-3-59，可后期更改）。其他楼层同理。建立不同专业的视图时，从已经修改好的这些专业视图复制，仅重命名即可。

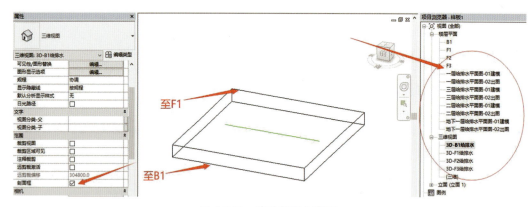

图 6-3-59　修改剖面框范围

在平面视图的"属性"—"范围"中，确定相关标高为本楼层标高，并根据楼层标高设置视图范围（见图 6-3-60）。

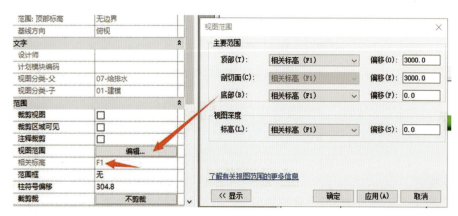

图 6-3-60　设置视图范围

右键点击"视图(全部)",打开浏览器组织,进入"视图(机电)",可见修改好名称的视图(见图 6-3-61)。

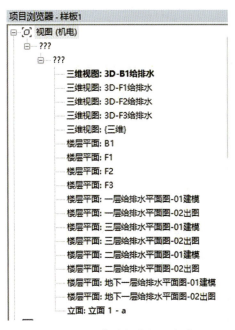

图 6-3-61　修改好的视图名称

将地下一层给排水平面图-01 建模、地下一层给排水平面图-02 出图、3D-B1 给排水视图,在"属性"—"文字"—"视图分类-父"中,填写"01-给排水"。

将给排水平面图-01 建模、3D-B1 给排水视图,在"属性"—"文字"—"视图分类-子"中,填写"01-建模";将地下一层给排水平面图-02 出图视图,在"属性"—"文字"—"视图分类-子"中,填写"02-出图"。同理调整 F1 至 F3 层的视图,即将项目中所有给排水专业视图归类(见图 6-3-62)。

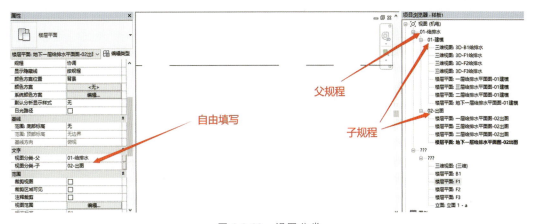

图 6-3-62　视图分类

同理可制作其他专业视图分类(见图 6-3-63)。

> **注意**　此处将 3D 视图、楼层平面视图归为 01-建模,将出图平面归为 02-出图,制作的视图名称、分类方式仅供参考,专业类别、视图划分可根据项目实际情况修改。

3. 管道系统

(1)创建管道类型。

在"项目浏览器"—"族"—"管道"—"管道类型"中,添加管道类型。

以下以添加热镀锌钢管—卡箍/螺纹为例:

复制默认管道类型,重命名为"热镀锌钢管-卡箍/螺纹"(见图6-3-64);

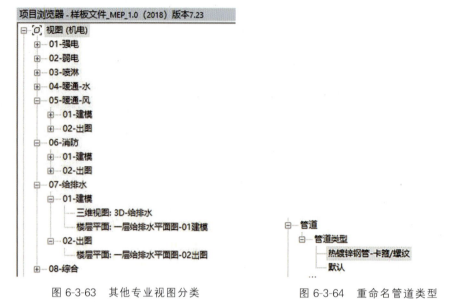

图 6-3-63　其他专业视图分类　　　　图 6-3-64　重命名管道类型

双击该管道类型,编辑布管系统配置,选择管段和尺寸,在管段中点击新建(见图6-3-65);

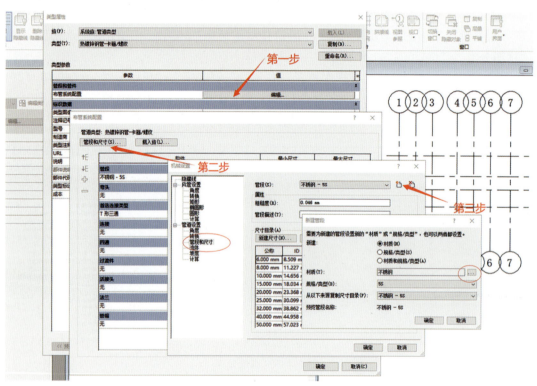

图 6-3-65　新建管道

点击材质选项,新建热镀锌钢管材质(见图6-3-66);

确定后,在"布管系统配置"—"管段"中选择热镀锌钢管,更改合适的最小尺寸、最大尺寸(见图6-3-67);

载入螺纹、卡箍连接件族,在布管系统配置中,根据项目设计说明设置连接方式(见图6-3-68),即完成管道类型的添加(见图6-3-69)。

# 第6章 咨询企业BIM样板文件搭建

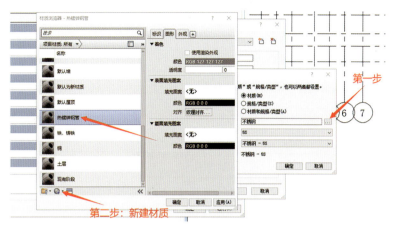

图 6-3-66 修改新建管道材质

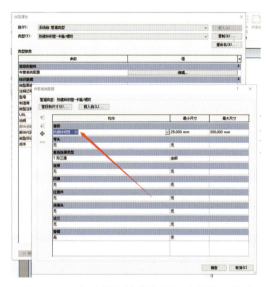

图 6-3-67 修改新建管道最大尺寸和最小尺寸

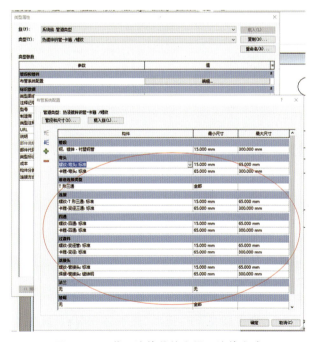

图 6-3-68 载入连接件族和设置连接方式

图 6-3-69 管道类型添加完成

**注意** 在管理—MEP 设置中，可进行机械设置、电气设置，根据实际情况设置管道、风管、桥架角度（见图 6-3-70）。

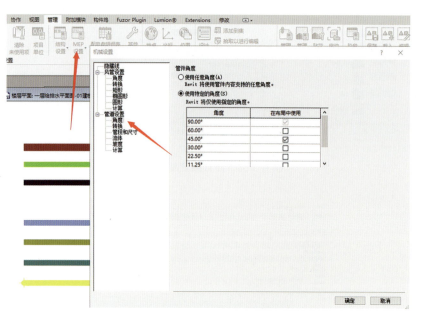

图 6-3-70　设置管道、风管、桥架角度

在"项目浏览器"—"族"—"风管"中，使用相同方法可添加风管类型。

（2）创建管道系统。

在"项目浏览器"—"族"—"管道系统"—"管道系统"中，添加管道系统。

以下以添加 J_生活给水系统为例：

复制"卫生设备"，重命名为"J_生活给水系统"；

双击"J_生活给水系统"进入类型属性，修改"图形"—"图形替换"中的颜色为绿色（见图 6-3-71）；

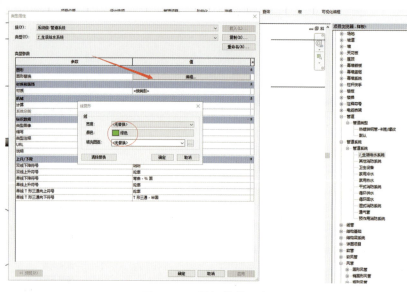

图 6-3-71　添加管道系统

绘制管道时，可在"项目浏览器"—"族"—"管道"—"管道类型"中，拖动"热镀锌钢管-卡箍/螺纹"，在平面中绘制，也可点击"系统"—"管道"（快捷键：PI），在属性中选择"热镀锌钢管-卡箍/螺纹"进行绘制。

绘制完成后选中管道，在"属性"—"机械"—"系统类型"中修改为"J_生活给水系统"（见图 6-3-72）。此时平面视图中管道轮廓线为绿色,但在着色模式下仍显示材质的灰色(见图 6-3-73 和图 6-3-74)。

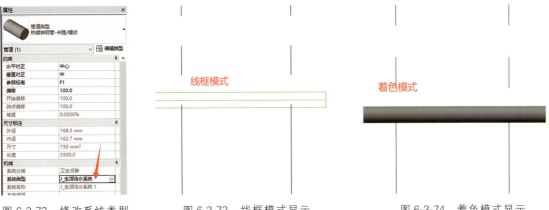

图 6-3-72　修改系统类型　　图 6-3-73　线框模式显示　　图 6-3-74　着色模式显示

同理可添加风管系统。

4. 桥架系统

桥架系统的创建方式略不同于管道、风管系统,首先在"项目浏览器"—"族"—"电缆桥架"—"带配件的电缆桥架"中,新建桥架系统并命名,并且在"项目浏览器"—"族"—"电缆桥架配件"中,先导入合适的配件,并命名为相同的桥架系统名称(见图 6-3-75);

在类型属性中,修改为上一步设置好的相同名称的管件(见图 6-3-76)。

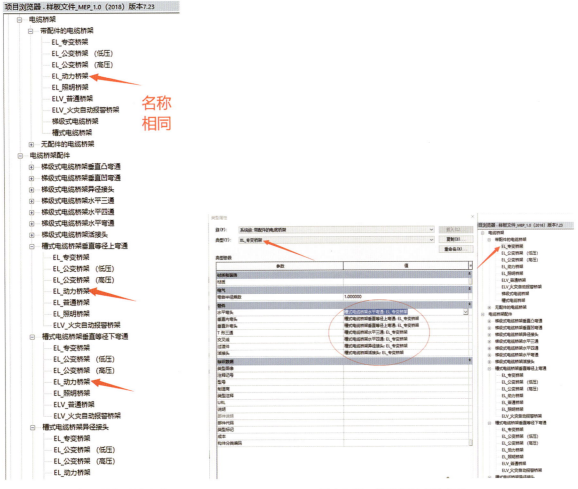

图 6-3-75　相同桥架系统命名　　　　　图 6-3-76　修改相同名称管件

## 5. 视图样板

视图样板是一系列视图属性,例如,视图比例、规程、详细程度以及可见性设置。将视图样板指定给某个视图后,将在样板和视图之间建立一种链接,以后对视图样板所做的修改会自动应用于任何链接的视图。

(1)创建视图样板。

点击"视图"—"视图样板"—"从当前视图创建样板",命名为"01-给排水"(见图 6-3-77);

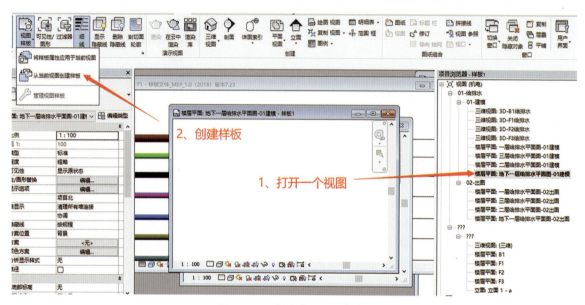

图 6-3-77　创建专业视图样板

在"视图"—"视图样板"—"管理视图样板"中,点击"V/G 替换模型",在"模型类别"中,取消勾选风管及风管附件、桥架及桥架附件(见图 6-3-78)。

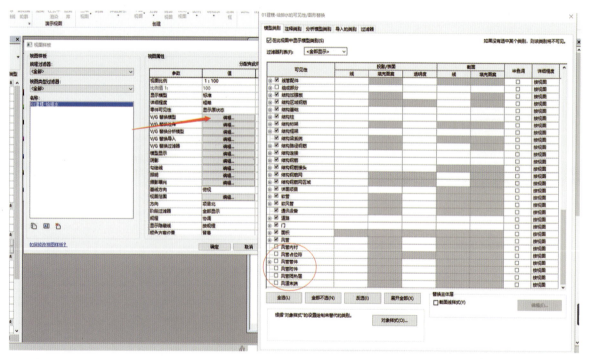

图 6-3-78　修改专业视图样板模型类别

> **注意** 因为此处为制作给排水的视图样板,故可隐藏此处的风管、桥架。

(2)创建过滤器。

在"视图"—"视图样板"—"管理视图样板"中,点击"V/G 替换模型",在"过滤器"中,依次点击"添加"—"编辑/新建"—"新建",名称修改为"J_生活给水系统"(见图 6-3-79);

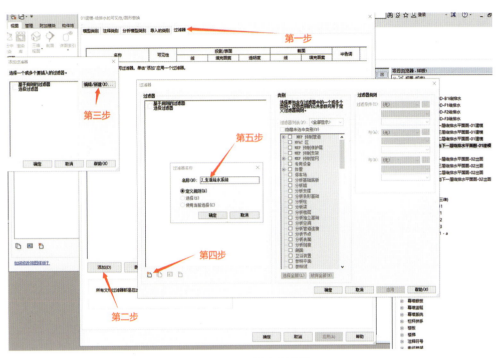

图 6-3-79 新建过滤器

在过滤器中,勾选管道及管道附件,过滤条件设置为"系统名称"—"包含"—"J_生活给水系统"(见图 6-3-80)。

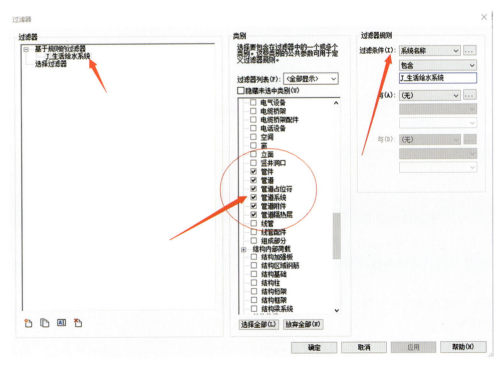

图 6-3-80 设置过滤条件

**注意** 其他管道系统、风管系统可照此添加过滤器。制作桥架过滤器时，过滤条件修改为：类型名称—等于—某某桥架（此处为设置好的桥架分类）（见图6-3-81）。

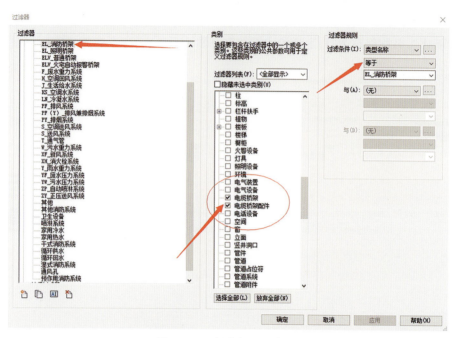

图6-3-81 制作桥架过滤器

最后，在"过滤器"—"填充图案"中选择绿色、实体填充，即完成对J_生活给水系统过滤器的制作（见图6-3-82）。

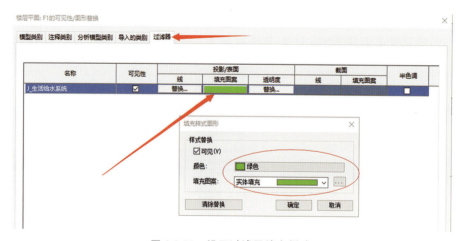

图6-3-82 设置过滤器填充样式

**注意** 以此方法制作所有管道系统过滤器，注意不能遗漏。在给排水样板文件中，添加所有管道过滤器，勾选需要显示的管道系统（见图6-3-83）。（因前置布置已在模型类别中隐藏风管和桥架，故此次无须添加过滤器。）

项目样板中的视图属性可按照图6-3-84勾选，具体内容设置不展开。

指定视图样板：

制作好给排水专业的视图样板后，可在所有给排水专业视图的"属性"—"标识数据"—"视图样板"处选择"01建模-给排水"；

图 6-3-83　设置所有管道的过滤器

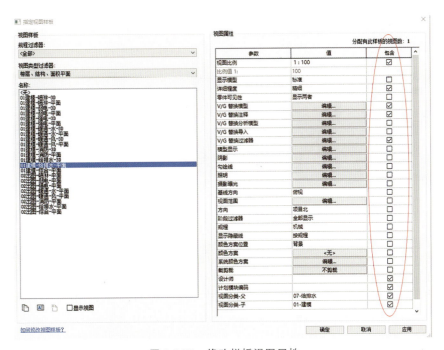

图 6-3-84　修改样板视图属性

此时所有给排水视图着色模式中，J_生活给水系统的管道及管件会展示过滤器设置中的绿色（见图 6-3-85）。

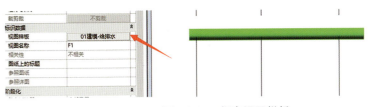

图 6-3-85　指定视图样板

同理，创建不同管道系统和桥架系统、风管系统的过滤器。

根据需求，添加常用构件族、标记族等，即可完成样板文件的创建（见图6-3-86）。

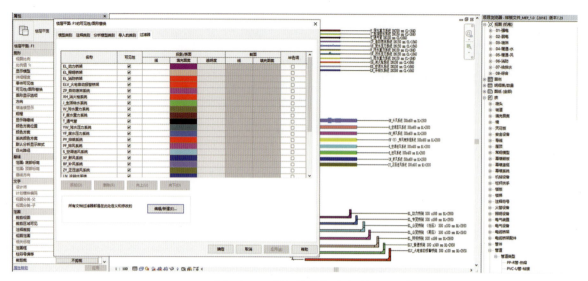

图6-3-86　添加构件族、标记族

(3) 常用参数设置。

以下为软件常用参数设置，可根据实际情况修改。

点击细线按钮（快捷键：TL）更改模型显示边线粗细，默认设置为细（见图6-3-87和图6-3-88）；

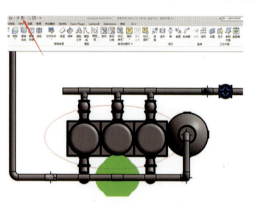 

图6-3-87　模型显示粗边线　　　　　　　图6-3-88　模型显示细边线

制作视图样板前，更改每个视图的详细程度为"精细"，图形显示为"着色"（见图6-3-89）；

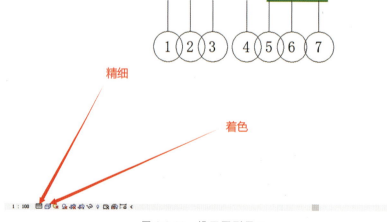

图6-3-89　设置图形显示

应用视图样板后，可在"视图样板"—"视图属性"中修改详细程度、模型显示、视图范围、规程等（见图 6-3-90）；

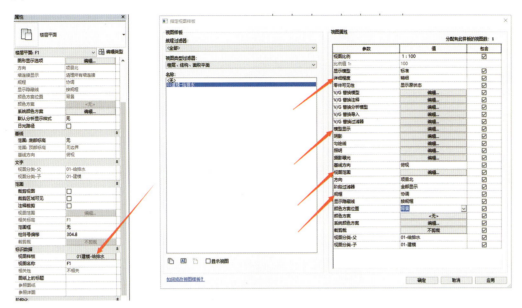

图 6-3-90　修改详细程度、模型显示、视图范围、规程等

新建的视图分类根据项目须包含所有专业类别，其中综合视图须显示所有的专业类别，可不设置过滤器或添加全部过滤器（见图 6-3-91）；

图 6-3-91　综合视图设置

出图视图务必在导出图纸前将图形显示改为线框模式，详细程度改为精细（见图 6-3-92）。
此处提供专业命名（父规程名称）参考样例：
EL、ELV、FS、PD、HAVC（按照英文名词分类，依次为强电、弱电、消防、给排水、暖通）；
强电、弱电、消防、给排水、暖通、综合、出图、剖面（将出图、剖面视图单独作为专业大类父规程）；
强电、弱电、喷淋、暖通—水、暖通—风、消防、给排水、综合、其他（按照中文名称分类）。
专业命名多样，可根据项目需求、使用习惯等因素进行划分。

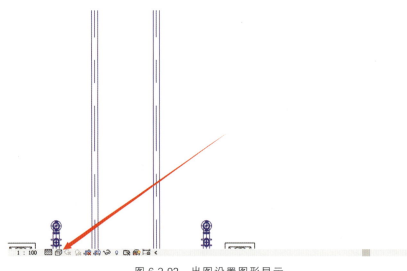

图 6-3-92　出图设置图形显示

**6. 样板案例**

以下对机电专业已制作好的样板文件 MEP_Revit2018_机电样板文件_V1.0.rte 进行解释说明。

(1) 步骤说明。

新建项目时,样板文件选择此机电样板,打开界面,如图 6-3-93 所示。

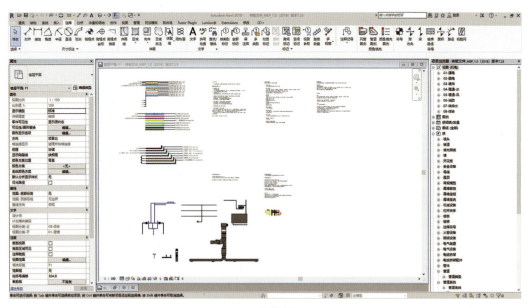

图 6-3-93　机电样板打开界面

先阅读模型中说明内容(见图 6-3-94)。

以下为建模前准备步骤:

①确定轴网、标高;

②修改管道;

③修改视图样板;

④修改视图。

创建方法的详细内容已于之前章节介绍,此处不一一赘述。完成上述步骤后可导入图纸进行绘制。

(2) 项目浏览器。

本机电样板已创建机电视图,分为 9 个专业类别,分别是:01-强电、02-弱电、03-喷淋、04-暖通-水、05-暖通-风、06-消防、07-给排水、08-综合、09-剖面。

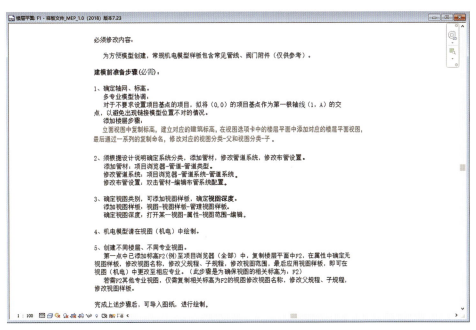

图 6-3-94　阅读建模说明

每个专业类别分 2 个子项：01-建模、02-出图。其中 01-建模包含三维视图和楼层平面视图，02-出图包含出图用平面视图（见图 6-3-95）。

> **注意**　3D 视图作为本专业三维视角使用，楼层平面用于导入 CAD 图纸、绘制模型，出图用平面图用于标记、出图。已设置好默认过滤器及相关参数，根据项目不同需更改相关参数后方可使用。

（3）管道系统。

①本机电样板已创建常用的管道系统、管道材质，可供选用（见图 6-3-96）。

图 6-3-95　查看项目浏览器　　　　图 6-3-96　已创建常用管道系统

②已载入常见的管线配件，并设置好布管配置，根据项目的不同可删除或添加管道系统、管道材质，并修改布管配置(见图 6-3-97)。

③已载入常用的机械设备族、管道附件、标记符号族。在项目浏览器中可右键搜索所需要的族(见图 6-3-98)。

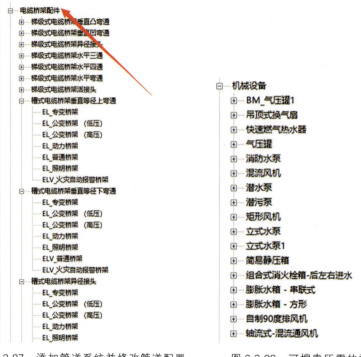

图 6-3-97 添加管道系统并修改管道配置

图 6-3-98 可搜索所需的族

④项目浏览器中可修改内容见模型中文字说明(见图 6-3-99)；

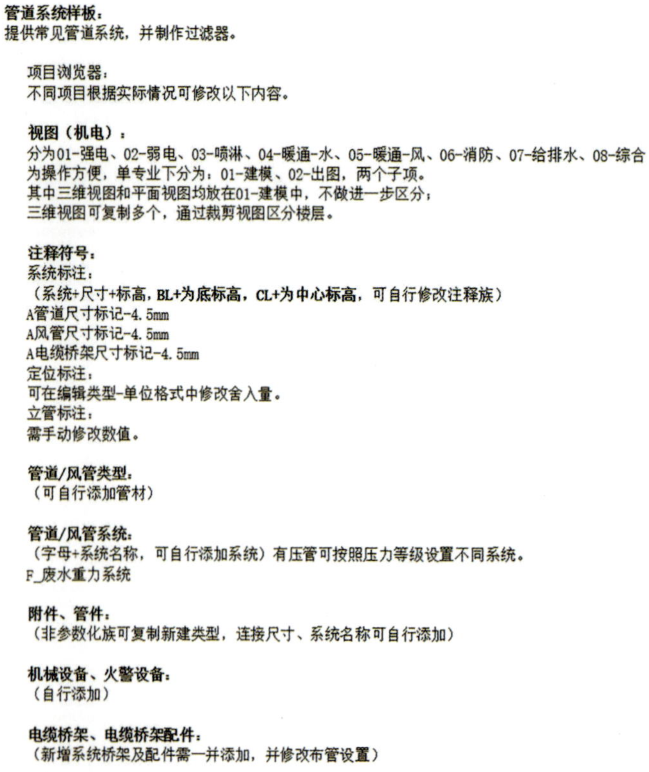

**管道系统样板：**
提供常见管道系统，并制作过滤器。

项目浏览器：
不同项目根据实际情况可修改以下内容。

**视图（机电）：**
分为01-强电、02-弱电、03-喷淋、04-暖通-水、05-暖通-风、06-消防、07-给排水、08-综合
为操作方便，单专业下分为：01-建模、02-出图，两个子项。
其中三维视图和平面视图均放在01-建模中，不做进一步区分；
三维视图可复制多个，通过裁剪视图区分楼层。

**注释符号：**
系统标注：
（系统+尺寸+标高，BL+为底标高，CL+为中心标高，可自行修改注释族）
A管道尺寸标记-4.5mm
A风管尺寸标记-4.5mm
A电缆桥架尺寸标记-4.5mm
定位标注：
可在编辑类型-单位格式中修改舍入量。
立管标注：
需手动修改数值。

**管道/风管类型：**
（可自行添加管材）

**管道/风管系统：**
（字母+系统名称，可自行添加系统）有压管可按照压力等级设置不同系统。
F_废水重力系统

**附件、管件：**
（非参数化族可复制新建类型，连接尺寸、系统名称可自行添加）

**机械设备、火警设备：**
（自行添加）

**电缆桥架、电缆桥架配件：**
（新增系统桥架及配件需一并添加，并修改布管设置）

图 6-3-99 可修改内容说明

其中注释符号可参照平面视图中的标识(见图6-3-100)。

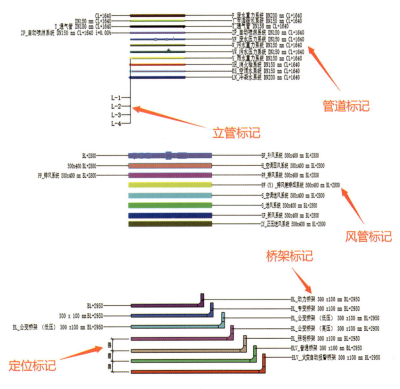

图6-3-100 注释符号参照平面视图的标识

(4)视图样板。
提供完整的视图样板(见图6-3-101);

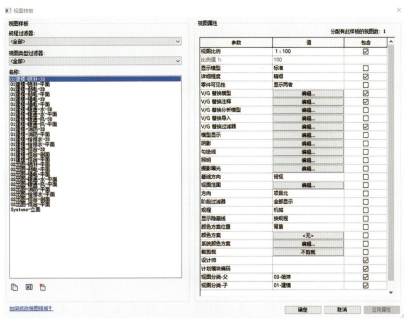

图6-3-101 完整的视图样板

根据已有的系统类别,每个视图样板均制作好过滤器(见图6-3-102);
根据项目不同可修改样板文件及其参数。
(5)图纸、明细表。
提供图纸封面、A0～A4图框,其中A4图框中包含三维轴测图,标有说明,可供参考(见图6-3-103)。

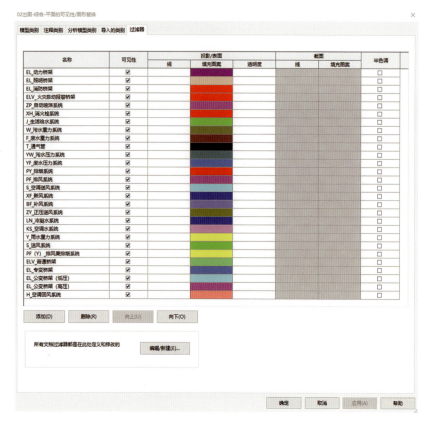

图 6-3-102　设置好过滤器

图 6-3-103　完整、有说明的图纸

提供管道明细表样例，可在明细表属性设置中修改字段、过滤器、排序/成组、格式、外观，此处不展开（见图 6-3-104）。

（6）常规模型组。

提供常规机电模型组样板（见图 6-3-105）。

消防泵组，包括系统原理展示，水泵、阀门附件样例（见图 6-3-106）。

喷淋支管模组，包括喷淋支管布置原理展示（见图 6-3-107）。

生活水箱模组，包括生活水箱布置原理展示，设备、阀门附件样例（见图 6-3-108）。

# 第6章 咨询企业BIM样板文件搭建

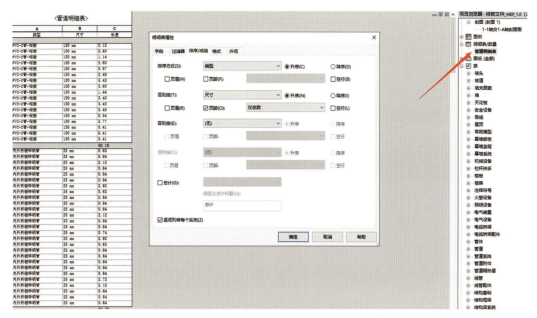

图 6-3-104　管道明细表属性设置

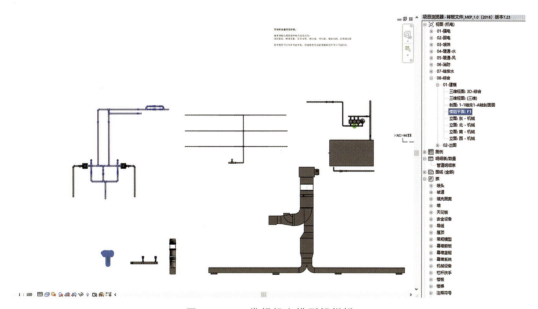

图 6-3-105　常规机电模型组样板

图 6-3-106　消防泵组样例

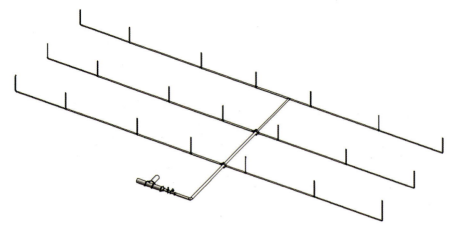

图 6-3-107　喷淋支管模组样例

潜污泵模组,包括潜污泵布置原理展示,设备、阀门附件样例(见图 6-3-109)。

图 6-3-108　生活水箱模组样例　　　　图 6-3-109　潜污泵模组样例

排风模组,包括排风机、排风管、附件样例(见图 6-3-110)。

轴流风机模组,包括轴流风机、风管、附件样例(见图 6-3-111)。

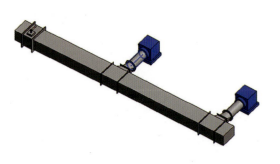 

图 6-3-110　排风模组样例　　　　图 6-3-111　轴流风机模组样例

防排烟风管模组,包括离心风机、风管、附件样例,多种常用风管连接形式(见图 6-3-112)。

以上模型组内容可直接复制进行绘制,以减少建模时间,其中包含了常用的设备、构件、阀门、附件等内容。利用样板文件中已有的族绘制,可做到模型样式大体统一。

(7)管综调整样板。

提供机电管综调整案例,可参考此样板进行管道连接设置和管综排布方案的制订(见图 6-3-113)。

图 6-3-112　防排烟风管模组样例　　　　　图 6-3-113　机电管综调整样板

①弯头选取。

提供管道小错层、水管遇风管垂直翻弯、水管三通+45度翻弯、水管双45度翻弯、喷淋支管布置、消火栓连接、桥架翻弯的三维展示(忽略图中标高)(见图6-3-114)。

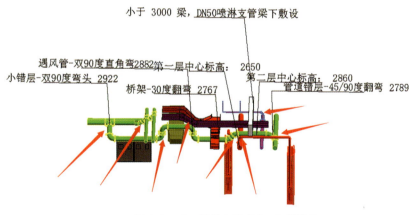

图 6-3-114　提供各种弯头,方便选取

此处仅对管线翻弯、连接规则做半强制性规定,请仔细研究。详细管综调整规则参见机电标准文件。

②管综排布方案。

提供地下室管综排布方案展示。

将管道分为4层,分别为喷淋支管、第一层水管/桥架、第二层水管/桥架、风管。

若大面积梁下净高>3米,则可将喷淋主管贴梁敷设;

若大面积梁下净高<3米,则将DN65以下喷淋支管上翻至梁下,主管走水管层,保证地下室净高大于2.4米。

详细排布方案参照本书相应章节,管综调整方案须结合项目具体分析,此处模型展示仅做参考。

(8)模型显示问题解析。

绘制模型时,在不同的视图中可能会出现模型显示不全或无法显示的问题,需对以下几个方面进行检查:

①图形显示选型中详细程度和视图样式(见图 6-3-115 和图 6-3-116)。

图 6-3-115　图形显示详细程度

图 6-3-116　图形显示视图样式

详细程度:应调整为中等、精细,调为粗略时因视图显示为细线可能造成视觉误差。
视图样式:应调整为线框、着色、真实,调为隐藏线时因视图显示遮蔽可能造成视觉误差。
②视图属性中的裁剪视图和剖面框(见图 6-3-117):
裁剪视图、剖面框的隐藏会导致模型显示不全。
③图形显示选型中的临时隐藏/隔离(见图 6-3-118):
未及时显示临时隐藏的图元会造成模型显示不全。

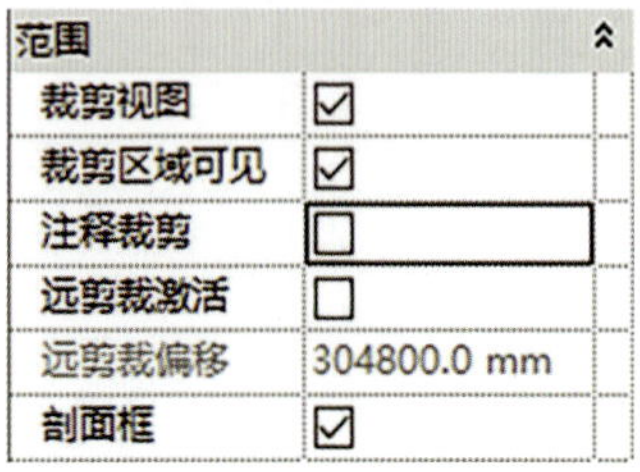

图 6-3-117　剖面框和裁剪视图

图 6-3-118　临时隐藏/隔离

④视图中的可见性/替换(见图 6-3-119):

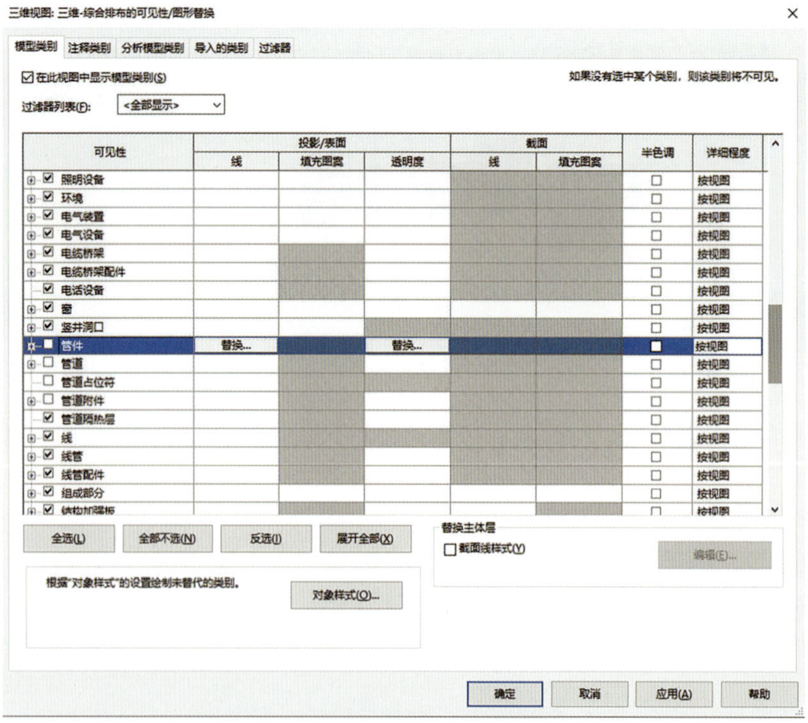

图 6-3-119　三维视图可见性/替换

模型类别、注释类别、导入的类别:应勾选相应视图所需的模型构件、注释构件、导入图形(见图 6-3-120)。

图 6-3-120　三维视图过滤器

过滤器:过滤器过滤规则设置错误未显示应有的线及填充图案样式。

# 第 7 章

## 工程咨询企业管综深化要求

GONGCHENG ZIXUN QIYE GUAN-ZONG SHENHUA YAOQIU

## 7.1 管综深化排布目的及必要性

在建筑工程项目实施的过程中,机电安装专业系统繁多、技术要求高、应用功能全面,目前的施工图对各机电专业的管线仅做了初步的排布设计,这往往会造成某些部位尤其是管线交叉部位和吊顶内的各机电专业管道之间的碰撞和冲突,既影响到施工质量和施工速度,也可能会影响相应的使用功能和外观上的整齐美观。

在 BIM 应用过程中,管综深化排布对于项目模型质量至关重要。管线布置综合排布是应用在建筑机电安装工程中的施工管理技术,其涉及建筑机电工程中给排水、消防、暖通、电气、智能化控制等专业的管线安装。其目的是确保工程施工顺序和工期,避免专业设计不协调及变更导致的返工,避免在比选支吊架时因选用规格过小造成事故隐患或因选用规格过大造成材料浪费等现象。通过综合协调机电各专业管线、设备的平衡布置能提前解决管线占位问题,确保设备机房、高层走廊、竖井等管线密集部位合理布置,专业管线及设备合理安装、美观布置,减少施工过程因变更和拆改带来的损失,使各机电系统达到高效运行、配合完善的目的。

管线综合深化排布技术并不是一项简单的施工或科学技术,而是各种技术结合的产物,是多项技术的交汇点。管线综合深化排布技术不是创新的概念,现阶段大多工程项目都能利用合理的管综排布获取收益,而利用 BIM 技术是达到此目的的最佳手段,也是经济效益明显的方法,故工程咨询行业作为招标代理、勘察、设计、监理、造价等咨询服务业的集合,能利用自身的协调优势在此项技术应用中取得较为明显的工作价值。

而编制管综深化排布规则,规范企业、行业的工作标准,能够确保管综深化排布工作的高质量与高效率。制订管综深化排布方案,将管综排布重难点部位进行归类总结,就能解决机电安装过程中的痛点,保证施工过程安全、快速、高效地进行。

本章节将对管综深化排布的要求进行总结和梳理,系统性地阐述管综深化排布的调整原则。管综深化分为三个层次:

最基础的层次是管综深化排布的基本原则,确定了管综深化排布的通用规则与优化建议;

第二个层次为初级管综深化排布注意点,介绍了常见的较为复杂的单项排布规则;

第三个层次为高级管综深化排布方案,针对复杂节点以及特殊部位制订了优化方案。

## 7.2 管综深化排布基本原则

在机电管综深化排布中,管线间距应符合规范条文要求;管综排布优化应预留足够的安装空间,并提前考虑安装顺序;机电系统优化后应符合设计要求及设计意图;管综排布应以节约安装成本、便于施工、净高控制为基准。

根据不同区域、不同部位管线排列的复杂程度不同,可将排布方案分为初级和高级两种,此部分在管综深化排布基本原则之后进行说明。其中初级为简单管线排布规则注意点,均为管综深化排布时易错、易遗漏的部分。高级为复杂管线排布,是初级简单管综排布的组合集,根据实际情况排布方案不同,标准可能也不同,仅根据复杂程度有不同的排布方案。

### 7.2.1 总体避让原则

有压管让无压管,低压管避让高压管,给水管让排水管,冷水管让热水管,生活用水管让消防用水管,可弯管线让不可弯管线、分支管线让主干管线,金属管让非金属管,气管让水管,临时管让永久管,附件少的管线避让附件多的管线,弱电让强电。

### 7.2.2 各专业避让原则

当给排水专业、通风专业和电气专业各管线有竖向交叉且无法避让时,应遵循以下原则:
(1)给排水管线与风管竖向交叉时,压力管道应从上绕过,重力管在通风专业协调下设在风管上部。
(2)给排水管线与电气管竖向交叉,给排水管线敷设在电气专业管线下方。
(3)给排水管线与空调水主干管竖向交叉,给排水管上弯至空调水管上方。
(4)空调水主干管与电气桥架竖向交叉时,桥架上弯至空调水主干管上方。
(5)空调水主干管与风管竖向交叉时,最大边长大于等于 2000 mm 的,空调水管上弯至风管上方;最大边长小于 2000 mm 的,风管上弯至水管上方。
(6)电气桥架与风管竖向交叉时,电气桥架上弯至风管上方。
(7)尽量利用梁内空间。绝大部分管道在安装时均为贴梁底走管,梁与梁之间存在很大的空间,尤其是当梁高很大时。在管道十字交叉时,这些梁内空间可以被很好地利用起来。在满足弯曲半径条件下,空调风管和有压水管均可以通过翻转到梁内空间的方法,避免与其他管道冲突,保持路由通畅,满足层高要求。

### 7.2.3 净空原则

无特殊要求,一般的净高控制要求见表 7-2-1。

表 7-2-1　地下室净高控制表

| 序号 | 部位 | 净高/mm | 备注 |
| --- | --- | --- | --- |
| 1 | 走廊 | ≥2200 | 参见设计图 |
| 2 | 地下室车库车道 | ≥2400 | 至少 2200 mm |
| 3 | 单层车位区 | ≥2200 | 至少 2000 mm |
| 4 | 双层车位区 | ≥3600 | |
| 5 | 大车停车位 | ≥4200 | |

### 7.2.4 间距原则

不考虑保温层时,间距原则如下:
1.管线与墙、柱的间距
桥架与墙、柱的间距≥100 mm,风管与墙、柱的间距≥150 mm,水管各管径范围、离墙间距如表 7-2-2 所示。

表 7-2-2　水管离墙间距一览表

| 序号 | 管径范围 | 间距/mm |
|---|---|---|
| 1 | $D \leqslant DN32$ | 25 |
| 2 | $DN32 < D \leqslant DN50$ | 35 |
| 3 | $DN50 < D \leqslant DN100$ | 50 |
| 4 | $DN100 < D \leqslant DN150$ | 60 |

**2. 管线与顶板、梁的间距**

贴梁预留间距,风管桥架不小于 50~100 mm,线槽和桥架顶部距顶棚或其他障碍物不宜小于 0.3 m。

**3. 机电管线之间间距要求**

(1) 两组电缆桥架在同一高度平行敷设时,其间净距不小于 0.6 m。

(2) 电缆桥架与用电设备交越时,其间的净距不小于 0.5 m。

(3) 通信桥架距离其他桥架水平间距至少 300 mm,垂直距离至少 300 mm。

(4) 桥架上下翻时要放缓坡,桥架与其他管道平行间距≥100 mm。

(5) 风管与桥架之间的距离要大于等于 100 mm。

(6) 管线阀门不宜并列安装,应错开位置,若需并列安装,净距不宜小于 200 mm。

(7) 给水引入管与排水排出管的水平净距离不得小于 1 m。室内给水与排水管道平行敷设时,两管之间的净距不得小于 0.5 m;交叉敷设时,垂直净距不得小于 0.15 m。

(8) 当设计无要求时,桥架与管道的最小净距,符合以下要求(见表 7-2-3):

表 7-2-3　桥架距管道最小净距一览表

| 序号 | 管道类别 | 平行净距/m | 交叉净距/m |
|---|---|---|---|
| 1 | 一般工艺管道 | 0.40 | 0.30 |
| 2 | 易燃易爆气体管道 | 0.50 | 0.50 |
| 3 | 热力管道(有保温层) | 0.50 | 0.30 |
| 4 | 热力管道(无保温层) | 1.00 | 0.50 |

(9) 电缆桥架多层安装时,控制电缆间不小于 0.2 m;电力电缆间不小于 0.3 m;弱电电缆与电力电缆间不小于 0.5 m,如有屏蔽盖可减少到 0.3 m;桥架上部距顶棚或其他障碍物不小于 0.3 m。

(10) 给水 PP-R 管道与其他金属管道平行敷设时,应有一定保护距离,净距离不宜小于 100 mm,且 PP-R 管宜在金属管道的内侧。

(11) 冷热水管净距 15 cm,且水平高度一致,偏差不得超过 5 mm(其中对卫生间淋浴及浴缸龙头严格执行该标准进行检查,其余部位可以放宽至 1 cm)。

(12) 吊顶上方的管线需与吊顶保持至少 100 mm 的间隙,以便安装支管。

(13) 管线沿路由方向尽量平行排布,安装维修空间不小于 500 mm。在有条件的情况下需多考虑设备检修、设备运输、设备吊装。管综调整前如无法确定吊顶高度,一般根据楼层净高,机电管线排布层不超过 1 m。

**4. 地下室大堂、公用前室**

地下室大堂、公用前室内管线尽量提升至最高,考虑后期精装修吊顶的安装。

### 7.2.5　各专业管线综合原则

**1. 暖通专业**

(1) 冷凝水管线禁止几字形翻弯,从风机盘管出来禁止上翻弯,冷凝水管应考虑坡度,吊顶的实际安装高度通常由冷凝水管的最低点决定。

（2）空调供回水管，有条件可以上翻弯或采取其他措施的前提下，不应出现下翻弯，且尽量避免大面积出现几字弯的情况。空调水平干管应低于风机盘管。

（3）风管和较大的母线桥架，一般安装在最上方，安装母线桥架后，再将母线穿好。

（4）暖通的风管较多时，一般情况下，排烟管应高于其他风管；大风管应高于小风管。两个风管如果只是在局部交叉，可以安装在同一标高，交叉的位置小风管绕大风管，风管应在梁窝内完成交叉上下翻，不应在梁下交叉。

2. 电气专业

（1）电气管线桥架避热避水，在热水管线、蒸汽管线上方及水管的垂直下方不宜布置电气线路，遵循桥架在上、水管在下的原则。桥架在水管的上层或水平布置时要留有足够空间。

（2）桥架排列遵循强电桥架在上、弱电桥架在下的原则（局部特殊情况除外），应敷设在易燃易爆气体管、腐蚀性气体管道和热力管道的下方，不宜敷设在腐蚀性液体管道的下方。

（3）桥架尽量避免出现"几"字弯（直角弯）。

（4）电缆桥架内侧的弯曲半径不应小于0.3 m。

（5）桥架不宜穿楼梯间、空调机房、管井、风井等，遇到后尽量绕行。

3. 给排水专业

（1）污排、雨排、废水排水等自然排水管线不应上翻，其他管线避让重力管线。除设计提升泵外，带坡度的无压水管严禁上翻。

（2）各专业水管尽量平行敷设，最多出现两层上下敷设。

（3）管线不应该挡门、窗，应避免通过电机盘、配电盘、仪表盘上方。

4. 消防专业

（1）当梁、通风管道、成排布置的管道、桥架等障碍物宽度大于1.2 m时，其下方应增设喷头。其增设的喷头所需空间一般为150 mm，最低不能少于100 mm。

（2）喷淋管尽量选在下方安装，与吊顶间距保持至少100 mm。

5. 机房等设备间

（1）机房内风管尽量贴梁，避免机房内标高过低。高压柜上方避免管线（风管及气体灭火管道）穿过，严禁水管穿越强弱电机房，严禁电气桥架穿越水泵房。

（2）机房内桥架必须严格按照系统和深化图，进出线桥架和电缆沟保持一致。母线槽尽量不翻弯，无法避免则需预留足够的90°弯弯空间。高压及动力桥架避免90°翻弯，高压桥架避免上下层布置。

（3）如有电缆需穿管（DN65以上电线管）敷设，工程量过大，需提出图纸疑问和向设计确认，建议改为桥架敷设，这对后期施工及管综影响较大。

（4）管综布置前需确认机房是否有吊顶，弱电系统线槽尽量共用支架。

（5）管道材质和连接方式根据设计说明设置，新增材质时，注意管道内外径大小，不同连接方式施工时所占空间不一样。风管系统及空调水管系统建模时需考虑保温层厚度，防排烟风管需考虑隔热层厚度，否则会影响后期管综调整，严重情况会影响现场施工与模型的一致性。

（6）设备间距依照规范规定做预留，避免图纸中设备间距太小的问题。

6. 其他注意事项

（1）注意检查管道穿越楼梯间等疏散通道或立管位置是否影响疏散宽度等；

（2）地下室所有管路尽量不要穿过防火卷帘位置，贴梁底敷设于附近墙体需要穿越防火卷帘门时，应在卷帘门和梁中间预留管线安装空间；

（3）防火卷帘门上部卷轴箱体厚度需要考虑对管综的影响；

（4）在管综调整中，构造柱、过梁对管综的影响都要考虑进去；

（5）防火门上部空间管线的排布不能影响门的开启和使用；

（6）管综调整前需复核楼板、剪力墙是否都留有预留洞口，以及留洞尺寸是否符合验收要求；

(7)管综调整时着重复核风井及水井等管道井是否有梁；

(8)管线排布时，需注意核查门洞处管线，是否存在梁下与门之间管线安装空间不足；

(9)模型精度要配合管线综合，二次墙、门窗、圈梁、过梁、地下车库标识、车道、车位等在前期模型搭建过程中要注意；

(10)门窗高度要结合建筑完成面来确定，二次墙和门窗在前期模型搭建中要严格按照尺寸标高来做；

(11)在城市标志性建筑、CBD核心区综合体建筑等项目实施应用中，需考虑泛光照明供电系统的预留，如管井桥架预留、变压器设备预留等；

(12)所有非电气管线不能穿越冷冻站配电房和冷冻站值班室(控制室)，除非是冷冻站配电房、值班室(控制室)本身通风用的风管；

(13)水泵房水泵软接头一般接在水泵横管上，除非增大水泵基座(成本原因，一般不考虑)，才可以接在水泵立管上，否则会导致水泵减震效果明显下降。软接头接在横管上，需预留足够的安装空间。

## 7.3 初级管综深化排布注意点

### 7.3.1 初级管综深化排布目的

初级管综深化排布即单项管综排布规则，主要针对留洞、管井、风井、防火卷帘、门高、吊板、管道系统等进行核查，能快速发现图模不一致、图纸设计错误、简单专业碰撞、管道系统布置不合理等问题。根据中晟宏宇专业BIM工程师现场管理经验，下面对部分条例进行了提问式列举，以指导初级管综深化排布。其中常规注意点，指在模型核查时通常检查项，特殊检查项及易错点将列举说明。

### 7.3.2 初级管综深化排布注意点

1.留洞核查

(1)机电管线穿剪力墙、楼板是否留洞？

机电管线穿越剪力墙、楼板时应留有预留洞，根据结构图纸进行判定。预留洞作为一项BIM深化成果，应在管线深化完成后重新进行预留洞出图。非管线井复核结构是否设置单独土建通道。

(2)留洞位置、尺寸是否满足要求？

留洞位置应避开梁、柱、楼梯等，不能影响建筑使用功能；留洞尺寸一般比管线要大一至两个管号，特别要注意风口留洞。

(3)梁上留洞是否满足规范要求？

管线位于梁体中部1/3处为最好，即管中线与梁中线重合最好，管洞上下距梁顶底距离不小于1/3梁高，请与设计院协商。

2.管井核查

(1)管井内是否有梁？

一般情况下管井内不会有梁，尤其是风井内。管井审核应避开管井内梁。桥架、母线槽、水管在管井内会贴墙安装，防止出现管线避梁翻弯情况。

(2)梁是否会与机电管线冲突？

主要考虑立管穿梁、梁加腋情况，宜避开梁布置。

## 3. 防火卷帘核查

(1)梁下、柱帽下净高是否满足卷帘安装高度要求?(土建模型)

梁下预留卷帘+卷帘盒的高度;防火卷帘高度也应满足净高要求。

(2)是否存在梁下与卷帘之间预留管线安装空间不足的情况?

防火卷帘一般有两种做法,一种是卷帘盒直接顶至结构梁底,该做法,管道无法穿越;另一种是卷帘盒固定在独立的钢梁或其他构筑物底部,相当于门头过梁做法,该处可穿越管道。

(3)是否存在机电管线设计在卷帘里面的情况?

常规注意点,禁止穿越防火卷帘门。

## 4. 门高核查

(1)是否存在门高超出层高、坡道下门高超出坡道下净高等情况?(土建模型)

夹层、坡道下方易出现此情况。

(2)是否存在电梯门高超出层高、预留电梯门洞净高不足等情况?(土建模型)

夹层易出现此情况。

(3)梁下、柱帽下净高是否满足门安装高度要求?

统称为门净高要求的核查。

(4)是否存在梁下与门之间预留管线安装空间不足的情况?

注意地下室前室门上方高度,可能存在地下室前厅精装净高要求更高的情况。

## 5. 风井吊板、双层板核查

(1)吊板预留空间是否满足风管尺寸要求?

风井吊板运用于本层不走风道,风管接顶板下风道入口,连通上部风井,风井底部称为风井吊板(见图7-3-1、图7-3-2)。注意预留尺寸应满足风管尺寸要求。

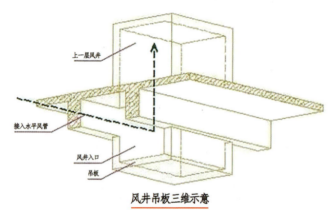

图 7-3-1　风井吊板三维图示

图 7-3-2　风井吊板示意图

(2)双层板预留空间是否满足风管尺寸要求?

注意风井夹层处梁间距(见图7-3-3、图7-3-4)。

(3)双层板下方管线综合排布以后是否满足净高要求?

常规注意点,注意有无特殊净高要求。

(4)风管穿吊板、双层板是否留洞?

常规注意点。

(5)暖通、结构、建筑三专业图纸是否都有标注且标注一致?

以各专业图纸为准。

## 6. 空调机位吊板

(1)空调机位吊板位置设置是否合理?

常规注意点。

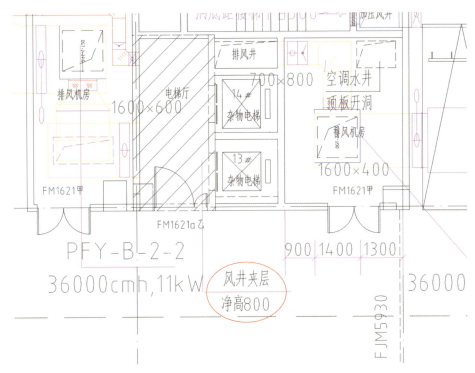

图 7-3-3　图纸风井夹层净高

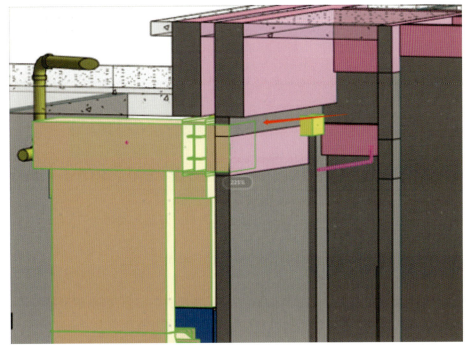

图 7-3-4　土建模型风井夹层净高不足

(2) 机电管线穿空调机位吊板是否留洞？

常规注意点。

7. 管道系统

(1) 管道系统是否完整？管道信息标注是否正确？

管道系统如喷淋、消火栓、生活给水、雨水、排水等，平面图未标注处可能存在于系统图、设计说明中。

(2) 平面图和系统图是否能对上？管道编号是否对应？

系统图与平面图不符时，一般以系统图为准。

(3)管道排布位置是否合理？

常见空间布管：管道不能穿越风井，不能进入电气用房、高低压配电房、控制室、电梯机房等。无关管线避免走专用房间，管线可穿防火墙、楼梯间但施工时应做好防火封堵。

(4)管道如何翻弯？

水管尽量采用 90°/45°弯头翻弯。翻弯会产生积水、积气、存渣，系统图或设计说明中一般提示了泄压阀、泄水阀、排气阀等的做法。

(5)是否考虑保温层厚度？

包括各类保温管道、风管等，考虑避免管道与管道间、管道与结构梁柱的碰撞。

8. 风管系统

(1)系统是否完整？风管信息标注是否正确？

通风系统如送风、回风、排风、新风、防排烟、厨房油烟、预留风管等，平面图未标注处可能存在于系统图、设计说明中。

(2)平面图和系统图是否能对上？系统编号是否对应？

系统图与平面图不符时，一般以系统图为准。

(3)风口位置是否遮挡？

风口是下送还是侧送，不能遮挡风口；有无吊顶区域，精装修布置时根据要求调整风口位置。

(4)高低压配电房内的风管布置是否合理？

风管不宜位于配电柜等电气设备的正上方。

(5)风机房平面图与大样图是否相符？

系统图与平面图不符时，一般以系统图及设计说明为准。应考虑风机安装空间及间距是否符合要求，注意核对机房结构模型及图纸。

(6)风管太厚，净高不足怎么办？

管线综合过程中往往因为净高不够，需对风管系统进行深化设计，通常对风管进行压扁处理。风管尽量不上下翻弯。空调、通风风管主风管通常设计风速在 6～8 m/s，排烟管在 15 m/s，排烟补风通常设计在 10 m/s 以内，而且风管宽高比值不宜大于 4。

9. 电缆桥架

(1)系统是否完整？桥架信息标注是否正确？

电缆桥架如强电桥架、消防桥架、通信桥架、母线槽等，平面图未标注处可能存在于系统图、设计说明中。

(2)桥架如何翻弯？

桥架宜采用 30°/45°斜角弯。桥架中电缆直径越大，宜采用的翻弯角度越小。

(3)母线槽如何排布？

母线槽尽量按照图纸要求布置。母线槽弯头需定制，施工成本高。

(4)强弱电桥架布置应遵循什么原则？

为避免电磁场效应，强弱电桥架间距≥500 mm（有屏蔽盖≥300 mm）；强电桥架不能进入弱电间；共用桥架或桥架合并时，强弱电桥架宽度不宜小于 300 mm，同种桥架间距至少为 50～100 mm。

(5)多层桥架如何排布？

上下层桥架之间净间距保持在 200 mm 以上（通用标准，视电缆直径提升至 300 mm）。

10. 其他

(1)机电管线经过架空、悬挑、跨层等区域是否合理？

注意相关区域净高要求。

(2)是否有机电管线经过玻璃雨棚、天窗、中庭等用于观景或采光区域？

机电管线穿玻璃幕墙、门窗应与其尺寸结构匹配，考虑到相关门窗的规格尺寸在机电管综设计后才能确定，故应为后期管线微调预留出空间。另需考虑防火卷帘盒安装空间，如商场中庭防火卷帘需预留 500 mm 以上空间。商场中庭未考虑防火卷帘安装示例如图 7-3-5 所示。

图 7-3-5 商场中庭未考虑防火卷帘安装

(3)是否存在立管未沿墙或柱安装?

立管一般都要求沿墙或柱安装。机电图纸中建筑结构底图可能与实际有误,导致上下两层立管无法对齐,常出现管道穿墙柱的情况。

(4)后场通道等管线密集处是否考虑预留检修空间?

检修空间一般预留 500 mm,最低不得小于 350 mm,在后期需要检修维护的阀门附件处应该预留检修空间。

(5)是否有机电预留管线?

管综优化时应考虑预留管线安装空间,如管线尺寸不确定也应留有足够的空间(见图 7-3-6)。

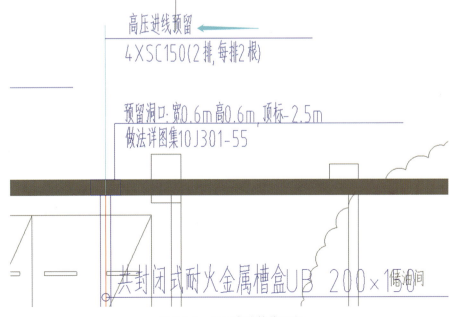

图 7-3-6 图纸中的管线预留

# 7.4 高级管综深化排布方案

## 7.4.1 高级管综深化排布目的

高级管综深化排布即初级管综深化排布的叠加,对地下室各管线的空间位置进行合理布置,组合、排列、检查、调整,最终形成多种管线综合排布方案;对地下室前厅、水管井、水泵房外侧、水泵房、湿式报警阀间、高层走廊等管线密集的部位制订各自的排布方案,以最终达到管综排布的规范性和合理性。

## 7.4.2 高级管综深化排布方案

**1. 地下室停车场**

场景:停车位等较为开阔的区域。

(1) 大面积梁不足 3.000 m。

为确保地下室的美观性,此时为确保车道、车位净高大于 2400 mm(车位局部区域确保 2200 mm),无风口标高要求时,防排烟风管底标高 2450 mm(预留 50 mm 支架),可有 2 种管综排布方案:

方案一:管道敷设分三层,喷淋支管(≤DN65)单独贴梁底敷设;第二层为上翻主管,管道中心高度为 2810 mm,错层桥架同层敷设;第三层为主管环管,管道中心高度为 2600 mm,主干桥架同层敷设。风管底标高为 2450 mm,管道遇风管做翻弯处理(梁窝翻弯,见图 7-4-1、图 7-4-2)。

① 分析:

由于净高过低,尺寸为 400 厚的风管顶标高也达到了 2850 mm,贴梁喷淋管径不宜过大(见图 7-4-3);

管道采取两层排布,考虑到进楼栋可能有净高要求,故分支管排布在上层,主干管排布在下层;

卡箍连接管道翻弯采用 90°三通(弯头)+45°弯头时,Revit 最小翻弯高差为 210 mm,施工实际可做到 170 mm,采用 45°弯头+45°弯头时所需高差更小,故应确保两层排管高差大于 210 mm,也可凑为 250 mm;

考虑到净高 2400 mm 的要求,主干管在 2550 mm,安装支架后才可达到净高要求,故净高 2950 mm 时,管道标高为 2550 mm、2760 mm;净高 3000 mm 时,管道标高可为 2550 mm、2800 mm,喷淋支管贴梁;

桥架同水管。

② 优点:

施工方便,利于后期电缆敷设和检修;

管线排布较为美观。

③ 缺点:

管道遇风管还需向上翻弯,此为净高不足导致。

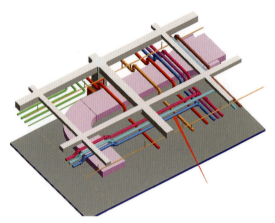

图 7-4-1 方案一管道敷设三维图

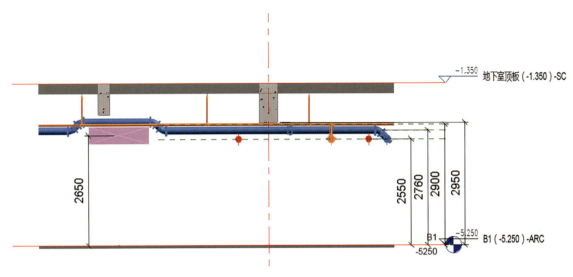

图 7-4-2　方案一管道敷设剖面图

方案二：管道敷设分两层，主环管为第一层，贴梁底敷设，管道中心高度为 2850 mm，喷淋同层敷设；第二层为下翻主管，管道中心高度为 2600 mm，桥架同层敷设（见图 7-4-4、图 7-4-5）。

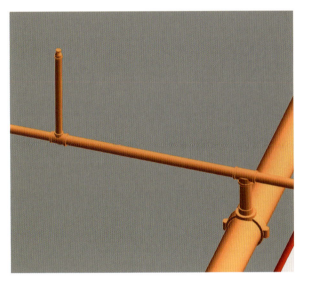

图 7-4-3　方案一喷淋支管三维图

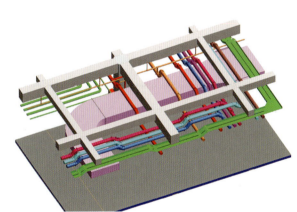

图 7-4-4　方案二管道敷设三维图

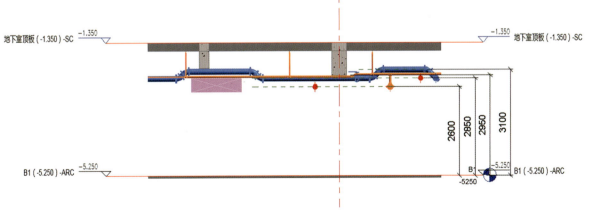

图 7-4-5　方案二管道敷设剖面图

①分析:

相比于方案一,压缩了喷淋支管的空间,二层水管和喷淋支管同标高;

注意此处二层水管和喷淋支管为同方向,可在一定程度减少交叉碰撞;

主干管敷设在 2600 mm,可大面积减少与喷淋支管碰撞。

②优点:

此为消防水管贴梁安装的补救方案,避免大面积拆改;

现场安装专业协调差时,存在谁先进场谁先安装、先安装先贴梁的现象,风管贴梁时只要能敷设喷淋支管,问题不大,水管或桥架大面积贴梁时不易再次拆改;

机电安装一般从地下室开始,地下室从停车场主管开始,故方案二仅考虑地下室停车场补救方案,不展开其他场景二次深化排布方案。

③缺点:

喷淋支管后期施工难度大;

管道桥架多处翻弯,增加零星材料。

(2)大面积梁达到 3.000 m。

方案三:管道敷设分三层,喷淋单独贴梁底敷设;第二层为上翻主管,管道中心高度为 2800 mm,错层桥架同层敷设;第三层为主管环管,管道中心高度为 2550 mm,主干桥架同层敷设。风管底标高为 2450 mm,管道遇风管做翻弯处理(梁窝翻弯,见图 7-4-6、图 7-4-7)。

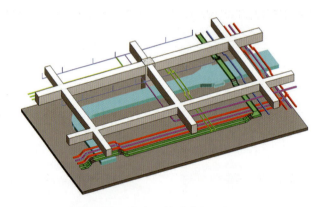

图 7-4-6 方案三管道敷设三维图

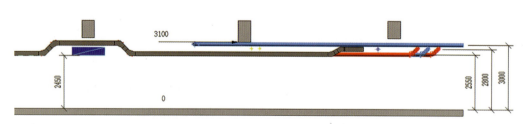

图 7-4-7 方案三管道敷设剖面图

①分析:

相比于方案一,喷淋可单独贴梁敷设(见图 7-4-8),视实际情况喷淋干管可敷设于第三层主管环网,亦可敷设于第一层,取决于喷淋干管直径、是否会大面积翻弯、能否与其他管道共用支吊架等。

信号阀后喷淋管道宜贴梁敷设,其管径一般小于 DN150。

梁下净高为 3100 mm 时,DN150 按照 2550 mm、2800 mm、3000 mm 标高布置可避免碰撞;净高大于 3100 mm 时,分层布置更为宽松,可根据实际情况自行确定标高。

梁下净高为 3050 mm 时,宜采用方案一。

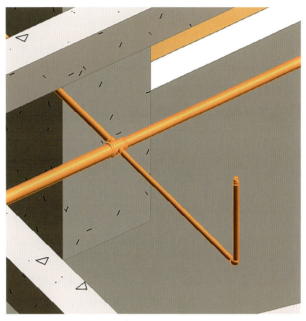

图 7-4-8 方案三喷淋干管贴梁敷设图

桥架同水管。

②优点：

施工方便，喷淋专业先进场安装，且利于后期电缆敷设和检修；

管线排布较为美观。

③缺点：

管道遇风管还需向上翻弯，注意避开喷淋支管。

(3) 特殊情况。

①管道排布密集，分层达到 3 层以上，净高无法保证。

考虑从以下几个方面进行调整：

减法：将可以移走的移走。

加法：将可以合并的合并(桥架)。

分散：管线铺开排布(见图 7-4-9)。

压缩：更改桥架、风管尺寸，减小其高度。

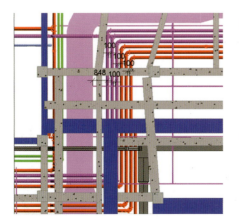 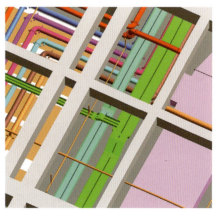

图 7-4-9 管线铺开排布三维图

②新增管线无法敷设。

尽量不移动共用支吊架的、拆改难度大的管线，移动单根管线；

新增多根管线宜与已安装管线分层排布。

③坡度排水管如何布置？

宜贴梁布置，先进行管道放坡，确定途经位置标高，后根据此处净高排布管线，确保最低点处满足净高要求。（各处排水均相同）

④地下室有高低差、降板等区域，各区域梁下净高不一。

按照方案一、方案三分别深化各区域，确保整体净高符合要求；

注意管线的连续性。

2.地下室前厅

场景：有净高要求的前室。

(1)前室净高与地下室净高不一。

对于前室有净高要求，且出前室地下室净高过低，管线宜在前室处翻弯进入前室；可分阶段深化，先深化停车场，后深化前厅（见图7-4-10）。

(2)前室包含水管井、强弱电井如何优化？

前室附近有水管井、强弱电井时，管线排布较为密集，但前室净高一般较大；由于水管井管道较多，管道应分层进入水管井（见图7-4-11、图7-4-12）。

图7-4-10　管线进前室三维图

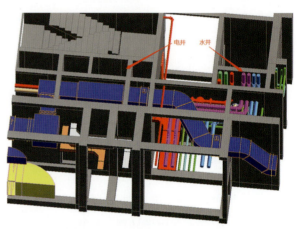

图7-4-11　前室包含水井管道三维图

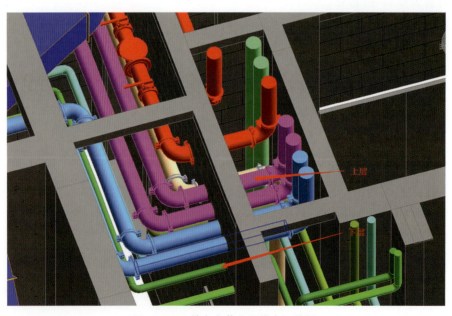

图7-4-12　前室水井分层排布三维图

(3)管道太多如何排布?

管道、风管、桥架排布层次复杂多变,除满足基础管综排布规则外,根据管道连续性、安装便捷性自行排布。

极端条件下管线可穿风机房,但不应穿水电风井。

注意预留检修空间;留意蒸汽管道、热水管道、坡度管道安装位置。

(4)部分专业图纸未及时变更。

注意后期图纸变更、供电局及自来水公司管线走向,避免出现因一根管线引起已深化管线大面积变更的情况。

3.水管井

场景:管道密集的水管井。

(1)管道该如何排列?

需考虑水管保温、立管阀门附件及立管检修的影响,原则上管壁间距应≥100 mm为宜,取大不取小(见图7-4-13)。

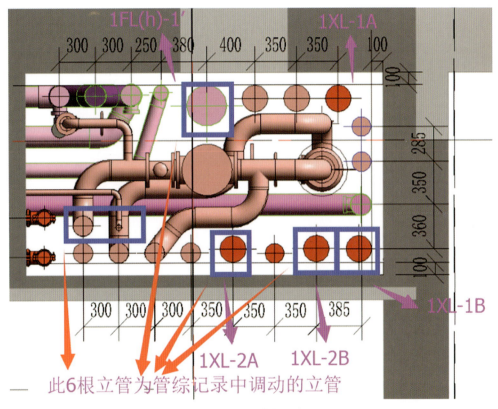

图7-4-13 水井管道优化

(2)给水立管如何深化?

JL-1代表给水立管最低区,楼层越高数字越大;JL-1立管宜靠门侧,依次往墙内侧排布,以便于水表安装(见图7-4-14)。

所有管道均遵循以上先出靠门、后出靠墙的原则,不区分下行上给式、上行下给式、环状式。

表外壳距墙表面净距为10~30 mm。

例:水表安装间距宜为250 mm,第一个水表标高距建筑地面$H+400$ mm,以便于安装及使用为主(见图7-4-15、图7-4-16)。

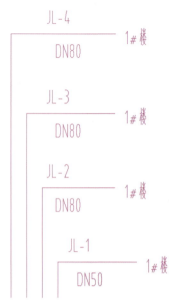

图 7-4-14 给水立管系统图

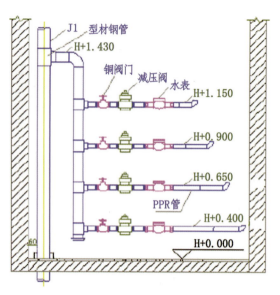

图 7-4-15 给水立管剖面图(单位:m)

图 7-4-16 给水立管排布

(3)水管井是否设置排水措施?

规范中无明确规定,但有水表、湿式报警阀、检查口等需要检修放水的水管阀门附件时,宜设置排水立管及地漏(见图 7-4-17),可不做水封接室外雨水口。

(4)水管穿屋面做法。

采用防雨弯做法,如图 7-4-18 所示。

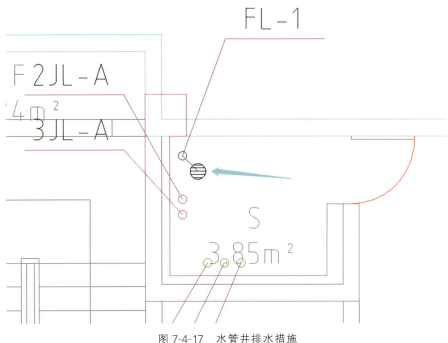

图 7-4-17 水管井排水措施

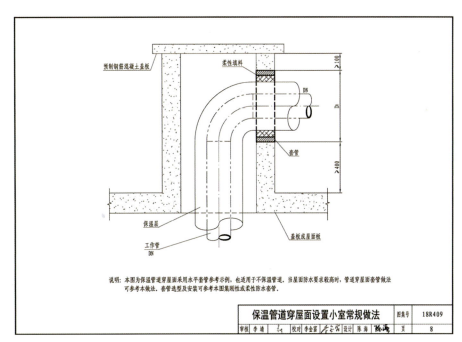

图 7-4-18 管道穿屋面做法

**4. 水泵房外侧**

场景：报警阀间设置在水泵房内，水泵房外侧大量水管待优化。

（1）管道该如何排列？

出水泵房管道与水泵房墙面垂直，管道一般会分开（或转弯）去往不同方向，整体走向为T字形（见图 7-4-19）。

出管高度一般不确定，设计图纸中可能标注为"梁下敷设"，注意管综排布宜根据地下室管综排布方案一、方案三，故出水泵房后管道标高应与地下室管综排布相同。

例：本水泵房外侧管道难点为并排敷设的减压阀组，空间紧张。

图 7-4-19　水泵房外水管走向

采用管道分层排布方法,出水泵房排管在上层,向下层翻弯,采用 45°弯头＋90°三通(根据方案一);即上层铺开排布减压阀组,下层翻弯接横管为地下室主管道(见图 7-4-20)。

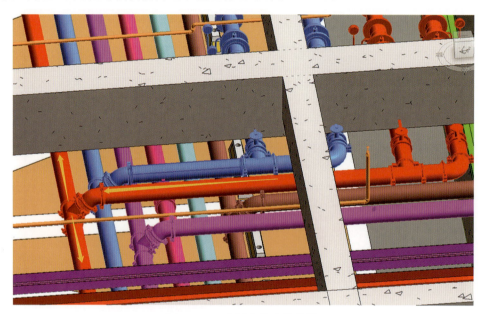

图 7-4-20　水泵房外水管分层

水泵房外水管排布也应遵循两层标高的准则,可避免因标高设定过多造成排布混乱、不便开洞施工等问题;主管排布不集中也应遵循两个标高的准则,但管道密集时也可采取多层排布的方法。

(2)水泵房外管线过多。

水泵房外如有风管等,压缩排管空间,此时可将减压阀组优化至水泵房或其他位置,出水泵房管道先进行翻弯排布,再接入主管。

5. 水泵房深化

场景:常规消防水泵房。

何为水泵房管线分级优化?

水泵房内管道排管,拟分级优化,分为水泵前后水管、水泵后立管、上层架空横管(见图 7-4-21)。

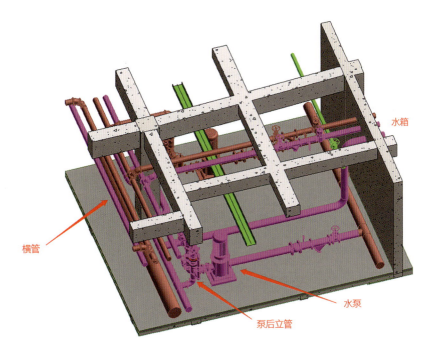

图 7-4-21　水泵房内管道划分

①水泵前后水管。

水泵前出水池/水箱水管、回/泄水管、水泵在系统图中一般均给出标高,可按照系统图布置(见图 7-4-22 至图 7-4-24);

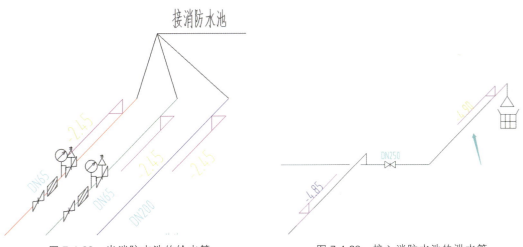

图 7-4-22　出消防水池的给水管　　　图 7-4-23　接入消防水池的泄水管

注意消防水泵基座、进出水管的标高位置,可能存在水管上 Y 形过滤器、泄水阀碰撞;
水泵软接头一般设置在水泵横管上。

②水泵后立管。

水泵前后的主要阀门附件有(见图 7-4-25):

水泵前:闸阀、Y 形过滤器、压力表、大小头、软接头。

水泵后:大小头、软接头、止回阀、水锤消除器、压力表、流量计、试水阀 DN65、闸阀。

阀门间必须安装一节水管。

阀门安装以便于操作为目的,高度可为 1.0 m(1.2 m)~2.0 m(1.5 m)之间。

宜在同一空间平面内布置所有阀门附件(见图 7-4-26)。

阀门附件朝向、离墙间距应该符合使用要求。

考虑人员通行空间,关键通道宽度不宜小于 1.2 m。

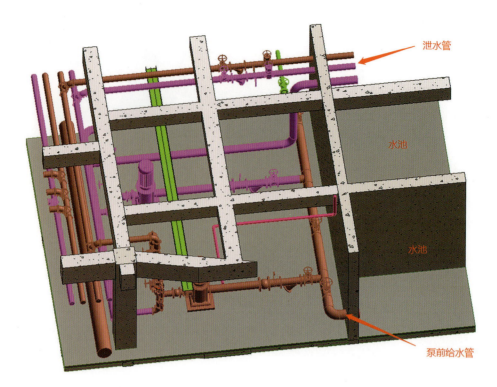

图 7-4-24 水泵房三维图示

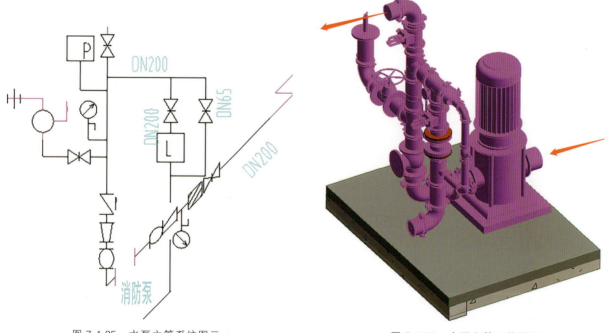

图 7-4-25 水泵立管系统图示　　　　图 7-4-26 水泵立管三维视图

③上层架空横管。

电气设备及线路不应布置在上层架空横管正上方；

根据设计说明确定横管标高，也可根据水泵房外排管高度确定；

对于绝大多数水泵房可一层排布架空横管，与其垂直管道（由水泵引入、由横管引出室外）可排布另一层（见图 7-4-27）。

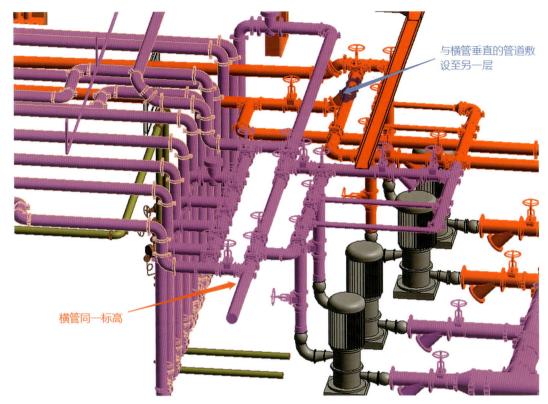

图 7-4-27　上层架空横管排布图

6. 报警阀间深化

场景：常规报警阀间。

(1) 报警阀间相关设计要求：

当设计无相关说明时，报警阀组应安装在便于操作的明显位置；

报警阀组距室内地面高度宜为 1.2 m；

报警阀组两侧与墙的距离不应小于 0.5 m；

报警阀组正面与墙的距离不应小于 1.2 m；

报警阀组凸出部位之间的距离不应小于 0.5 m；

报警阀间室内地面应有排水设施；

水力警铃应安装在公共通道或值班室附近的外墙上。

(2) 报警阀间可能存在的问题。

报警阀间可设置在水泵房内(见图 7-4-28)。若间距不能保证，必要时考虑增大水泵房面积，或增设报警阀间(反馈至设计商议)。

报警阀间禁止其他管线穿越。

7. 高层走廊

场景：酒店高层走廊(含空调水管)。

高层走廊优化方案：

净高不足时，可利用非功能性、非主要、无特殊要求的房间内空间，优化管道路径(见图 7-4-29)，减少走廊管线数量从而达到净高优化的目的(注意是否穿越防火分区、结构墙)；

重力管道、保温管道宜贴边敷设。

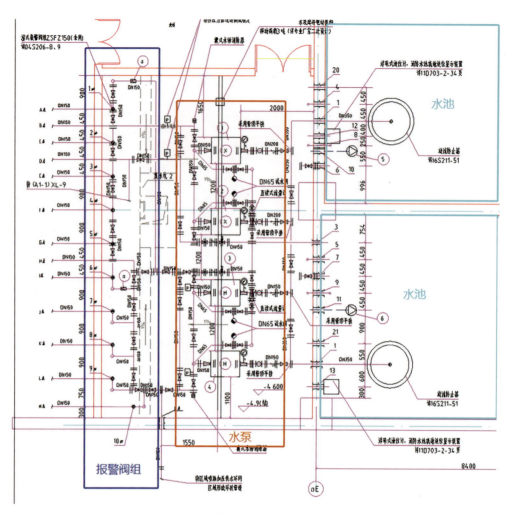

图 7-4-28 报警阀组设置在水泵房内

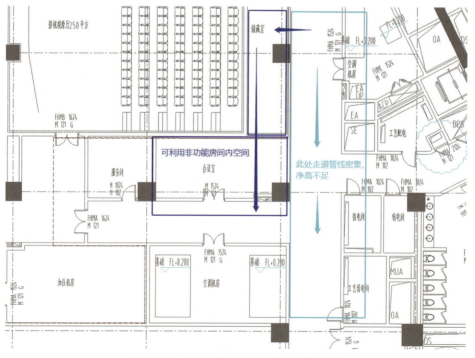

图 7-4-29 走道管线密集时优化管线路径

# 第8章

## 工程咨询企业BIM模型深化审核要点

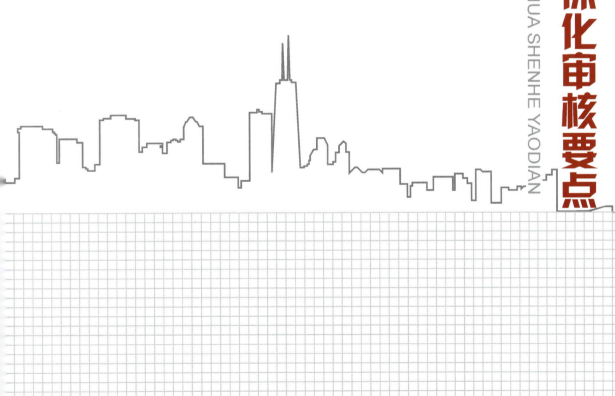

BIM模型审核是BIM技术应用中必不可少的一个环节,审核工作烦琐细致、花费时间,但却决定了BIM模型的质量,直接关系到BIM模型应用是否能够落地。本章节的编写依托重点项目BIM模型审核工作,总结相关经验,对BIM模型审核重点内容、易错遗漏点进行详细说明,用以指导模型审核工作。

本章节主要从土建、机电两个专业模型进行审核编制,根据项目级BIM实施标准、项目深化图纸、相关规范等审核模型,主要从以下几个方面审核:内容模型文件审核、项目基准审核、模型构件审核、模型审核、属性信息审核、构件碰撞审核、模型视图审核、图模一致审核、模型计量审核、资源族库审核、模型应用点审核等。

## 8.1 咨询单位审查职责

针对不同咨询单位类型,可按照表8-1-1所示的审查内容进行工作职责划分。

表8-1-1 咨询企业模型深化审查内容表

| 序号 | | 审查内容 | 监理 | 设计 | 造价咨询 | BIM咨询顾问 |
|---|---|---|---|---|---|---|
| 1 | 模型文件 | BIM软件及版本:正确/不正确 | △ | | | ▲ |
| 2 | | 模型文件数量:正确/不正确 | △ | | | ▲ |
| 3 | | 模型文件命名:正确/不正确 | △ | | | ▲ |
| 4 | | 模型文件拆分:正确/不正确 | △ | | | ▲ |
| 5 | | 模型文件整合:正确/不正确 | △ | | | ▲ |
| 6 | 碰撞与边界 | 坐标系:正确/不正确 | ▲ | △ | | △ |
| 7 | | 模型文件内无碰撞:正确/不正确 | ▲ | △ | | △ |
| 8 | | 本标段内模型无碰撞:正确/不正确 | ▲ | △ | | △ |
| 9 | | 标段间模型边界已核对:正确/不正确 | ▲ | △ | | △ |
| 10 | | 模型与工程边界已核对:正确/不正确 | ▲ | △ | | △ |
| 11 | 模型结构 | 构件/系统颜色:正确/不正确 | △ | | | ▲ |
| 12 | | 族名称:正确/不正确 | △ | | | ▲ |
| 13 | | 构件名称:正确/不正确 | △ | | | ▲ |
| 14 | | 构件编码:正确/不正确 | △ | | | ▲ |
| 15 | 模型构件 | 构件拆分满足工程BIM技术标准（含构件信息总表):正确/不正确 | △ | | △ | ▲ |
| 16 | | 构件拆分满足检验批划分:正确/不正确 | ▲ | | | |
| 17 | | 建模方式:正确/不正确 | △ | | △ | ▲ |
| 18 | | 几何精度:正确/不正确 | △ | | △ | ▲ |
| 19 | 属性信息 | 通用属性:正确/不正确 | △ | | | ▲ |
| 20 | | 设计属性:正确/不正确 | △ | ▲ | △ | △ |
| 21 | | 施工属性:正确/不正确 | ▲ | | △ | △ |
| 22 | | 制造加工属性:正确/不正确 | ▲ | | △ | △ |
| 23 | | 造价属性:正确/不正确 | △ | | ▲ | △ |

续表

| 序号 | 审查内容 | | 监理 | 设计 | 造价咨询 | BIM咨询顾问 |
|---|---|---|---|---|---|---|
| 24 | 模型计量 | 构件扣减关系：正确/不正确 | △ | | ▲ | △ |
| 25 | | 无多余、重叠构件：正确/不正确 | △ | | △ | ▲ |
| 26 | | 模型符合计量计价规则：正确/不正确 | △ | | ▲ | |
| 27 | | 模型出量率符合要求：正确/不正确 | △ | | ▲ | |
| 28 | | 模型工程量变化：合理/不合理 | △ | | ▲ | |
| 29 | | 构件明细表：正确/不正确 | △ | | ▲ | △ |
| 30 | 规程、规范、标准的符合性 | 模型符合设计规程、规范、标准要求：符合/不符合 | △ | ▲ | | |
| 31 | | 模型符合设计、施工意图：符合/不符合 | ▲ | △ | | |
| 32 | | 模型符合施工规程、规范、标准要求：符合/不符合 | ▲ | △ | | |
| 33 | | 模型符合施工质量验评指标要求：符合/不符合 | ▲ | △ | | |
| 34 | 资源库 | 族库的完整性和正确性：正确/不正确 | △ | | | ▲ |
| 35 | | 样板文件的完整性和正确性：正确/不正确 | △ | | | ▲ |
| 36 | | 工作空间的完整性和正确性：正确/不正确 | △ | | | ▲ |

备注：▲代表主办单位，△代表协办单位。

## 8.2 全专业通用审核要点

### 8.2.1 报审文件的完整性

接收到报审文件后，首先根据项目BIM标准实施文件，审核报审文件夹名称的完整性、附加文件的完整性以及审查配套的链接模型、深化依据、各单位的审核意见回复等（见图8-2-1至图8-2-6）。

图8-2-1 报审文件

### 8.2.2 报审文件的有效性

审核模型文件是否为本次报审有效版本。

易错点：

模型版本应与报审文件相符，已修改文件命名应有版本号（更新时间）（见图8-2-7）；模型经过二次报审

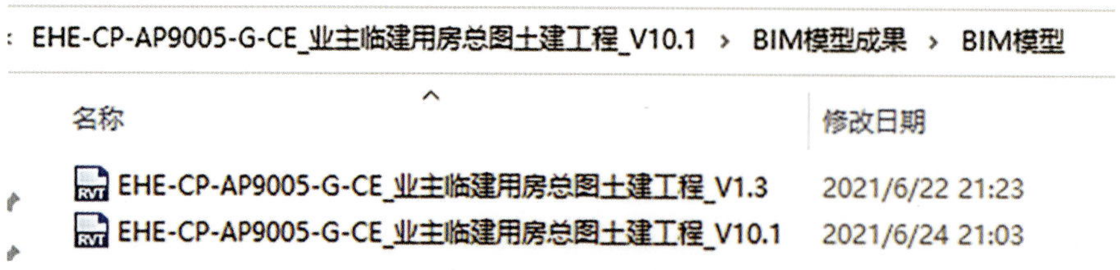

工程咨询BIM技术应用指南

图 8-2-2　报审模型

图 8-2-3　变更文件

图 8-2-4　报审链接模型

图 8-2-5　报审模型深化依据

图 8-2-6　报审模型审核意见

时，就需要复核本次模型版本是否为修改后版本，上次提出的问题是否落实到位，包括图纸问题回复、设计变更、图模复核报告等。

EHE-CP-AP3601-S-B1_机场综合业务楼结构负1层柱基础梁墙BIM成果_V1.2 › BIM模型成果 › BIM模型
名称
修改日期
EHE-CP-AP3601-S-B1(03)_机场综合业务楼负1层结构基础梁及墙柱钢筋_V1.0
2020/9/3
EHE-CP-AP3601-S-B1(09)_机场综合业务楼负1层结构_V1.0
2020/9/3

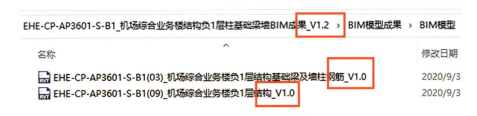

图 8-2-7　报审文件版本号

### 8.2.3　报审文件的准确性

审查报审文件中模型版本、格式、命名规则、编码等（见图 8-2-8、图 8-2-9）。如没有项目级标准实施文件，则根据《建筑信息模型应用统一标准》（GB/T 51212—2016）、《建筑信息模型分类和编码标准》（GB/T 51269—2017）等相关标准性文件来实施 BIM 模型搭建（见图 8-2-10）。审核项目 BIM 模型的搭建是否满足以上基本要求。

| 文件类型及子类 | | 命名规则 | 命名示例 |
|---|---|---|---|
| 模型文件 | | 模型代码_模型名称_模型版本<br>（①单体模型代码为：工程（项目）代码-单项工程、单位工程及子单位工程代码-专业代码-拆分单元；②子单位工程总装模型代码为：工程（项目）代码-单项工程、单位工程及子单位工程代码；<br>③单位工程总装模型代码为：工程（项目）代码-单项工程、单位工程代码；<br>④标段或机场工程总装模型代码为：工程（项目）代码-单项工程代码。） | EHE-DD-AP2701-A-F1_航站楼首层建筑_V1.0<br>EHE-DD-AP2701_航站楼工程模型总装_V1.0<br>EHE-DD -AP04_助航灯光工程模型总装_V1.0<br>EHE-DD -AP_机场工程设计3标模型总装_V1.0<br>EHE-DD -AP_机场工程模型总装_V1.0 |
| 图纸文件 | | 图纸代码_图纸名称_[描述]<br>（①专业图纸代码为：工程（项目）代码-单项工程、单位工程及子单位工程代码-专业代码-拆分单元；②子单位工程总图图纸代码为：工程（项目）代码-单项工程、单位工程及子单位工程代码；<br>③单位工程总图图纸代码为：工程（项目）代码-单项工程、单位工程代码；<br>④标段或机场工程总图图纸代码为：工程（项目）代码-单项工程代码。） | EHE-DD -AP2701-A-F1_航站楼首层建筑平面图<br>EHE-DD -AP2701_航站楼工程总图_V1.0<br>EHE-DD -AP04_助航灯光工程总图_V1.0<br>EHE-DD -AP_机场工程设计3标总布置图_V1.0<br>EHE-DD -AP_机场工程总布置图_V1.0 |
| 应用文件 | 分析模型文件 | 参照BIM模型文件命名 | EHE-AP2701-A_1#楼梯首层入口 |
| 应用文件 | 其他应用文件 | 文件代码_文件名称<br>（文件代码为：单项工程、单位工程及子单位工程代码-文件类型及子类代码） | AP2701-AF03_室内自然通风模拟分析报告 |
| 管理文件 | 前期文件 | 文件代码_文件名称<br>（文件代码为：单项工程、单位工程及子单位工程代码-文件类型及子类代码-[文件编号]） | AP2701-PM07_关于桩基子分部工程进度滞后的处理通知 |
| 管理文件 | 采购文件 | | |
| 管理文件 | 项目管理文件 | | |
| 管理文件 | 竣工文件 | | |

图 8-2-8　项目编码标准

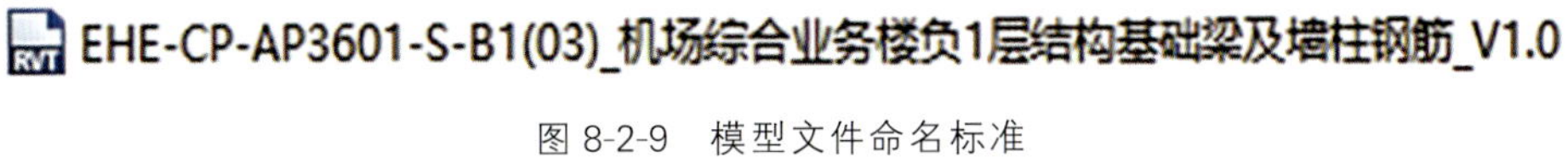
EHE-CP-AP3601-S-B1(03)_机场综合业务楼负1层结构基础梁及墙柱钢筋_V1.0

图 8-2-9　模型文件命名标准

UDC

中华人民共和国国家标准

GB/T 51269-2017

# 建筑信息模型分类和编码标准

Standard for classification and coding of
building information model

2017-10-25 发布　　　　2018-05-01 实施

中华人民共和国住房和城乡建设部
中华人民共和国国家质量监督检验检疫总局　联合发布

续表 3.1.1

| 内　容 | 分　类 |
|---|---|
| 建设资源 | 工具 |
|  | 信息 |
| 建设属性 | 材质 |
|  | 属性 |

图 8-2-10　模型编码国家标准

**3.1.2** 建筑信息模型中信息的分类应符合表 3.1.2 的规定，分类表的进一步细分应符合本标准附录 A 的规定。

表 3.1.2 建筑信息模型信息分类

| 表代码 | 分类名称 | 附录 | 表代码 | 分类名称 | 附录 |
|---|---|---|---|---|---|
| 10 | 按功能分建筑物 | A.0.1 | 22 | 专业领域 | A.0.9 |
| 11 | 按形态分建筑物 | A.0.2 | 30 | 建筑产品 | A.0.10 |
| 12 | 按功能分建筑空间 | A.0.3 | 31 | 组织角色 | A.0.11 |
| 13 | 按形态分建筑空间 | A.0.4 | 32 | 工具 | A.0.12 |
| 14 | 元素 | A.0.5 | 33 | 信息 | A.0.13 |
| 15 | 工作成果 | A.0.6 | 40 | 材质 | A.0.14 |
| 20 | 工程建设项目阶段 | A.0.7 | 41 | 属性 | A.0.15 |
| 21 | 行为 | A.0.8 | | | |

**3.1.3** 单个分类表内的分类对象宜按层级依次分为一级类目"大类"、二级类目"中类"、三级类目"小类"、四级类目"细类"。

## 3.2 编码及扩展规定

**3.2.1** 编码结构（图 3.2.1）应包括表代码、大类代码、中类代码、小类代码和细类代码，各级代码应采用 2 位阿拉伯数字表示。

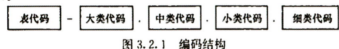

图 3.2.1 编码结构

续图 8-2-10

### 8.2.4 模型坐标点审核

在 Revit 软件中打开模型，对模型的坐标点进行审核。模型坐标点不统一、不正确，将会产生构件关系不合理、构件碰撞等问题（见图 8-2-11、图 8-2-12）。审核模型基准问题，能有效避免模型的操作误差。

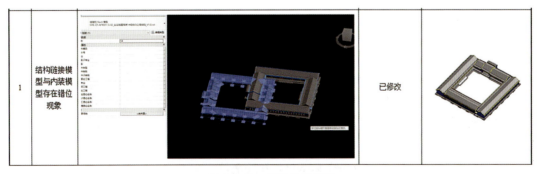

图 8-2-11 模型链接错位

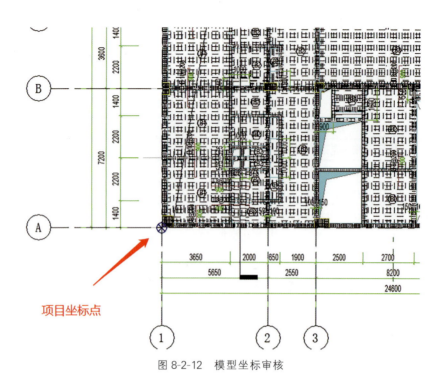

图 8-2-12　模型坐标审核

## 8.3　结构专业审核流程及要点

### 8.3.1　结构专业混凝土构件审核要点

**1. 构件属性信息审核**

易错点：

(1) 审核结构模型构件信息，对应二维图纸，审核结构属性信息，如构件编号、构件尺寸、混凝土强度等级、钢筋型号、钢筋肢数等（见图 8-3-1、图 8-3-2）。

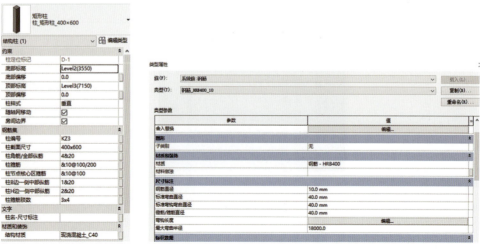

图 8-3-1　构件属性信息

# 第8章 工程咨询企业BIM模型深化审核要点

图 8-3-2 构件属性信息缺失

(2)审核模型构件属性,除了审查项目基本信息、专业、子专业、构件类别、构件类型等属性信息外,还需着重审核模型的构件编码(见图 8-3-3、图 8-3-4)。项目构件具有繁多且单一、不重复等特点,编码是否正确直接决定工程量的提取是否准确。

| 建设单位名称 | |
| --- | --- |
| 设计单位名称 | |
| 单项工程 | |
| 单位工程 | 机场综合业务楼 |
| 子单位工程 | 机场综合业务楼 |
| 阶段 | 施工准备 |
| 专业 | 结构 |
| 子专业 | 混凝土结构 |
| 二级子专业 | 混凝土结构 |
| 构件类别 | 梁 |
| 构件子类别 | 等截面矩形梁 |
| 构件类型 | 300×900 |
| 构件编码 | 01.02.36.01 04.03.02.01 02.0001.0005 000095 |
| 设计文件名称 | EHE-CD-AP3601-S-F4_机场综合业务楼结构4层_V1.0 |
| 施工单位名称 | |
| 监理单位名称 | |
| 分部工程 | 主体结构 |

图 8-3-3 构件编码

图 8-3-4 构件编码说明

## 2.构件的准确性审核

易错点:

(1)重点审核是否缺少梁、柱、梁加腋部分、柱帽等部分。

梁加腋部分,有时在平面图纸中是没有表示的,审核有时候会忽视,导致模型工程量的提取不正确。在结构设计说明里面有梁加腋说明,可根据设计说明中对梁加腋的要求对模型进行审核(见图 8-3-5、图 8-3-6)。

(2)审核结构连接节点及变截面悬臂构件各截面尺寸是否满足规范、规程的要求。

对于结构模型,有些单位在建模时,习惯用翻模软件进行直接翻模,软件对变截面梁的识别会有误差,出现识别不出来、没有高度、与矩形梁一致或者出现大小头与设计图纸不符等问题(见图 8-3-7)。这方面模型的操作误差会导致结构构件的不准确,在审核模型时,需要对应设计深化图纸对模型的变截面梁进行逐一排查。

图 8-3-5　模型无梁加腋

图 8-3-6　设计说明中规定梁加腋措施

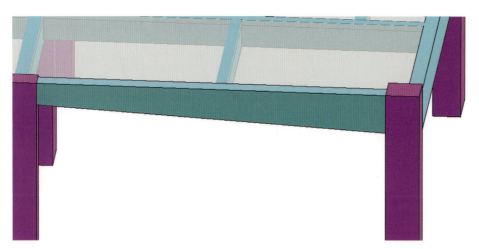

图 8-3-7　变截面梁绘制错误

3. 构件剪切关系审核

易错点：

审核结构模型构件剪切顺序及关系，避免构件计算工程量。模型生成期间，主梁与次梁在绘制期间会存在构件剪切关系的错误，导致工程量计算不准确。审核模型时，需要查看模型每两个构件之间的剪切关系是否正确（见图 8-3-8、图 8-3-9）。

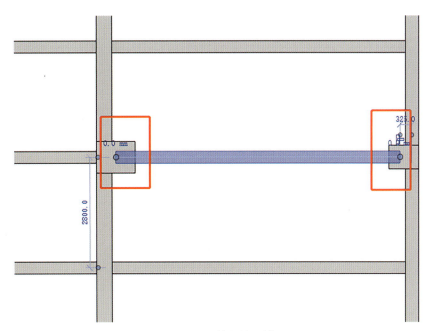

图 8-3-8 剪切关系错误

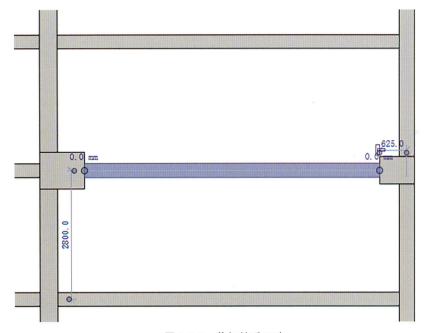

图 8-3-9 剪切关系正确

补充知识：构件的正确剪切关系如下。

同截面尺寸剪力墙、砌筑墙、基础连梁、框架梁、屋面框架梁、基础底板、楼板、屋面板允许整跨绘制，但要与支座构件做好正确的扣减关系。结构构件扣减关系优先级（主→次）如下：

结构构件：桩→基础→结构柱→剪力墙→主梁→次梁→板。

二次结构构件：构造柱→圈梁→过梁→导墙→抱框柱→窗台板。

钢结构/幕墙埋件、注浆管及声测管、钢筋无须扣减混凝土构件。

4. 其他专业配合审核

结构模型还需审核剪力墙、板配合机电和建筑模型电梯井、管道井、预留管道洞口、预埋套管。

易错点：

(1) 结合建筑图纸和机电图纸，确定管井洞口预留正确，有时建筑图会忽略洞口的预留，导致结构图上也没有管井的预留(见图 8-3-10 至图 8-3-12),影响工程量的提取。

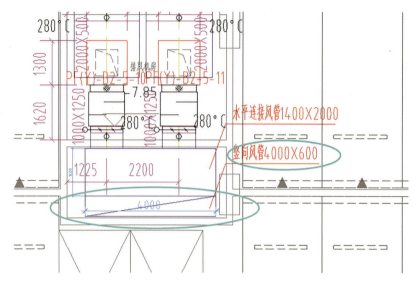

图 8-3-10 暖通图纸中设置竖向风管

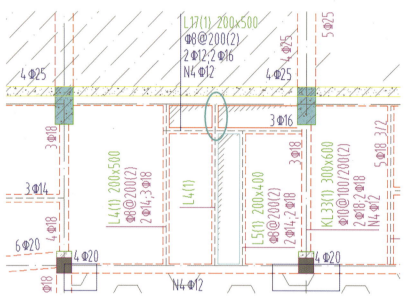

图 8-3-11 结构图纸中设置梁

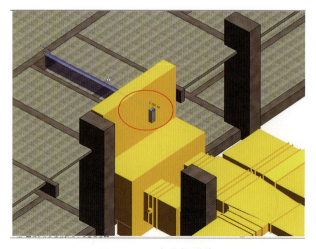

图 8-3-12 专业间碰撞

(2)机电管线横向走向产生的洞口,结合业主对净高的要求,如需要穿剪力墙走向的管线,结构模型一定要审核好管线预留的洞口,并符合相关规范要求,保证管线能准确穿墙(见图8-3-13)。

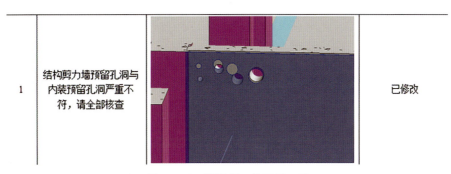

图 8-3-13　预留洞口位置不一致

5. 模型碰撞审核

构件碰撞审核是利用软件自带的碰撞检查功能,如 Revit、Navisworks 等,将模型导入此类软件进行检查(见图 8-3-14),并生成碰撞检测报告,然后由人工进行复核与分类处理。

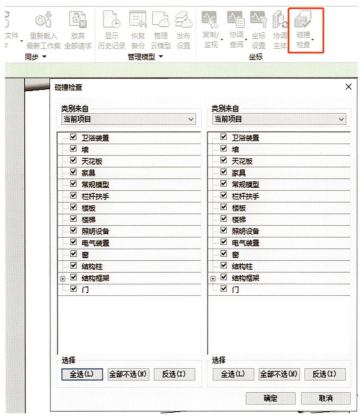

图 8-3-14　Revit 碰撞检测

碰撞检查可以对模型中的几何对象之间的以下四类问题进行检查:

硬碰撞:模型中的构件与构件之间不被允许的位置冲突。

软碰撞:在一定范围内允许的构件与构件之间的位置冲突,构件之间实际并没有碰撞,但间距和空间无法满足相关施工要求。例如,支架与楼板之间的位置冲突,大部分的安装接触点,是可以允许的。

间隙碰撞:指构件与构件之间并未发生接触,但是不满足规范和要求而产生的位置冲突。

重合碰撞:指两个完全相同的构件在空间上完全重叠。例如:建模失误,在同一个位置放置 2 个相同的建筑构件。通常此类碰撞会对算量造成影响。

### 8.3.2　结构专业钢筋模型审核要点

**1.钢筋布置的一致性**

审核模型钢筋数量、箍筋间距、锚固长度等，确保钢筋模型与设计图纸的一致性。

易错点：此处梁上下部纵筋布置与设计图纸不符，上部纵筋和下部纵筋位置错误(见图 8-3-15)。

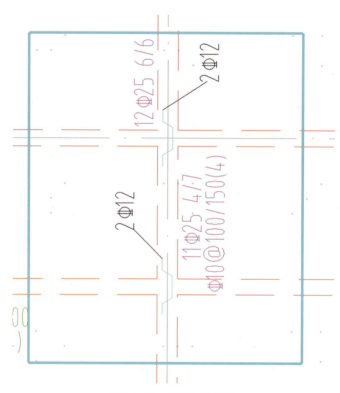

图 8-3-15　钢筋布置错误

**2.钢筋布置的准确性**

易错点：

(1)梁吊筋：梁配筋需要用单独的插件软件，配合 Revit 软件配筋，而部分梁有加设梁吊筋设计要求，吊筋需要建模人员手动进行配筋,难免会出现吊筋缺失或者吊筋布置不正确等问题(见图 8-3-16)。

此处吊筋下部应设置在次梁底部、主梁底纵筋上部,吊筋上部应设置在箍筋下部,此处与设计不符(见图 8-3-17)。

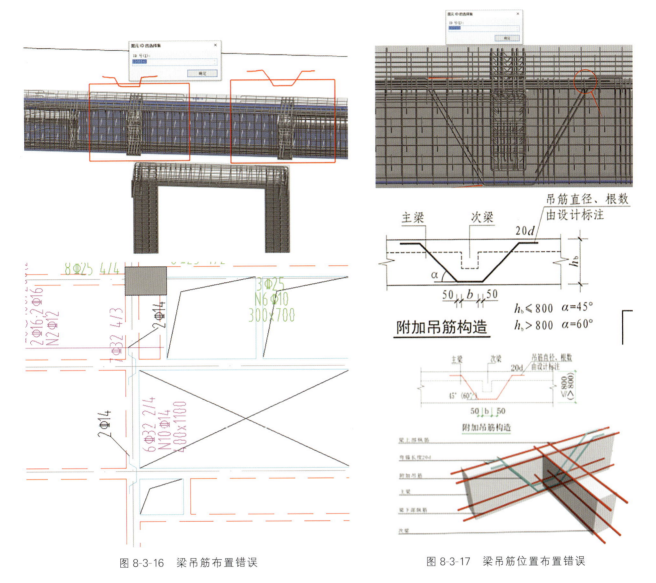

图 8-3-16　梁吊筋布置错误　　　　图 8-3-17　梁吊筋位置布置错误

(2)箍筋加密区与非加密区间距不相同,软件自动识别生成容易造成箍筋布置间距与设计图纸不符,根据设计图纸与图集规范审核其加密区与非加密区布置长度(见图 8-3-18)。

(3)软件直接生成板面钢筋,容易导致板面筋布置错漏(见图 8-3-19),审核板面筋位置、布置间距以及板面负筋长度等。

3.钢筋布置的错漏点

审核模型附加钢筋、洞口补强筋等问题。

易错点:

(1)结构附加钢筋设置,一般都会在图纸的结构设计说明中体现,在平面图纸中无法体现,建模也容易忽视这一部分,其布置范围可根据设计规范图集进行审查(见图 8-3-20)。

(2)结构洞口补强筋设置,一般在平面图纸中无法体现,建模也容易忽视这一部分,需要结合设计规范进行审核,洞口区域应设置 $X$ 向、$Y$ 向补强纵筋伸入支座(见图 8-3-21)。

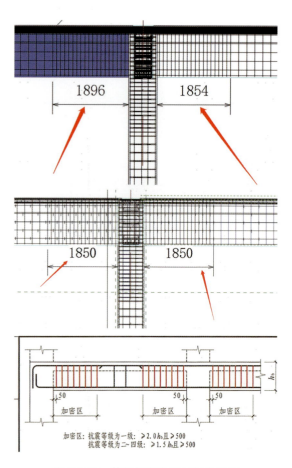

图 8-3-18 箍筋加密设置与图集不符

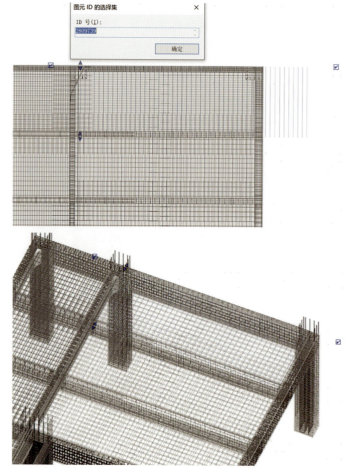

图 8-3-19 板面筋布置错误

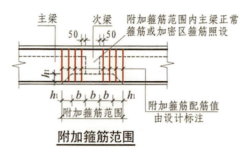

4、主次梁交接处,均应在主梁内次梁侧设附加箍筋三根@50,直径、肢数同梁箍筋。

图 8-3-20 箍筋加密设置与图集不符

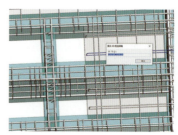

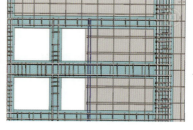

图 8-3-21 补强筋未按要求布置

## 4. 构件钢筋审核要点

审核墙体拉结筋锚固长度以及拉钩位置等问题。

易错点：

（1）建筑砌体墙拉结筋需要在结构柱上预留植筋，需要审核其每边伸入墙体长度，伸入长度不宜小于 1 m，采用 HRB335、HRB400 钢筋时，可以不用设 180°弯钩（见图 8-3-22）。

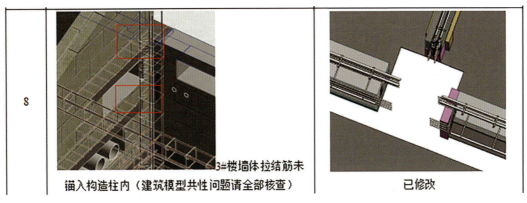

图 8-3-22 拉结筋布置错误

（2）对建筑模型进行审核，建筑墙体是否设置拉结筋（见图 8-3-23），构造柱是否设置钢筋（见图 8-3-24）。

图 8-3-23 墙体布置拉结筋　　　　　　　　图 8-3-24 构造柱设置钢筋

（3）审核建筑模型二次构造柱预留植筋构造是否正确。

问题：根据设计图纸审查模型，二次构造植筋锚固方式是直锚，不是弯锚，提出后，施工单位进行模型整改（见图 8-3-25、图 8-3-26）。

（4）审核建筑墙拉结筋是否符合相关规范要求。

问题：墙体拉结筋挑出构造柱，不符合设计规范（见图 8-3-27）。

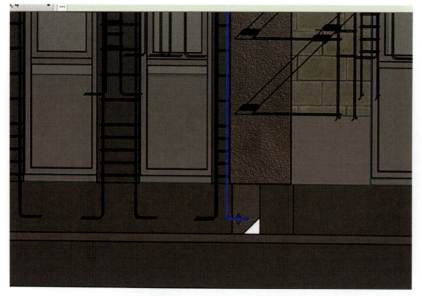

图 8-3-25　二次构造柱植筋弯锚

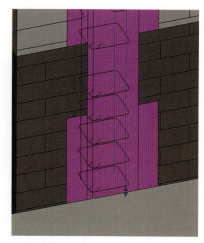

图 8-3-26　二次构造柱植筋修改后直锚

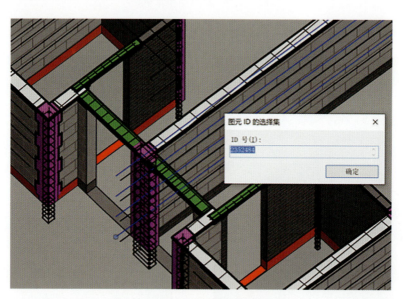

图 8-3-27　墙体拉结筋挑出构造柱

## 8.4　建筑专业审核流程及要点

### 8.4.1　精装模型通用审核要点

**1. 构件基本属性审核**

审核精装模型,对模型构件基本属性进行审核,并根据工程量清单计算规则,审核模型计算构件的正确性。用软件自带构件进行建模的,需要根据其清单计算规则添加构件属性。如:卫生间隔板面积计算式有误等(见图 8-4-1、图 8-4-2)。

| 尺寸标注 | | | |
|---|---|---|---|
| 抬高(默认) | 1500.0 | = | ☐ |
| 隔断宽度(默认) | 1030.0 | = | ☐ |
| 隔断深度(默认) | 1400.0 | = | ☐ |
| 隔断高度(默认) | 2200.0 | = | ☐ |
| 门洞宽度(默认) | 600.0 | = | ☐ |
| 门洞高度(默认) | 1950.0 | = | ☐ |
| 面积(默认) | 2.266 | =隔断宽度 * 隔断高度 | |
| 机械 | | | |
| 其他 | | | |
| 标识数据 | | | |

图 8-4-1 卫生间隔板面积计算式有误

| 尺寸标注 | | | |
|---|---|---|---|
| 抬高(默认) | 1500.0 | = | ☐ |
| 隔断宽度(默认) | 1030.0 | = | ☐ |
| 隔断深度(默认) | 1400.0 | = | ☐ |
| 隔断高度(默认) | 2200.0 | = | ☐ |
| 门洞宽度(默认) | 600.0 | = | ☐ |
| 门洞高度(默认) | 1950.0 | = | ☐ |
| 面积(默认) | 5.346 | =(隔断宽度 + 隔断深度) * 隔断高度 | |
| 机械 | | | |

图 8-4-2 修改后的卫生间隔板面积计算式

2. 构件准确性审核

易错点：

(1)由于精装与建筑构件有时难以精准区分，在建筑模型与精装模型中经常会混淆，所以在审核精装模型时，需对照相应的工程量清单核查，对不在本次模型中的部分和不计量部分应参数化扣除(见图 8-4-3)。

| | | | |
|---|---|---|---|
| 5 | 请复核图示自动售卖机、饮水机是否为本标段施工范围 |  | 经核查，清单无此项，已删除模型 |

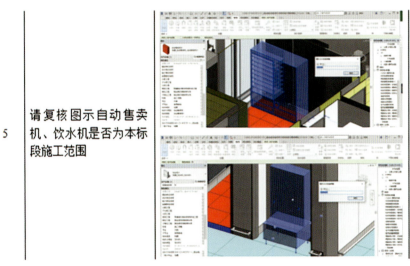

图 8-4-3 报审模型出现无关构件

(2)审核精装模型构件的正确性，根据计量清单，审核模型创建的整体性是否与清单计算规则一致，或者需要做成嵌套族的构件为了方便做成一个整体，导致后期计量准确性问题。

如：根据计量清单，门联窗及其门框整体计量，建议此类门框构件与门窗构件组装成整体建模，方便后期计量(见图 8-4-4、图 8-4-5)。

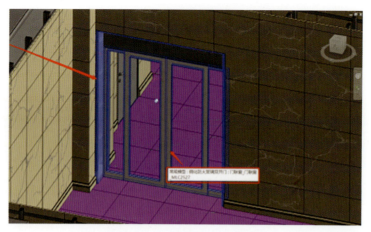

图 8-4-4　门联窗与门框分开

图 8-4-5　修改后门联窗与门框关联

### 8.4.2　建筑专业构件审核要点

**1. 属性信息审核**

在审核模型信息时，注意审查模型属性信息（见图 8-4-6）。对模型的构件编码、构件类型、构件类别、子单位工程、子专业进行审查，看是否有错漏，与项目的基本信息是否相符等（见图 8-4-7）。

易错点：

审查项目的建筑做法是否与设计说明一致，例如：建筑做法是否完善、建筑材料厚度与坡度、封堵洞口的材料选择以及是否按照相关施工规范建模等（见图 8-4-8）。

对应建筑设计说明，审核建筑模型构件类型是否设置正确。例如，审核建筑模型中门构件信息，发现 M1121 单扇木门其类型标记与设计图纸上的不一致（见图 8-4-9）。

图 8-4-6　模型项目信息属性

第8章 工程咨询企业BIM模型深化审核要点

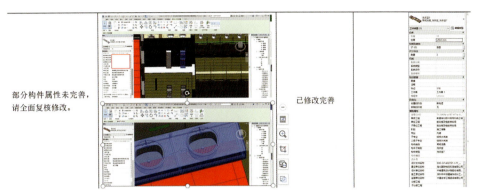

图 8-4-7 完善模型属性

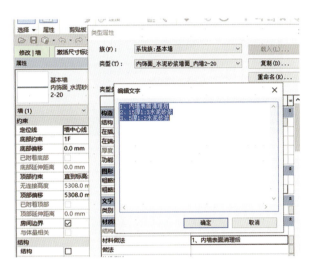

图 8-4-8 墙面做法

图 8-4-9 门类型标记与图纸不符

## 2. 构件完整性审核

对应深化图纸进行模型构件缺失情况审查,首先对建筑的基本构件进行审查。

易错点:

对建筑深化模型进行审核,结合设计图纸对建筑模型构件逐一排查,避免缺失构件,造成工程量的不准确(见图 8-4-10、图 8-4-11)。

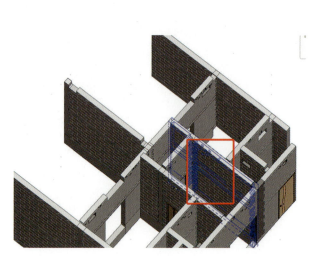

图 8-4-10 模型缺少门构件

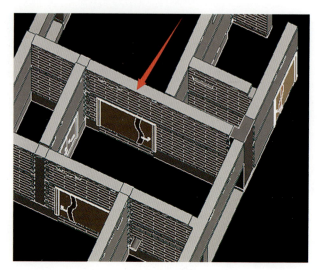

图 8-4-11 修改后添加门构件

审核建筑模型中二次构件布置是否符合设计要求,是否缺失、有尺寸错误。

易错点:

(1)审核构造柱是否符合规范要求,审核时需注意,设计图纸上要求设置马牙槎构造柱,软件翻模只是矩形构造柱,并非马牙槎构造柱,与构造柱连接处的墙也没有砌成马牙槎状(见图 8-4-12、图 8-4-13)。

图 8-4-12 模型缺少马牙槎构造柱

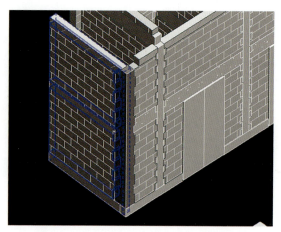

图 8-4-13 修改后添加马牙槎构造柱

(2)审核建筑模型中圈梁缺失情况、放置高度是否正确等(见图 8-4-14、图 8-4-15)。

(3)审核建筑构件容易忽视的大样、构件内部尺寸等。屋面在平面中按照设计要求有合水沟,在绘制模型时很容易忽视这个大样(见图 8-4-16、图 8-4-17)。审核模型时,需要对模型各个细节大样进行审核。

## 3. 构件扣减关系审核

重点对比审核对应结构、精装、幕墙等模型,审核是否有构件重叠、扣减关系错误等问题。

易错点:

审核结构与建筑模型构件之间进行链接,发现建筑楼板与结构基础存在扣减关系错误的问题(见图 8-4-18)。

第8章 工程咨询企业BIM模型深化审核要点

图 8-4-14　模型缺少圈梁

图 8-4-15　修改后添加圈梁

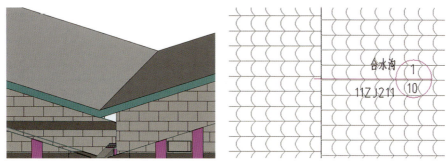

图 8-4-16　模型缺少合水沟

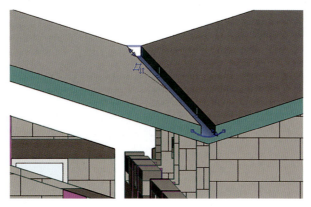

图 8-4-17　修改后添加合水沟

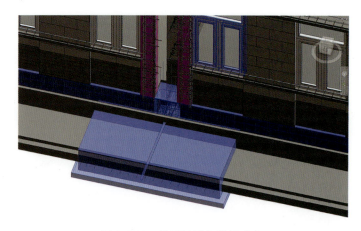

图 8-4-18　模型基础与楼板冲突

**4. 合模审核要点**

(1) 其他专业合模审核。

建筑模型还应该配合装修、幕墙模型审核预埋装饰构件、预埋件连接。

易错点：

审核建筑模型与幕墙链接模型，幕墙铝合金横梁与设计图纸大样不符、缺少构件等问题（见图8-4-19）。

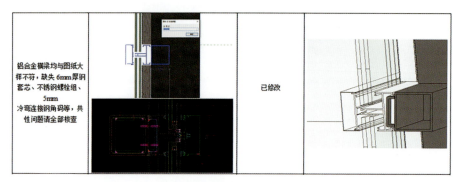

图 8-4-19　缺少模型构件

需审核建筑模型配合水暖电工程预留管道洞口、预埋套管。

易错点：

将机电模型链接到建筑模型中，审核机电管线走向与建筑砌体墙是否相交，是否需要预留孔洞、预埋套管（见图8-4-20、图8-4-21）。

图 8-4-20　内装模型与建筑模型预留孔洞错误

图 8-4-21　内装模型未做孔洞预留

(2) 构件碰撞审核。

与结构、安装、精装、幕墙模型链接对比审核,利用 BIM 软件自带碰撞检查功能,如 Revit、Navisworks 等,将模型之间相互导入此类软件进行检查,并生成错误报告,然后由人工进行复核与分类处理。

## 8.5　机电专业审核流程及要点

### 8.5.1　机电专业通用审核要点

1. 管道属性信息审核

(以下风管、管道、桥架、线缆等统称为管线。)

(1) 审核管线材质、系统类型、保护层材质厚度等(见图 8-5-1,前期易错,按照设计图纸、设计说明、建模要求审查,注意图纸变更)。

易错点:

模型中,构件属性中系统类型命名错误(见图 8-5-2),如将 J_生活给水系统命名为市政给水系统,此为不规范命名、未明确建模要求导致(见图 8-5-3、图 8-5-4)。

模型中,管段类型属性—布管系统配置中管段选择错误,如将"钢,碳钢-无缝钢管"错误选择为"钢,碳钢-焊接钢管",这对工程量统计有直接影响,应该核对设计说明进行审查(见图 8-5-5)。

(2) 审核管线尺寸(特别易错,喷淋、空调水等排布密集的管道易错,模型与图纸均可能存在问题)。

易错点:

最常见的问题为模型尺寸与图纸尺寸不符,图纸错误等。

例如在模型中,管段属性中直径设置错误,喷淋支管直径设置均为 DN150,与图纸相符,但喷淋管径是根据喷头数量确定的,故图纸中喷淋管末端有 7 个喷头,但主管用 DN150 管道,实际一般设置 DN70 管道,属于图纸问题(见图 8-5-6、图 8-5-7)。

例如在图纸中,平面图管道尺寸与系统图不符,如此处平面图排水横管为 De110,系统图为 DN150(见

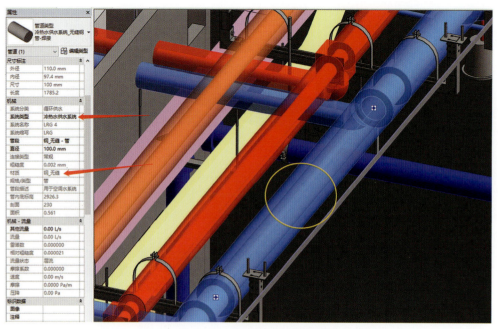

图 8-5-1 审查管线基础信息

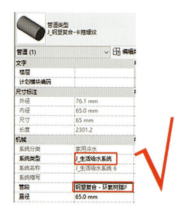

图 8-5-2 修改管道系统类型

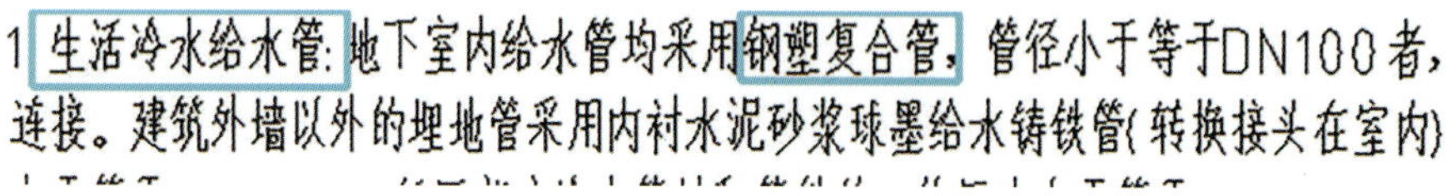

1 生活冷水给水管：地下室内给水管均采用钢塑复合管，管径小于等于DN100者，
连接。建筑外墙以外的埋地管采用内衬水泥砂浆球墨给水铸铁管(转换接头在室内)

图 8-5-3 设计说明中管道要求

| | | | |
|---|---|---|---|
| J | J-生活给水 | 128-255-000 | |

图 8-5-4 建模手册中管道要求

图 8-5-8、图 8-5-9)。图纸说明中表示地下室外墙以外采用铸铁管，而立管为涂塑钢管(见图 8-5-10)。根据施工经验，此处在地下室外墙内的管道按照 De110 涂塑钢管设置，出地下室外墙外管道应变为 DN150 铸铁管，应及时将此图纸问题反馈给设计单位。

# 第8章 工程咨询企业BIM模型深化审核要点

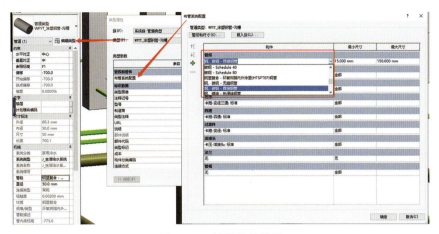

图 8-5-5　管段选择错误

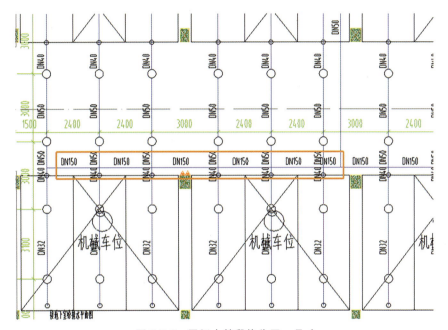

图 8-5-6　图纸中管段均为同一尺寸

管道直径与喷头数量的关系如下表所示：

| 公称直径(mm) | 控制的标准喷头数（只）轻危险级 | 中危险级 |
|---|---|---|
| 25 | 1 | 1 |
| 32 | 3 | 3 |
| 40 | 5 | 4 |
| 50 | 10 | 8 |
| 65 | 18 | 12 |
| 48 | 32 | |
| 100 | — | 64 |

根据《自动喷水灭火系统设计规范》GB50084所示。

图 8-5-7　喷淋管径应按喷头数量设置

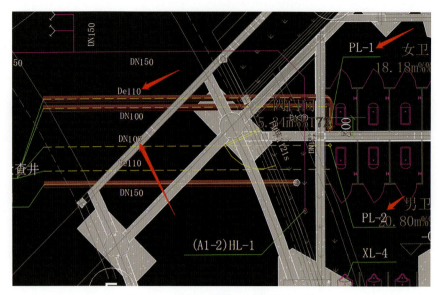

图 8-5-8　模型中管道尺寸与图纸不符

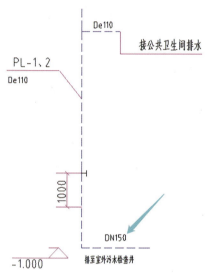

图 8-5-9　出外墙管道尺寸变为 DN150

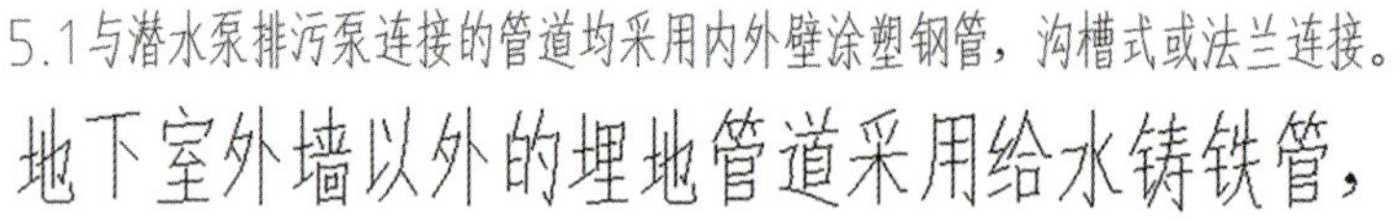

5.1 与潜水泵排污泵连接的管道均采用内外壁涂塑钢管，沟槽式或法兰连接。地下室外墙以外的埋地管道采用给水铸铁管，

图 8-5-10　图纸中管段材质

(3) 审核管线接头：材质、连接方式（前期易错，对照设计说明审核）。

易错点：

最常见的问题为管段类型属性中布管系统配置错误：

一是连接方式错误，如将全尺寸管段设置成沟槽连接；设计说明要求小管径采用螺纹连接，大管径采用沟槽连接。

二是尺寸错误，如图 8-5-11 将 DN15—DN100 设置成螺纹连接，设计说明要求为 DN15—DN80。

(4) 审核连接的正确性：是否与族连接（前期易错，模型中大量存在问题）。

易错点：

①连接样式与实际不符，如图 8-5-12 变径族未体现变径，此为管段接头族选择不恰当。

第8章 工程咨询企业BIM模型深化审核要点

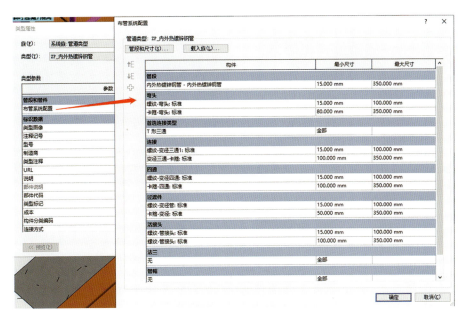

图 8-5-11 布管系统配置

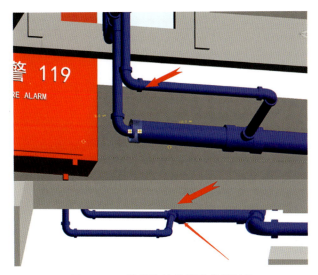

图 8-5-12 管道连接件修改前后对比

②管段未与设备设施连接，如管道未与卫生设备连接、风口未与风管连接等。

审查模型时应检查机械设备、卫浴装置、喷头、安全设备、常规模型、数据设备、通信设备、火警设备、照明设备、电气设备、管道附件、风管末端等相关构件与管道的连接情况（见图 8-5-13）。

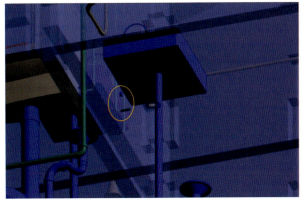

图 8-5-13 给水管未与洗脸盆有效连接

利用三维视图、剖面视图、局部三维视图快速检查(见图 8-5-14、图 8-5-15)。

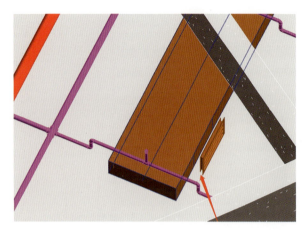
图 8-5-14　风口未与风管有效连接

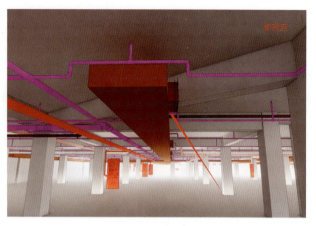
图 8-5-15　修改后风管已连接

③变径设置错误,如图 8-5-16 四通左右两侧管道尺寸为 DN65,上下两侧管道尺寸为 DN25,但此处四通尺寸为 DN50/DN25,四通左右尺寸 DN50 与左右管道尺寸 DN65 不符,导致两侧设置了变径管接头。

将此处四通改为 DN65/DN25 可节约 2 个变径管接头(见图 8-5-17)。此问题一般是由管道自动连接错误或利用翻模插件翻模错误导致,需要深化单位全面核查相关系统管线。

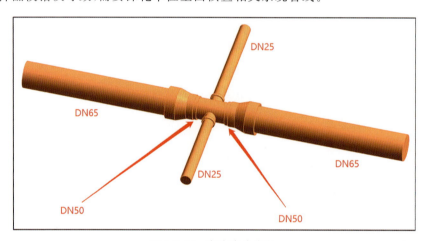
图 8-5-16　存在多余变径

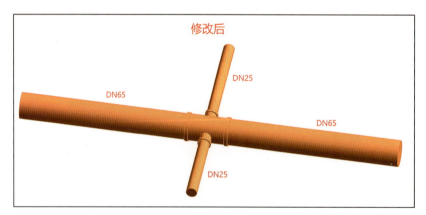
图 8-5-17　修改后无变径管接头

(5)审核管道标高(一般控制)。

易错点:

设计说明一般无明确的净高控制要求,地下室净高参照表 8-5-1 审查,其他部位净高根据业主/图纸要求确定，注意重力管道最低点处标高；

管道标高与管道分层、管道间距、管综排布相关，详细审核要点见后文。

**表 8-5-1 地下室净高控制表**

| 序号 | 部位 | 净高/mm | 备注 |
|---|---|---|---|
| 1 | 走廊 | ≥2200 | 参见设计图 |
| 2 | 地下室车库车道 | ≥2400 | 至少 2200 |
| 3 | 单层车位区 | ≥2200 | 至少 2000 |
| 4 | 双层车位区 | ≥3600 | |
| 5 | 大车停车位 | ≥4200 | |

(6)审核管道坡度(易错)。

易错点：

给水管由于管道坡度很小，一般模型中不进行放坡，可忽略；

核查排水管属性—约束中坡度一栏，一般坡度按照管径进行控制(见图 8-5-18)。

2、管道坡度

2.1给排水管宜有3‰的坡度，坡向配水点。

2.2除图中注明外，生活污水排水管坡度为DN50 i=0.035；DN75 i=0.025；

DN110 i=0.02；DN150 i=0.01；DN200 i=0.008；排水透气管坡度：i≥0.01

图 8-5-18 图纸中坡度说明

注意雨水横管坡度，此处横管易错(见图 8-5-19)。

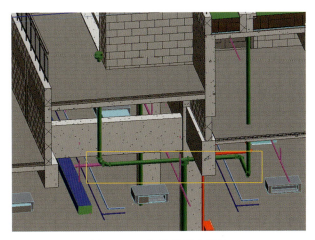

图 8-5-19 雨水横管未放坡

2. 模型视图审核

(1)审核视图、构件及材质命名。

审核视图名称(平面、三维、剖面)多在模型提交的前期进行，审核专业命名、材质命名、构件命名随模型深化进行。

易错点：

核查项目浏览器—视图一栏，父视图、子视图、图纸名称的命名是否与建模要求一致(见图 8-5-20)。

易错点：

系统名称与图纸不对应。

核查管道属性—机械—系统名称一栏，系统名称即对同一系统类型的管道或设备进行分类划分，一般 CAD 图纸中系统名称为英文缩写＋系统编号，如图 8-5-21 所示，模型中管道系统名称应与之对应(见图 8-5-22)。

2.机电专业根据专业系统,建立不同的子规程,例如:通风、给排水、消防、电气等。每个系统的平面、详图、剖面视图,放置在其子规程中,且命名按照如下规则:

平面视图:楼层-专业系统,例如:F01_给排水_0.000m,F01_照明_0.000m等。

平面详图:楼层-内容-系统,例如:F01_3#卫生间_通风排烟等。

剖面视图:楼层-内容,例如:F01_3#卫生间_(A-A)剖面等。

图 8-5-20 某项目视图命名规则

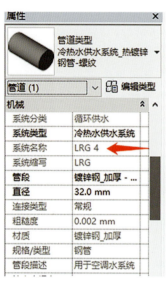

2.1 空调供水专业

系统名称+系统编号

例:LRG 1,冷热水供水系统 LRG1

图 8-5-21 某项目系统命名规则　　图 8-5-22 模型中管道系统名称

如 J1、J2、J3、J4,其中 J 表示的含义为给排水系统,1 表示的含义为系统编号为 1。J1、J2、J3、J4 一般根据压力等级的划分,图纸中依次递增进行命名(见图 8-5-23),即 J1 为低区生活给水管,J4 为高区生活给水管。

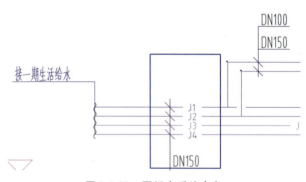

图 8-5-23 图纸中系统命名

模型中需对管道及设备的系统名称进行统一命名,审查时需要注意命名规则是否正确,如图纸中命名为 RJ1,但建模要求中命名规范为 RJ_RJ1,以建模要求为准。

易错点:

材质名称与图纸不对应。

核查项目浏览器—族—相关族/系统—类型属性的材质一栏,命名规则是否符合要求(见图 8-5-24、图 8-5-25)。

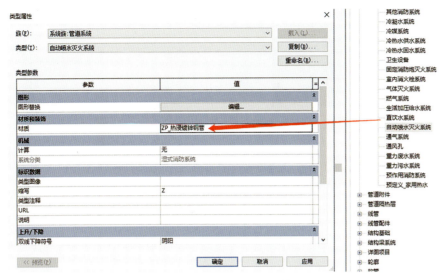

图 8-5-24　系统材质

管道所属楼层信息通过项目实例参数添加桥架材质按以下规则命名：

系统+材质名称　例：ZP_热浸镀锌钢管

图 8-5-25　某项目材质命名规则

（2）审核系统、过滤器。

易错点：

在着色模式下，核查视图—图形/可见性—过滤器一栏，填充图案、线是否符合"机电专业各系统模型色彩表"要求（见图 8-5-26、图 8-5-27）。

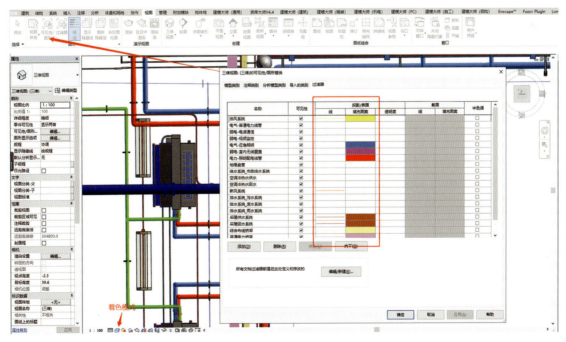

图 8-5-26　过滤器设置

（3）审核模型参数。

基于 BIM 的施工过程管理，资料和数据应该添加到模型中。

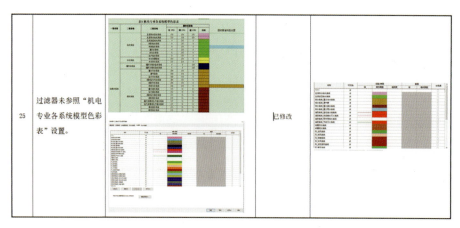

图 8-5-27 过滤器设置错误

**易错点：**

如核查构件属性—模型属性一栏，是否按"各专业模型构件类型定义表"要求添加构件参数（见图 8-5-28、图 8-5-29）。

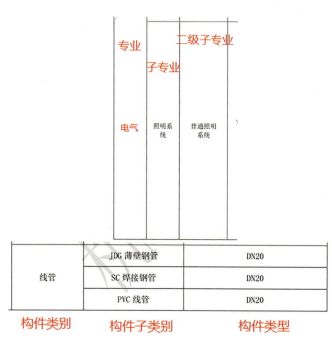

图 8-5-28 某项目构件类型定义表

图 8-5-29 模型属性信息

## 3. 构件族信息审核

(1)审核是否缺少阀门附件、风口风阀、机械设备、水泵等构件,可在三维视图中审核模型(见图 8-5-30)。(易错,可按照平面图、系统图、设计说明审核。)

图 8-5-30 三维视图审核

根据建模精度要求,核查需要建模的,机械设备、卫浴装置、喷头、安全设备、常规模型、数据设备、通信设备、火警设备、照明设备、电气设备、管道附件、风管末端等有无缺少,可与管道连接情况、构件名称、构件属性信息等一并检查,利用三维视图、剖面视图、局部三维视图快速检查。

易错点:

根据建造阶段来建模时,应根据不同施工阶段的现场做法来建造与审核模型,可能无法在图纸中体现。

如:此项目为一期项目,水泵房预留二期水泵,故该水泵房需要预留水泵安装空间,并且图纸中此段消防管后接二期水泵,此时三通后应用堵头或阀门进行封堵(见图 8-5-31、图 8-5-32)。

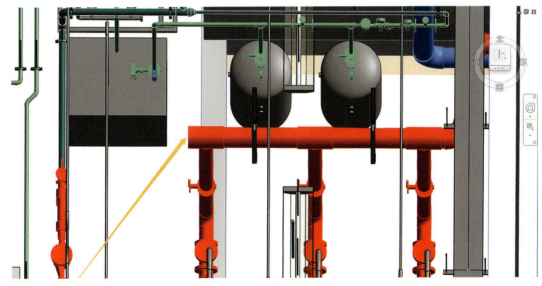

图 8-5-31 模型缺少封堵

图 8-5-32　末端设置封堵

易错点：

根据构件使用功能来审核，可在三维视图中直接发现问题。

如该机电模型缺少雨水斗，在审查构件有无缺失时一并检查构件位置的合理性（见图 8-5-33、图 8-5-34）。

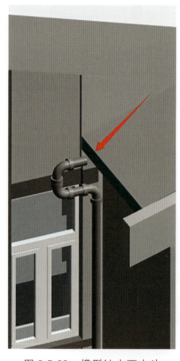 

图 8-5-33　模型缺少雨水斗　　　　　图 8-5-34　现场设置雨水斗

易错点：

根据构件使用功能来审核，如空调水系统应设置排气阀和泄水阀，确保系统稳定性（见图 8-5-35、图 8-5-36）。

易错点：

数量不匹配。

对于布置数量较多的构件，比如说风口，可利用框选—过滤器功能（见图 8-5-37）以及建立明细表快速统计查看总数量，与图纸进行对比，如核实喷头数量、灯具数量等。

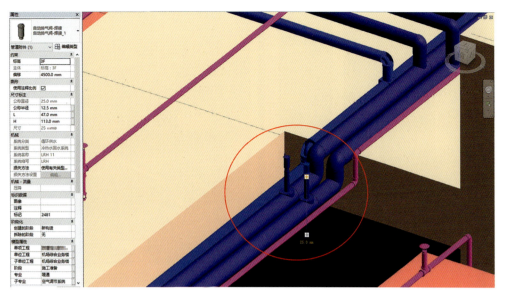

图 8-5-35 模型排气阀未设置在最高点

12、冷冻水系统低点设泄水阀(DN40),高点设自动排气阀(DN25)。

图 8-5-36 图纸中排气阀设置要求

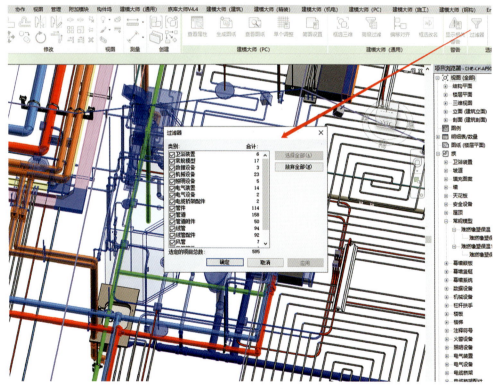

图 8-5-37 过滤器

易错点:

由于多数风口是朝下的,可以在三维中进行仰视查看。另可根据风管大小估算风口尺寸是否合理;根据风管类型确定风口格栅类型是否合理;若风管无防火阀、调节阀等,估算风口是否带阀门等,以此再核对图纸,提升审核效率(见图 8-5-38)。

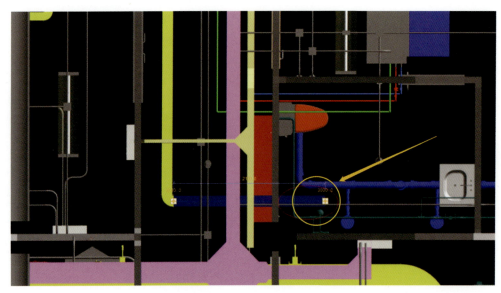

图 8-5-38　风管末端缺少风口

易错点：

构件属性中系统类型也为易错点，由于部分设备族来源于族库或下载网站，其族构件的连接件自带系统类型与实际所需系统类型不符，当管道连接后会生成不同系统类型。

如室外消火栓系统的管道与消火栓族连接，消火栓及其连接的管线自动变成气体灭火系统（见图 8-5-39）。

解决途径：进入族编辑模式对族构件的连接属性进行更改。

图 8-5-39　管道系统类型错误

（2）审核族名称及参数的正确性（是否正确，一并检查系统、参数、外观等）。

易错点：

审核构件属性信息时，除族名称外，每个构件都有几个主要参数，重点审查这些参数。

如消声器的长度（见图 8-5-40）、阀门的形式、水泵的形式和尺寸大小等。

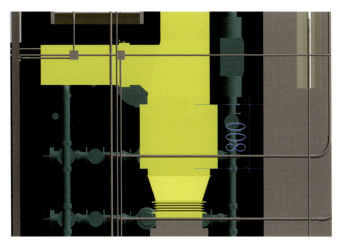

图 8-5-40 消声器长度与图纸不符

易错点：

许多构件功能虽然相同，但种类不同。

如雨水斗根据排水形式可分为侧排式和直排式，此处根据图纸应设置侧排雨水斗，否则无法满足其功能需求（见图 8-5-41、图 8-5-42）。

图 8-5-41 雨水斗形式错误

图 8-5-42 侧排式雨水斗与虹吸式雨水斗

### 4. 模型碰撞审核

在碰撞检查中,碰撞类型一般分为硬碰撞和软碰撞。

硬碰撞:实体与实体之间交叉碰撞。

软碰撞:实体间实际并没有碰撞,但间距和空间无法满足相关施工要求(安装、维修等)。

审查模型时,优先以硬碰撞为主,可利用协调—坐标中的碰撞检测功能检查不同类别构件的碰撞情况。

(1) 管道、桥架、风管之间不允许碰撞(特别易错)。

管道建模一般以公称直径(DN)为主,管道外径一般比公称直径大一个管号,管材不同,外径尺寸不同(见图 8-5-43、图 8-5-44)。

| DN | 公称外径 mm |
|---|---|
| 15 | φ20 |
| 20 | φ25 |
| 25 | φ32 |
| 32 | φ40 |
| 40 | φ50 |
| 50 | φ63 |
| 65 | φ75 |
| 80 | φ90 |
| 100 | φ110 |
| 125 | φ140 |

图 8-5-43　某管道公称直径与外径尺寸对比

图 8-5-44　管径示意图

碰撞检查时应考虑外径不碰撞。

如两根 DN15 管道交叉排布,其管中距离一般需大于 20 mm,但模型显示与实际情况略有不同(见图 8-5-45 至图 8-5-47)。

图 8-5-45　DN15 管道交叉排布

易错点:

普通管道、桥架、风管间不建议紧贴,净高不足时,小面积紧贴部位现场可以安装,但整体空间排布应尽量错开,即审核硬碰撞。高要求项目应严格参照规范排布,即审核软碰撞(见图 8-5-48)。

易错点:

蒸汽管道、热力管道、输油管、输气管等间距应严格参照规范排布(审核软碰撞),可参考"管综排布基本原则"中的排布要求(见图 8-5-49)。

图 8-5-46　软件中 DN15 管道排布截面图

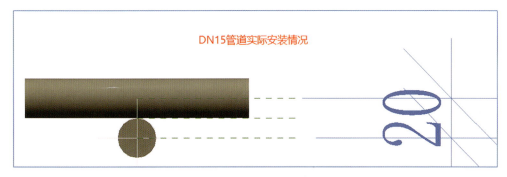

图 8-5-47　实际安装情况

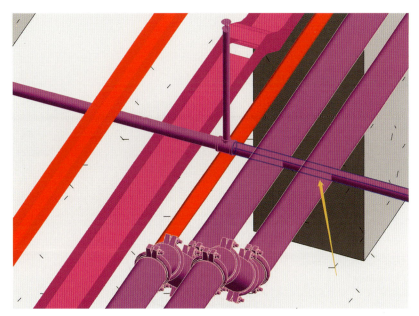

图 8-5-48　管道间碰撞

- 当设计无要求时，桥架与管道的最小净距，符合以下要求：

| 序号 | 管道类别 | 平行净距（m） | 交叉净距（m） | 备注 |
|---|---|---|---|---|
| 1 | 一般工艺管道 | 0.40 | 0.30 | |
| 2 | 易燃易爆气体管道 | 0.50 | 0.50 | |
| 3 | 热力管道（有保温层） | 0.50 | 0.30 | |
| 4 | 热力管道（无保温层） | 1.00 | 0.50 | |

图 8-5-49　特殊管道净距要求

易错点：

带有保温层、防火隔热层的管道、风管应考虑保护层厚度，交叉时管中间距应在原有基础上加上保温层厚度。

非主要审查内容：

管线平行排布时，应考虑连接件厚度（法兰卡箍等）、管道附件高度（阀门连接件等）、支吊架高度（综合支吊架横担等），如图 8-5-50 中虽管道间无碰撞，但排布时未考虑管件尺寸。

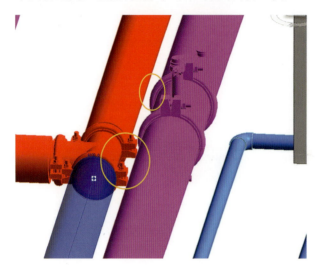

图 8-5-50　管道布置未考虑卡箍管件厚度

(2) 管道不允许与梁、柱、基础等碰撞（特别易错）。

易错点：

同管线间碰撞，如立管与梁加腋发生碰撞（见图 8-5-51）。

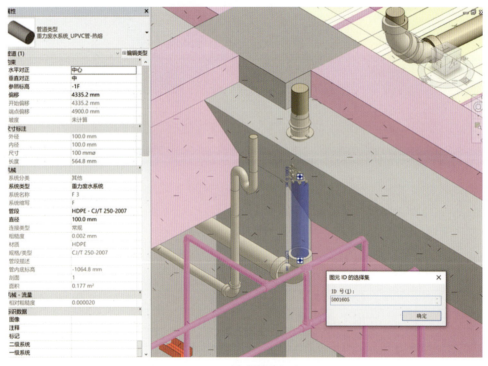

图 8-5-51　排水管穿加腋区

易错点：

风口与梁碰撞（见图 8-5-52）。

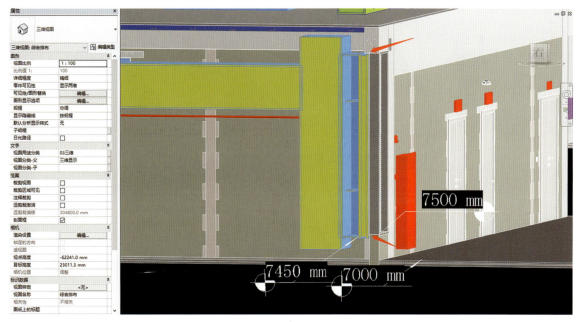

图 8-5-52 送风口与梁碰撞

(3)管道不允许与门、窗、支吊架等碰撞(特别易错)。

易错点：

同管线间碰撞,如支吊架与风机碰撞(见图 8-5-53)。

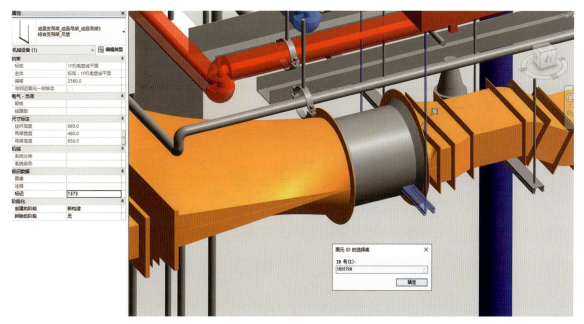

图 8-5-53 风机两端未布置支吊架

非主要审查内容：

管道进行共用支吊架、综合支吊架、成品支吊架排布时,同一支吊架上管线最小间距,主要取决于支吊架种类、支吊架组件(管夹、固定螺丝、端盖等)尺寸、管径等,根据经验中等尺寸管道(DN100 左右)的管中或管道外壁间距取 100 mm,随管道尺寸增大而增加。

一般按照管中间距 150 mm 深化为宜,小管径管道外壁间距不得低于 50 mm,同时应该考虑保护层厚度(见图 8-5-54)。

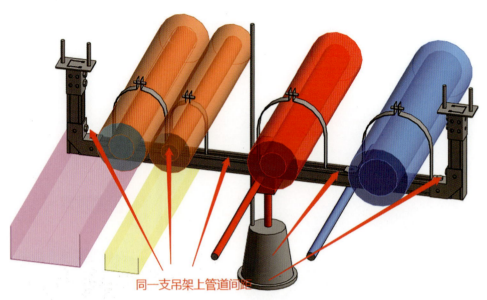

图 8-5-54 管道排布间距

## 8.5.2 机电专业模型专项审核要点

1. 管道系统合理性（易错，按照平面图、系统图、设计说明审核模型）

易错点：

（1）图纸正确时，由于系统复杂、管线密集、识图难度大，模型搭建时极其容易漏画、错画管线，如模型漏画连通管（见图 8-5-55）。

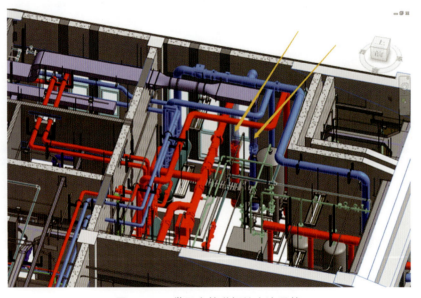

图 8-5-55 供回水管道间缺少连通管

图纸中采暖管道热力入口处的供水干管与回水干管设置了连通管（见图 8-5-56），此管道是用于泄水、检修，可确保供、回水管道内水排尽。

故漏画连通管对系统影响很大，需要提出问题并进行记录。此类问题对系统正常使用影响很大，需要理解设计意图、熟悉设计图纸后进行审查。

（2）全热交换机送、排风系统管道设置错误（见图 8-5-57）。

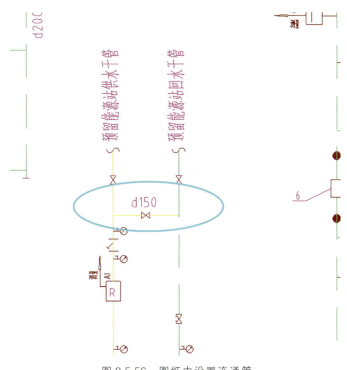

图 8-5-56　图纸中设置连通管

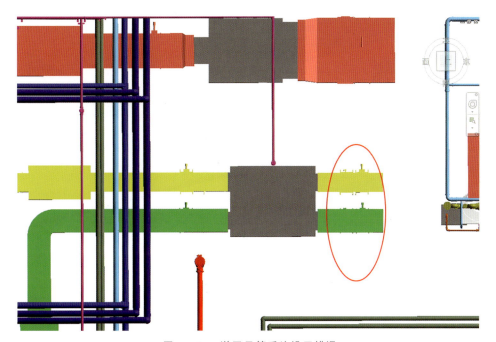

图 8-5-57　送回风管系统设置错误

全热交换机工作原理为将空气进行热交换后送进室内或排出室外,补充新鲜空气,通过热交换芯体进行气体换热,节省能耗。

由于换热面积越大越好,故全热交换机均采用交叉换热的方法,增加气体走过的路径、增大热交换芯体数量来增加换热面积,故全热交换机的送、回风管均为一侧进、另一侧处(见图 8-5-58)。根据模型中系统颜色,也可以看出送回风管系统设置错误。

(3)喷头布置未参照设计说明。

喷头下方遮挡大于 1.2 m 时,应考虑增设下喷,此条根据规范制定,一般设计说明都有提及,若设计说明无相关内容也可以提出问题(见图 8-5-59)。

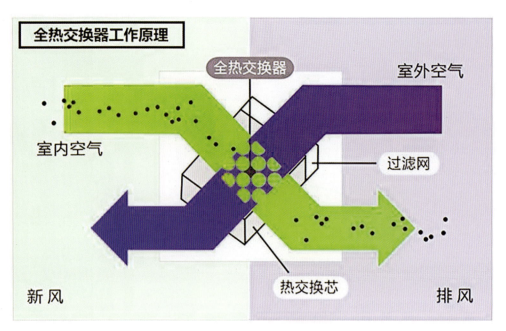

图 8-5-58　全热交换器工作原理

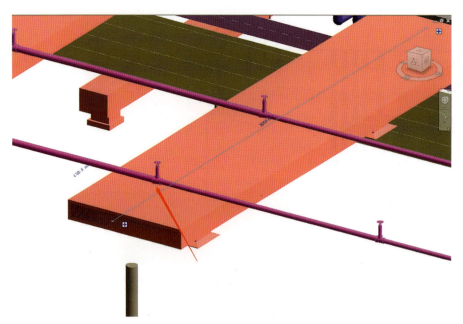

图 8-5-59　大于 1.2 m 风管未增设下喷

(4) 风管尺寸与图纸不符。

管道尺寸一般在平面图、系统图、剖面图中均有标注,可能还会出现如下情况:

根据风机盘管参数表来确定风管尺寸,注意核对表格与平面图纸等是否对应,再核对模型,首先确保图纸正确,其次确保模型正确(见图 8-5-60、图 8-5-61)。

(5) 管径尺寸设置错误(见图 8-5-62、图 8-5-63)。

问题:末端横管为 DN40,立管为 DN25,可不可以将此处横管设置为 DN25?

关于末端是在横管还是在三通处变径的问题,需要综合考虑管材造价、运维成本、水力学损失、管材损耗、水质等方面的因素确定,只要确保管道末端管径(接器具处)符合器具所需管径大小即可。

考虑造价成本,施工单位一般设置在给水管上游第一个三通处(设置变径三通),但设置在其后也可,无须进行问题记录。

第8章 工程咨询企业BIM模型深化审核要点

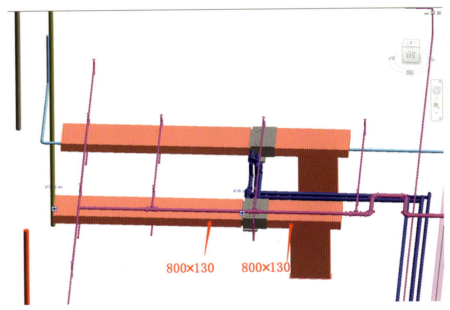

图 8-5-60　风机盘管布置

**风机盘管及吊式空调器参数表**

| 风机盘管编号及型号 | 出风管尺寸 | | 送风口编号及尺寸(条形风口) | | 送风口编号及尺寸(散流器) | | 回风口编号及尺寸 |
|---|---|---|---|---|---|---|---|
| FP-136 | 1200×130 | TF | 1200×150<br>2×(600×150) | FS | 2×(250×250)<br>350×350 | MJ | 1200×200 |
| FP-102 | 950×130 | TF | 700×150<br>2×(500×150) | FS | 2×(200×200)<br>300×300 | MJ | 900×200 |
| FP-85 | 800×130 | TF | 700×150 | FS | 300×300 | MJ | 800×200 |
| FP-68 | 800×130 | TF | 600×150 | FS | 300×300 | MJ | 750×200 |
| FP-51 | 630×130 | TF | 500×150 | FS | 250×250 | MJ | 500×200 |

图 8-5-61　图纸中风管尺寸

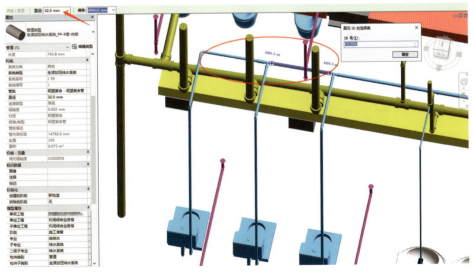

图 8-5-62　模型管径设置错误

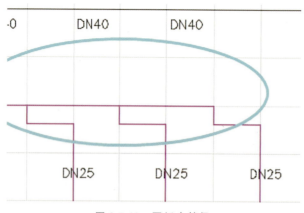

图 8-5-63　图纸中管径

2.布置合理性(特别易错)

从安装、使用、规范角度考虑布置合理性,例如阀门安装高度、阀门仪表朝向、卫生洁具的布置、配电柜上方不能布置管道、插座开关位置、构件是否遮挡门窗、阀组是否正确、竖向桥架风管贴墙便于安装、竖向支架布置、支架缺失、套管不应该露出地面、监控等有朝向的设备布置等(见图 8-5-64)。

图 8-5-64　插座距地 300 mm

易错点:

(1)定压补水装置、软化水箱等建模简陋,缺少构件(见图 8-5-65)。

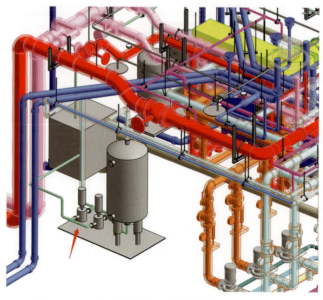

图 8-5-65　定压补水装置及软化水箱缺少管道配件

定压补水装置由定压罐、水泵、自动控制柜、管道、阀门、仪表等组成，一般由厂家进行组装，项目进行成品采购，故有时以一个整体的族进行建模，但应根据建模要求选择族或是构件组合的形式。了解机械设备的组成构件能快速审查其布置的合理性。

（2）阀门附件等朝向不合理。

阀门附件布置以便于使用、利于查看为主，如横管阀门可倾斜布置，此条模型易错。了解阀门附件的作用及使用方法能快速审核其布置的合理性。如图 8-5-66 中所有阀门附件均朝向墙体一侧，不合理。

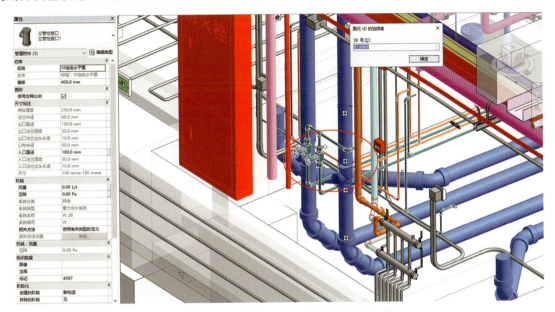

图 8-5-66　立管检查口及阀门均朝向墙体一侧

（3）阀门附件布置不合理。

新风机组水管上的电动两通阀应布置在回水管上，且布置顺序一般为压力表、温度计、电动两通阀、闸阀，流量计安装遵循"前十后五"的原则。

如图 8-5-67 中空调供水管电动两通阀多余，且供、回水管均缺少压力表、流量计，应参照图 8-5-68 布置。

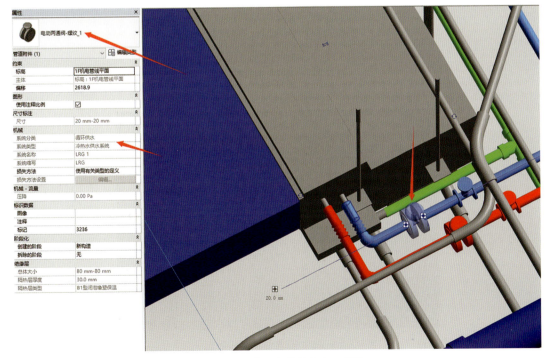

图 8-5-67　供回水管构件布置错误

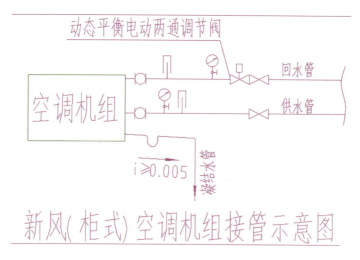

图 8-5-68　图纸中空调机组接管示意图

根据系统、功能、设备不同，管道阀门附件所起到的作用不同，但是阀门附件的种类、顺序多为固定形式。理解系统工作原理可快速审查阀门附件布置的合理性，如参照图 8-5-69 理解减压阀组布置情况。

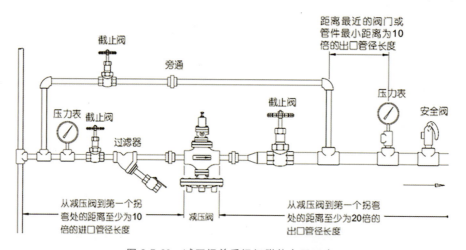

图 8-5-69　减压阀前后阀门附件布置示意

(4) 喷头位于桥架正上方。

喷头、管道连接件不应安装在桥架正上方(见图 8-5-70)，调整喷头位置时应符合规范(见图 8-5-71)。

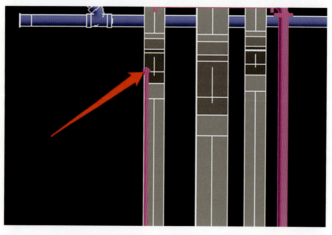

图 8-5-70　喷头不宜布置在桥架正上方

5.8 喷头布置:图中所注喷头间距如与其他工种发生矛盾或装修中须改变喷头位置时,必须满足以下要求:
5.8.1 喷头之间距离小于或等于3.4m(矩形布置长边<3.6m),大于或等于2.4m,喷头与墙之间的距离小于或等于1.7m,大于或等于0.6m。
5.8.2 喷头距灯具和风口距离不得小于0.4m。
5.8.3 直立上喷喷头溅水盘与楼板底面的距离大于或等于75mm,小于或等于150mm。
5.8.4 设网格吊顶的房间,喷头设在顶板下,喷头采用直立上喷喷头,溅水盘与楼板底面的距离大于或等于75mm,小于或等于150mm。
5.8.5 当在梁或其他障碍物底面下方的平面上布置喷头时,溅水盘与顶板的距离不应大于300mm,同时溅水盘与梁等障碍物底面的垂直距离不应小于25mm,不应大于100mm。当在梁间布置喷头时,溅水盘与顶板的距离不应大于550mm。密肋梁板下方的喷头,溅水盘与密肋梁板底面的垂直距离,不应小于25mm,不应大于100mm。

图 8-5-71　图纸中喷头布置要求

3. 专业协调性

审核深化作业带来的模型变更、专业协调(根据项目进展针对性审查)。

易错点:

(1)建筑模型漏画女儿墙,女儿墙应预留球喷洞口(见图 8-5-72、图 8-5-73)。

审查机电模型时应结合土建模型,预留洞口待机电模型深化完成后进行审核,一般出现的问题为未开洞,或者机电模型深化后洞口未及时调整。

图 8-5-72　球喷所在屋面未绘制女儿墙

图 8-5-73　修改后补全

(2)电气末端设备未与装饰协调。

相关末端设备需在吊顶、内装模型(图纸)完善后进行统一调整(见图 8-5-74)。

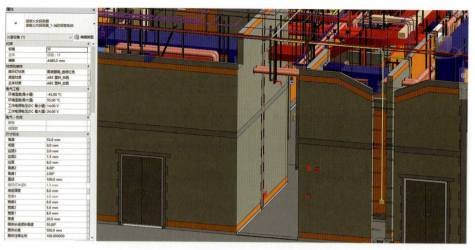

图 8-5-74　末端设备需与内装专业协调

(3)路灯与停车场钢梁碰撞(见图 8-5-75)。

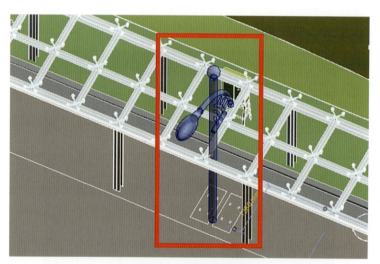

图 8-5-75　路灯与梁碰撞

(4)屋面如多联机等设备底座均需等厂家提供相关资料后进行深化(见图 8-5-76、图 8-5-77)。

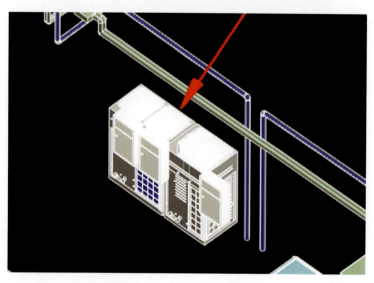

图 8-5-76　多联机设备待深化

图 8-5-77　多联机设备定做底架

(5)气瓶间需等厂家提供相关资料后进行深化(见图 8-5-78、图 8-5-79)。

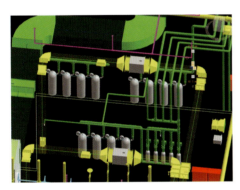
图 8-5-78　气瓶间待深化

图 8-5-79　气体灭火系统布置

## 4. 构件编码

构件编码即为项目上赋予 BIM 模型构件的唯一识别码(见图 8-5-80),可制定项目级"各专业模型构件类型分类编码表"等(见图 8-5-81)。

图 8-5-80　模型中的构件编码

表 1　　模型构件编码示例

| 代码组别 | 项目管理属性 | | | | 设计(施工)管理属性 | | | | 构件管理属性 | | | 构件实例属性 |
|---|---|---|---|---|---|---|---|---|---|---|---|---|
| 代码类别 | 工程（项目） | 单项工程 | 单位工程 | 子单位工程 | 阶段 | 专业（分部工程） | 子专业（子分部工程） | 二级子专业（分项工程） | 构件类别 | 构件族 | 构件类型 | 构件实例 |
| 代码位数 | xx | xx | xx | xx | xx | xx | xx | xx | xx | xxxx | xxxx | xxxxxx |
| 代码范围 | 01-99 | 01-99 | 01-99 | 01-99 | 01-99 | 01-99 | 01-99 | 01-99 | 01-99 | 0001-9999 | 0001-9999 | 000001-999999 |
| 代码示意 | 01 | 02 | 26 | 01 | 03 | 02 | 06 | 01 | 01 | 0001 | 0001 | 000001 |
| 编码示例 | 01.02.26.01_03.02.06.01_01.0001.0001_000001 | | | | | | | | | | | |
| 示例说明 | 湖北国际物流核心枢纽项目.新建湖北鄂州民用机场工程.航站区工程.航站楼工程_施工图设计阶段.建筑专业.门窗工程.门窗工程_门类别.单扇木门.M0921_单扇木门-0921-1 | | | | | | | | | | | |

图 8-5-81　某项目构件编码规则

# 第9章 BIM技术咨询应用案例分析

BIM JISHU ZIXUN YINGYONG ANLI FENXI

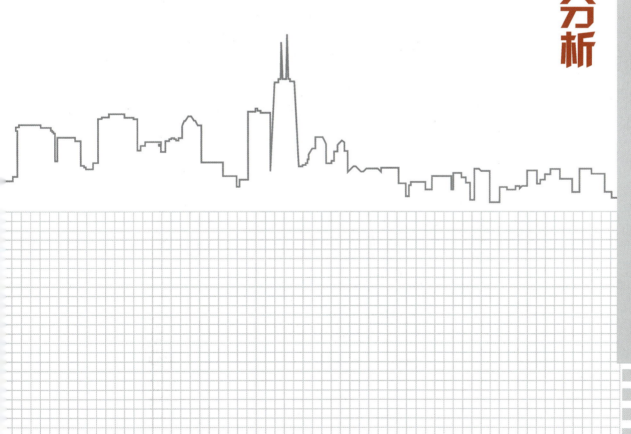

# 9.1 湖北鄂州花湖机场项目 BIM 技术应用案例

## 9.1.1 项目概况

**1. 项目简介**

鄂州花湖机场项目是国家重要生产力布局项目,先后列入国家《交通基础设施重大工程建设三年行动计划》《全国民用机场布局规划》和四型机场示范项目。鄂州花湖机场定位是:货运枢纽、客运支线、公共平台、货航基地。它将建设成 4E 级国际机场,航空物流国际口岸,世界第四个、亚洲第一个专业性货运机场。

花湖机场的建设将实行全专业、全阶段、全业务、全参与 BIM 技术应用,通过 BIM 技术与信息化手段相结合共同打造数字孪生机场。中晟宏宇工程咨询有限公司承担了本项目监理业务模块,并派驻 BIM 工程师共同开展本项目全生命周期的 BIM 技术应用(见图 9-1-1)。

图 9-1-1　项目效果图

**2. 项目 BIM 应用重难点**

(1) 项目建设战线长、规模大。

一期规划占地面积 11.89 平方公里，投资额 308 亿元。15 个单体，总建筑面积 90 万平方米，中晟宏宇管理团队参与了综合业务楼、员工宿舍楼、货运站、航站楼等单体项目的建设管理。

(2) 跨行业参与，协调难度大。

本项目跨民航、市政、建筑三个行业，项目 BIM 应用参与单位达 50 家，驻场服务人员达 600 多人，协调难度极大。

(3) 人员能力要求较高。

本项目作为住建部首个运用 BIM 模型清单算量计价的试点项目，要求全生命周期运用 BIM 技术实施管理，大力推动 BIM 4D、BIM 5D、BIM 6D 的实施运用，极具创新性，对应用和管理者的跨产业链知识结构能力要求非常高。

(4) 跨平台数据传递难度大。

本项目涉及专业众多，无论是管理应用平台还是基础建模平台均无法做到一套软件贯穿始终，例如 BIM 工作者在做结构、机电深化设计时可能会采用 Revit 软件，钢结构应用可能会采用 Tekla 软件，做管廊应用可能采用 Bentley 软件，这几种平台软件数据接口是不统一的，如何做好这些数据的互通融合是全专业 BIM 技术实施应用的一个重难点内容。在管理平台亦是如此，要将拆分的 BIM 模型数据与质量验评数据进行互通互联，同样也要解决数据接口问题。

(5) 高精度的数字模型搭建难度大。

本项目从设计阶段开始 BIM 模型的搭建，利用 BIM 模型出具设计图纸，流转至施工阶段开展 BIM 模型深化设计并且落地实施应用，最终采集录入施工过程数据，传递至运维端开展基于 BIM 的运维管理工作。

要确保这套实施流程的落地可行，高精度的 BIM 数字模型的搭建至关重要。确保 BIM 数字模型的高精度搭建离不开一套统一管理标准，对建模人员的建模技术要求高的同时，对多方审核机制也提出了很高的要求，相关单位 BIM 人员既要熟悉机场 BIM 相关实施标准，同时要懂得设计规范、造价算量规则、施工规范等系列审核支撑文件，通过反复的提资才能确保模型的准确性以及高精度。

**3. 应用目标**

(1) 推进 BIM 正向设计实施全面化。

本项目作为 BIM 全生命周期运用试点项目，花费了大量时间做 BIM 前期策划，在设计阶段力求实现"3D 建模—模型 2D 出图—2D 与 3D 结合应用"的正向流程实施，打造机场工程 BIM 正向设计实施的标杆。

(2) 推进业务管理行为规范化。

本项目以 BIM 技术应用为载体，自主开发了湖北国际物流机场有限公司工程项目管理系统、施工质量验收评定系统，机场软件平台内置了部分机场工程 BIM 实施指导约束性文件，利用这些平台系统力求实现工程建设的流程审批的规范性管理、施工质量验收数字化验评管理、BIM 模型协同实施管理、BIM 模型流转规范化管理等目标。

(3) 实现实施技术的标准化。

本项目 BIM 实施过程中，以现行国家、地方行政主管部门或国际、国内行业权威机构发布的规范与标准为基准，根据项目实际情况进一步深化系列标准，编撰了《湖北鄂州民用机场工程 BIM 实施管理规范》《湖北鄂州民用机场工程 BIM 实施技术标准》《湖北鄂州民用机场工程 BIM 实施细则》等 BIM 实施指导约束性文件，实现实施技术的标准化。

(4) 打造 BIM 实施的精细化管控。

本项目实行全专业、全阶段、全业务、全参与的 BIM 技术实施应用，各参建单位从模型结构、分类编码、建模精度、验收与交付标准等各方面对 BIM 深化模型进行图模一致性的审核、模型边界的审核、模型与现场一致性的审核、模型出量准确性的审核等，实现机场建设阶段全生命周期 BIM 实施的精细化管控的目标。

(5)打造基于BIM模型的全过程造价管理。

本项目作为国家住建部首批工程造价管理改革试点项目,从源头出发,编制了适用于本项目的基于BIM技术的工程量清单计算规则与计价规范,实现基于BIM模型的全过程造价管理。以BIM模型直接输出工程量,突破定额管理体系,企业自主报价,最终由市场形成价格。与国际惯例有效接轨,力求将本项目打造成为基于BIM模型的全过程造价管理的实践性标杆。

(6)实现项目移交的数字化。

本项目始终以BIM应用、平台数据采集分析处理贯穿于项目建造的全过程领域,实现了线上申报、线上审批、采集数据上传等工作。以BIM模型为载体,分解本项目工程结构树,实现各施工工序的线上验收,并将过程数据与模型数据互通,无论是施工管理还是模型管理均可借助相关实施平台进行数字化的导出,形成各类移交表格,力求实现项目移交的数字化管控目标(见图9-1-2)。

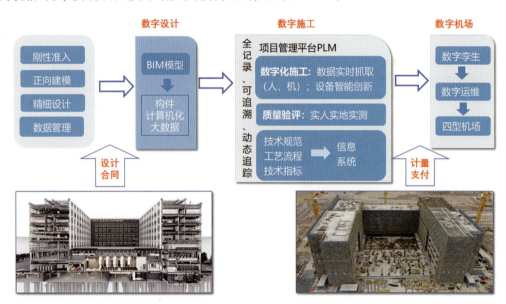

图9-1-2 数字化目标

## 9.1.2 BIM整体实施方案

**1. BIM应用范围**

(1)全阶段:包括但不限于方案设计阶段、初步设计阶段、施工图设计阶段、施工建造阶段、竣工阶段及其他过程伴随阶段(例如:采购招标、工程过程监理、进度计量支付、竣工交付、结算审计等)。

(2)全专业:包括但不限于总图、市政、建筑、结构、内装、暖通、给排水、电气、智能化、幕墙、景观等。

(3)全业务:包括但不限于勘察规划、设计咨询、招标采购、计量造价、施工建造、工程监理、工程运维等。

(4)全参与:包括但不限于机场工程建设单位、机场工程BIM咨询、设计咨询单位、施工单位、造价咨询单位、招标代理单位、监理单位、成套设备系统供应商、物流专业系统供应商、专用设备安装承包商等。

**2. BIM应用内容**

本项目BIM技术应用贯穿始终,真正意义上做到了一模多用,不仅仅是设计模型流转至运维阶段,确保了数据的准确性、唯一性,同时一套模型在不同阶段又横向开发BIM应用点,逐步形成BIM应用结构树,其中统一的BIM模型则是树干,各阶段的应用点则组成了各层的树枝树叶。各阶段BIM应用内容如下:

方案设计阶段,本项目开展了设计方案比选、土方开挖分析、建筑性能分析、投资估算与实物工程量修正计算等;

初步设计阶段,本项目开展了设计概算工程量计算、火灾模拟与人员疏散分析、设计方案比选等;

施工图设计阶段,本项目开展了施工图预算与招投标清单工程量计算、工艺方案模拟与设计方案优化、碰撞检查和管线综合、净高分析与优化等;

施工准备阶段,本项目开展了结构钢筋深化设计、机电设备深化设计、综合支架深化设计、钢结构深化设计、幕墙深化设计、预留洞口深化设计、BIM深化模型综合会审、三维场地策划模拟、施工方案模拟等;

施工实施阶段,本项目开展了BIM模型出图应用、BIM模型计量应用、复杂节点轴测图应用、BIM可视化交底应用、BIM模型质量验评应用、BIM模型按模施工应用、三维激光扫描应用、BIM+智慧工地应用等;

竣工阶段,本项目开展了模型变更管理、模型运维数据录入、模型计量计价应用、竣工模型移交等。

### 3. 实施组织架构

机场公司针对机场工程编制了一套BIM组织架构图,为了更好地实施BIM,管理项目全过程的BIM应用,本项目BIM实施各关联方设立项目经理、BIM专业负责人、各专业BIM工程师等职责岗位。BIM实施工作的开展应由项目经理统一协调管理,各专业团队负责BIM实施的具体工作。

依据机场工程BIM咨询、机场工程设计总协调、施工总包、监理的BIM实施团队架构图,我司监理项目部根据机场公司的BIM实施管理要求对监理BIM实施团队架构进行扩充优化完善,架构图如图9-1-3至图9-1-7所示。

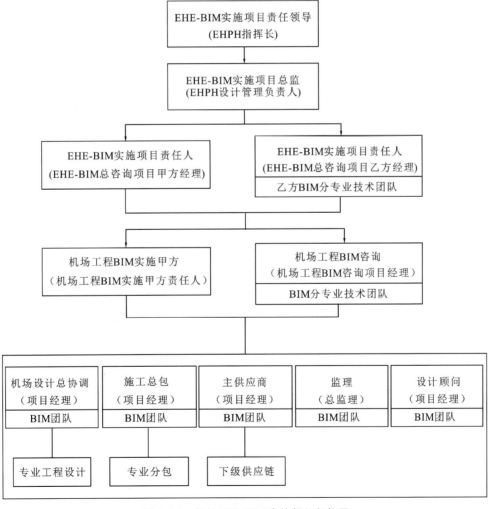

图9-1-3 机场工程BIM实施组织架构图

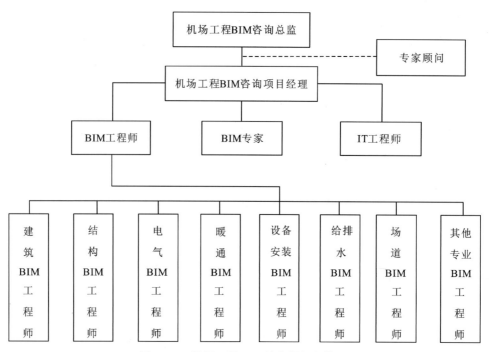

图 9-1-4　机场工程 BIM 咨询组织架构图

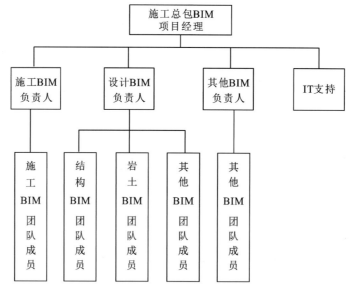

图 9-1-5　机场工程施工总包 BIM 实施组织架构图

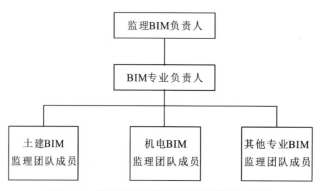

图 9-1-6　机场工程监理 BIM 实施组织架构图

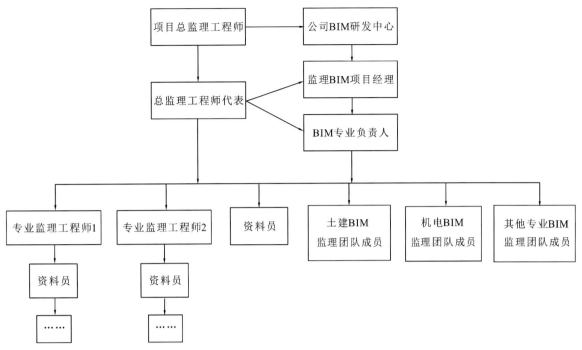

图 9-1-7 机场工程监理 BIM 实施组织结构深化图

### 4. 实施标准保障

根据机场单位的相关要求,所有参建方在实施 BIM 相关工作时,必须严格遵守国家、行业、地方现行有关标准的规定,同时必须遵守机场公司针对机场工程的相关技术标准。相关技术标准见表 9-1-1。

表 9-1-1 项目主要实施标准一览表

| 技术标准 | 主要内容 |
| --- | --- |
| 《机场工程 BIM 模型结构标准》 | 规定了机场工程 BIM 实施中应遵循的统一的 BIM 模型结构,该模型结构的层次和内容架构兼容主流 BIM 软件,主要包括各专业 BIM 模型结构设置及其应用等 |
| 《机场工程 BIM 模型结构分类编码标准》 | 规定了机场工程全生命周期内各阶段信息模型的分类和编码,主要包括项目代码、单项工程代码、单位工程代码、阶段代码、专业代码、专业子项代码、构件类别代码、构件类型代码和构件实例代码等 |
| 《机场工程 BIM 数据(存储和交换)标准》 | 规定了机场工程在设计、施工、竣工交付过程中产生的 BIM 模型数据的共享与交换,主要包括数据标准 IFC、信息交付手册及其应用等 |
| 《机场工程 BIM 资源创建与管理标准》 | 规定了机场工程 BIM 资源创建的要求、BIM 资源的管理,主要包括构件创建、BIM 样板创建和资源管理等 |
| 《机场工程 BIM 模型管理标准》 | 规定了机场工程在设计、施工、竣工交付过程中产生的 BIM 模型及相关文件的管理工作,主要包括项目文件夹管理、文件管理及命名规则、模型拆分管理和模型整合管理等 |
| 《机场工程 BIM 实施精度标准》 | 规定了机场工程实施过程中各阶段 BIM 模型建立、应用和交付的精细程度,主要包括模型几何信息精度、模型属性信息深度、模型精度设置和应用模型精度 LOD 矩阵等 |
| 《机场工程 BIM 软件选用标准》 | 规定了机场工程实施过程中各关联方、各专业和各阶段的建模及应用使用的 BIM 软件,主要包括数据交换规定、BIM 软件选用原则和 BIM 软件及版本选型等 |
| 《机场工程 BIM 实施交付标准》 | 规定了机场工程实施过程中交付物内容、交付过程及交付物管理,主要包括交付物内容及格式要求、关联方交付物、交付过程、交付物审核和发布等 |

我司监理部在开展本项目 BIM 技术实施过程中也编制了《监理 BIM 实施细则》《BIM 模型深化审核指导手册》。

前者主要是对各监理BIM工程师的职责进行分工,对各阶段监理BIM工程师如何开展工作进行指导,指导监理BIM工程师对BIM模型深化及应用实施步骤进行会审验收意见反馈等,是项目级BIM团队开展BIM工作的指导性文件。

后者主要是从结构、建筑、机电三个专业的BIM模型深化设计的特点以及软件深化模型的缺陷出发,提炼易错易漏点编制而成的指导手册。

此手册同样以鄂州民用机场项目编制的BIM实施标准、项目深化图纸、相关规范作为模型审核基石,主要从以下几个方面进行审核:内容模型文件审核、项目基准审核、模型构件审核、模型审核、属性信息审核、构件碰撞审核、模型视图审核、图模一致审核、模型计量审核、资源族库审核、模型应用点审核等。

### 9.1.3 BIM技术实施过程

**1. BIM技术实施路线**

本项目实施BIM技术总的路线可分为:

(1)BIM标准体系。

建立BIM相关标准体系,为项目BIM技术实施提供技术保障和实施准则。

(2)设计招标。

依据相关BIM实施标准可确定设计阶段BIM模型搭建深度,以及相关BIM技术应用要求,可筛选出本项目具有BIM设计能力的设计单位,从源头提高设计的准入门槛。

(3)BIM正向设计。

中标的设计单位一定是具备BIM相关业绩以及通过BIM能力测试的单位,其项目设计人员都具有一定的BIM设计能力。通过BIM相关软件开展三维BIM模型的搭建以及方案比选和多专业协同等应用,完成符合相关标准体系的设计BIM模型。

(4)BIM模型出图。

设计模型完成后会通过BIM相关软件进行出图应用,模型所出图纸具有联动性,一旦设计模型有修改,对应图纸也会自动调整。

(5)设计BIM模型审查。

正向设计完成后,会针对设计模型的搭建精度、模型的规范性、构件的完整性、图模的一致性进行审核,存在问题及时反馈,并更新设计模型,同时联动调整模型所出图纸。

(6)设计BIM模型出量。

设计模型过审后即可进行模型实物量的提取,通过设计模型出量为后面工程招标做好铺垫。

(7)工程招标。

在招标时其招标工程量绝大多数来自设计BIM模型,施工单位在投标时需要根据企业自身情况以及各阶段模型精度要求进行合理报价,将BIM模型量差进行充分考虑,包括后续相关BIM深化设计应用均要进行考虑。

(8)BIM模型交底。

监理单位拿到设计模型后需要组织项目监理部进行内部交底,项目级BIM团队全员参加,BIM负责人需要将BIM模型与二维图纸进行结合,辅助项目监理团队理解设计意图。施工单位拿到监理下发的设计模型后也需要组织项目团队进行模型交底,快速分析各专业间设计交叉问题,及时在图纸会审期间提出,同时施工BIM团队着手开展相关深化设计。

(9)BIM模型深化设计。

施工单位需要根据设计BIM模型进行进一步的深化设计,例如电缆电线、成品支架、结构钢筋、建筑二构等,完成模型相关深化设计后即可开展一系列BIM技术应用,例如开展模型切图上墙、管线洞口预留、净高分析等。

(10)模型综合会审。

这一步骤属于BIM技术落地应用的关键步骤,通过业主、设计、BIM咨询、监理、造价咨询、施工单位多方联合审查,站在不同考虑角度进行模型的审核分析,通过模型流转平台将相关会审问题进行提交,并修改深化模型。经过多方反复审查修改才能够得到一个相对正确的深化模型,达到指导施工以及后期相关应用落地的目的。这也是本项目BIM技术应用能够成功落地、打造数字孪生机场的关键所在。

(11)质量验评。

会审通过的BIM模型会上传至质量验评系统,系统会根据模型命名以及构件的编码自动生成分部分项工程的结构树,自动提取模型数据,拆分工序信息,通过施工工序线上报验,监理线上审批,真正意义上做到了施工质量验收的实人实地实测。同时这一阶段也需要监理人员复核现场按模施工的一致性,确保现场实施与模型深化相匹配,为后期计量打下基础。

(12)BIM模型计量支付。

模型每一个构件均有唯一的构件编码,通过质量验评的每一道工序均会将验收信息挂接在模型构件中,使得构件信息数据库中不仅仅有构件工程量信息,还有构件验收信息,通过平台拉取验收通过的构件编码,即可快速统计本期完成工程量,用以计量支付。

(13)竣工移交运维管理。

设计模型通过深化设计多方会审后会形成第一版定稿模型,再根据现场实际施工情况,对竣工模型进行必要的变更维护,确保模型与现场实际交付的一致性。变更的同时也将录入安装设备参数,最终移交给运维单位开展基于BIM的运维管理工作。

2. BIM技术实施亮点应用

(1)BIM正向设计。

本项目大力推动全专业BIM正向设计,而目前我国能够从事正向设计的设计院并不多见。设计师必须具备BIM设计能力,并且需要熟练掌握BIM建模软件,否则很难在规定时间出具合格的设计图纸以及能够流转的设计模型。本项目通过正向与半正向相结合的方式完成了高精度的设计BIM模型,通过BIM正向设计模型反向出具二维图纸(见图9-1-8),确保了本项目"图纸"即为BIM模型和二维图纸两项内容,同时能够达到模型与图纸的实时联动,即当设计模型任何一个参数改变后图纸的参数也会自动进行修改调整,调整图纸参数也会影响模型,从而将建筑的变化更加直观地进行展现。

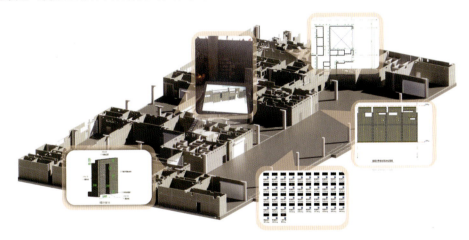

图9-1-8 预留洞口综合出图

本项目设计阶段还利用BIM模型完成了方案比选、日照分析、热环境分析、结构受力分析、空调能耗分析等应用,在设计阶段应用点比较广泛,设计BIM模型精度也比较高,确保了设计模型能够流转至施工阶段。本项目通过BIM正向设计优化机电路由,对结构梁体开洞预留进行了有限元受力分析,确保结构受力的安全性,避免了盲目预留、盲目优化的现象出现。

(2)BIM机电深化设计。

本项目通过对设计BIM模型的机电安装进行深化应用,开展了管线的综合排布、碰撞检测、空间净高分析、支吊架设置及受力分析等。例如:

①空间优化中综合业务楼机电管线综合排布时,6层走道中有2条200 mm×200 mm的桥架、2条200 mm

×100 mm 的桥架、6 条管道（管径分别为：DN125、DN80、DN70、DN32、DN32、DN25）、1 条 400 mm×200 mm 风管、1 条 1600 mm×320 mm 风管，排布后净高 2.6 米；为减轻走道的压迫感，将 1600 mm×320 mm 的排烟风管进行设计优化，取消了走道的排烟风管，使走道净高达到了 3.08 米（见图 9-1-9、图 9-1-10）。

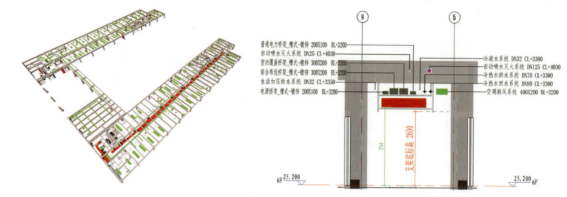

图 9-1-9　综合业务楼排烟风管方案优化前

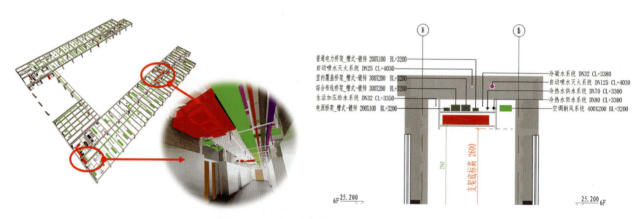

图 9-1-10　综合业务楼排烟风管方案优化后

②电线、电缆、控制面板的优化在 BIM 机电设计中是深度应用的体现。一般项目由于电线、电缆、控制面板的深化工作量大、不易建模，因此在深化设计中往往会忽视。本项目将预埋在墙体以及隐蔽在吊顶、桥架内的电线电缆均进行了深化，项目监理部对其深化内容进行了审核，充分考虑电缆的弯折半径、单根电缆直径，从而确保桥架深化的准确性，对截面积高度不满足的桥架进行了优化（见图 9-1-11 至图 9-1-13）。

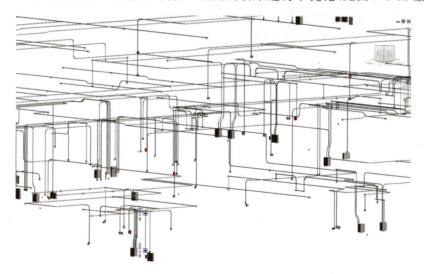

图 9-1-11　综合业务楼负一层管线深化模型

# 第9章 BIM技术咨询应用案例分析

图 9-1-12　综合业务楼负一层管线漫游图

图 9-1-13　综合业务楼负一层管线细节漫游图

③成品支架的深化设计。本项目机电管线深化设计完成后，经多方会审修改确认后，开始开展支吊架的布设。本项目采用成品支吊架，利用软件设置好成品支架的相关参数，根据管综自动布设，并进行受力分析验算，最终出具满足条件的计算书。当支架深化满足设计规范时，即可快速出具成品支架的下料表，下料表中包含了成品支架族构件，形成支架族库，同时出具了支架安装平面定位图、复杂节点三维轴测图用于指导施工（见图 9-1-14 至图 9-1-17）。

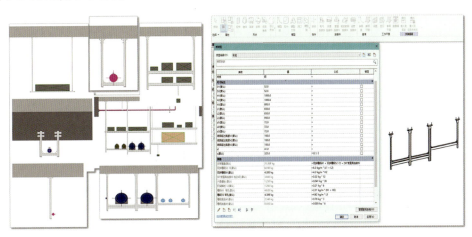

图 9-1-14　施工阶段管综支吊架确定深化方案

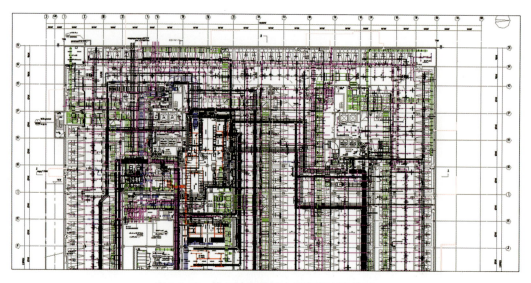

图 9-1-15 施工阶段管综支吊架平面定位图

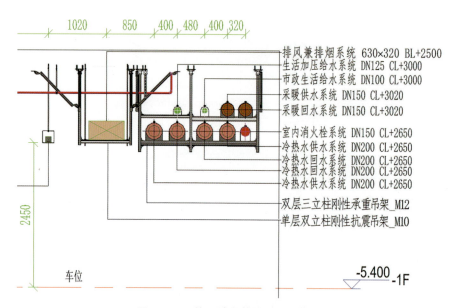

图 9-1-16 施工阶段管综支吊架剖面图

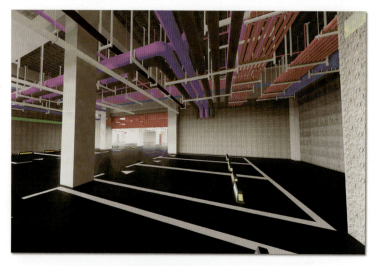

图 9-1-17 施工阶段管综支吊架现场安装效果图

(3) BIM 土建深化设计。

本项目在土建专业开展了设计 BIM 模型的深化设计,其中包含了结构钢筋深化设计、结构预留预埋深化设计、建筑二构深化设计、建筑装饰深化设计,等等。例如:

① 本项目所有结构模型在施工阶段均需要开展钢筋模型的搭建,才能满足该阶段的深化设计精度。而在国内搭建钢筋模型一直处于短板,其原因可以归结为结构钢筋构件属于系统族,建模难度大,需要对设计规范、图集的掌握程度高,现阶段相关插件并不完善,同时钢筋深化对电脑的硬件配置要求高。

在这样的环境下,本项目参与者仍然完成了结构钢筋的深化设计工作,充分将平面图的集中标注、原位标注以及图集的相关锚固做法、洞口加强做法体现在三维模型中,通过构件信息提取、三维轴测图标注等手段完成了钢筋计量、节点交底等一系列应用(见图 9-1-18、图 9-1-19)。

图 9-1-18　地下室车道钢筋三维模型

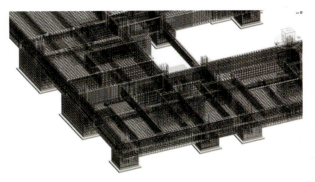
图 9-1-19　地下室基础钢筋三维模型

② 本项目在建筑 BIM 模型深化设计中在建筑二构深化设计、砌体排布深化设计上也同样表现突出,依据设计规范和图集要求,对墙体构造柱、门洞过梁、墙体圈梁模型进行了深化,在深化过程中充分考虑了马牙槎的留置、二构钢筋以及墙体拉结筋的设置,同时也做到了二构构件与原始模型构件的扣减,避免了工程量计算的偏差。

通过对二构的深化设计,原始墙体模型已经进行了切割,本项目对切割后的墙体又进行了砌体排布深化设计,将混凝土加气块尺寸进行内置,完成了整面墙体整块与半块砌体的预排,生成砌体排布编号图,并且导出了砌块的料单,在确保了施工的美观性的同时大大减少了材料的浪费(见图 9-1-20 至图 9-1-22)。

(4) BIM 模型综合会审。

本项目 BIM 实施的亮点不仅仅在于对 BIM 模型的深化设计及应用,很大程度上 BIM 模型的深化设计及应用落地均脱离不开 BIM 模型综合会审制度的成功性。现阶段众多项目设计模型只满足设计单位、施工模型只满足施工单位,最终受益的也只有这两家单位,无法落到工程项目本身,其中很关键的因素就是缺少了 BIM 模型综合会审的环节。

图 9-1-20　墙体构造柱深化模型

图 9-1-21　门洞过梁、墙体圈梁深化模型

而鄂州花湖机场项目据初步统计约有 50 家 BIM 参建单位,项目组通过模型自审、关联方审查、咨询方审查、综合会审和机场公司领导定期组织的模型会审会等五方审核环节,最终在审核过程中累计产生 6000 余份审核报告,共计审核出 3 万多个模型问题,从而确保了 BIM 模型深化可行、应用可行。

在综合会审中,各参建单位其侧重点也有所不同,但大家依据的审核标准尺度是一致的。我司 BIM 中心分析BIM相关软件深化的特点、BIM工程师的操作习惯,以及图集表达的难易程度,总结分析出BIM模型在深化设计阶段各个专业的易错易漏点,最终编制了一套《BIM模型深化审核指导手册》,用于本项目开展相关审核工作。本项目各参建单位审核意见均通过线上CMP项目管理平台进行传递,并且修改后的深化模型也是在CMP线上平台进行迭代,从而确保了模型文件的唯一性以及不可篡改性(见图9-1-23)。

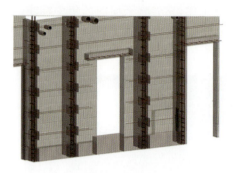

图9-1-22　二构钢筋以及墙体拉结筋的模型

图9-1-23　BIM模型综合会审

(5)基于BIM的精细化施工。

在施工阶段利用BIM技术实现精细化施工管理也是本项目亮点。为了解决项目施工工人综合素质参差不齐的问题,施工单位项目部联合监理项目部开展了线下BIM 3D模型的可视化交底,利用轻量化的漫游软件辅助施工管理人员以及作业班组人员理解设计意图,同时要求施工单位对复杂节点出具三维轴测图,完成切图上墙工作,监理项目部进行了相关成果的审核。为了让各专业队伍了解各阶段的施工顺序,还对施工方案以及重要施工节点开展了BIM施工模拟工作。

以上极为丰富的交底工作,其目的是更好地将BIM深化模型落地到施工现场。施工单位完成此项工作后,监理单位会对现场按模施工进行巡视检查,发现与模型不一致的部位及时督促施工单位进行整改,坚持开展按模施工的验收工作,共同打造基于BIM的精细化施工管理(见图9-1-24)。

图9-1-24　BIM的精细化施工

(6)基于BIM模型的质量验评。

传统的质量验收大多数是线下施工单位报验,监理现场验收,资料无法实时同步。本项目创建了基于BIM模型的质量验评系统,利用构件的分类编码,将CMP平台综合会审合格后的模型上传至质量验评系统,系统会识别构件分类编码从而在系统中生成模型结构树,由单位工程—分部工程—分项工程—工序流程的划分,施工单位会同监理单位完成各工序的质量验收标准的内置工作,待一切就绪后方可进行施工。

施工单位通过手机端对现场每一道工序进行报验,监理现场进行实测验收,通过手机端拍照上传予以验收,同时监理在验收时会进行现场定位以及人脸识别,做到实人、实地、实测的质量验收,工序验收合格的相关过程资料会实时挂接在模型构件上,后期进行计量时可对其模型数据信息进行调取应用(见图9-1-25)。

(7)基于BIM模型的计量支付。

本项目为国家住建部首批工程造价管理改革试点项目,传统计量模型与BIM模型在扣减规则方面有一

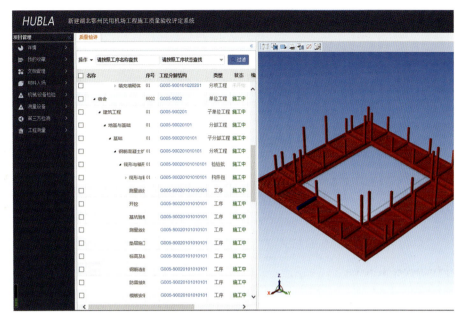

图 9-1-25　BIM 模型质量验评平台

定的差异,而本项目基于 BIM 模型的编制,基于 BIM 构件的工程量清单计算规则与计价规范,实现过程 BIM 造价管理,以 BIM 模型直接输出工程量,突破定额管理体系,企业自主报价,最终由市场形成价格,与国际惯例有效接轨,使得鄂州花湖机场 BIM 模型计量支付成为实践性标杆项目。

BIM 模型构件自身就有相关计量属性,并且有唯一的 ID,从而可利用明细表的创建快速提取相关工程量,但仅仅依靠明细表来提取工程量并不能完全满足项目计量需求。例如计量钢筋吨数时,需要建立相关公式进行换算,或者由明细表导出某些表格,再在外部利用电子表格软件进行合并提取和换算生成相关工程量,对于某些构件的提取有一定的局限性,同时无法便捷实现构件验收合格后方予计量的规定。

本项目利用构件编码技术,对所有构件进行分类编码处理,将构件导入质量验评平台,同时验评数据挂接 PMS 项目管理平台,即可将 BIM 模型构件属性与构件验评信息在外部平台相挂接,在扩充了 BIM 数据库的同时,做到了验收构件通过编码与验评信息的筛选快速提取本期予以支付的工程量(见图 9-1-26、图 9-1-27)。

图 9-1-26　工程量变更统计明细表

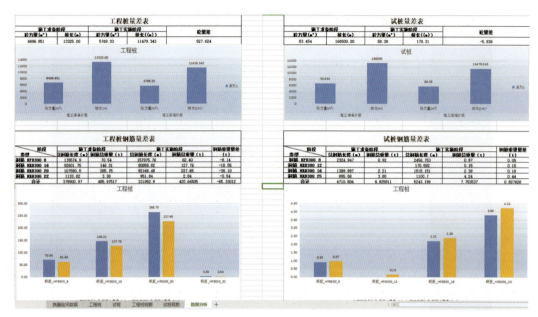

图 9-1-27　进行工程量差分析

**3. BIM 技术实施难点**

(1) BIM 实施标准的建立。

本项目前期的资源大量投入了研究 BIM 实施相关标准，在国家及地方标准的基础上进行不断深化，涉及的面广点多，参与者不仅仅要考虑各阶段的模型精度标准、编码标准、命名标准，更需要考虑到实施阶段的众多管理标准、协同标准、交付标准等。如果在全流程应用 BIM 技术的某一个环节中有一个标准没有进行约束或约束不明确，都将会影响"四全 BIM 应用"目标的实现，因此 BIM 实施标准的建立始终是本项目启动阶段需要突破的技术难点。

(2) BIM 模型的深化设计。

本项目 BIM 模型深化设计应用在高峰时期参与单位达 50 余家，BIM 应用参与人数达 600 人，如此庞大的 BIM 队伍其协调管理的难度也是非常高的。而在进行深化设计时同样也面临着软硬件无法匹配、数据接口不统一等技术难题。例如：在进行结构钢筋深化设计时，单综合业务楼地下室的钢筋构件模型数量就达到 49 万之多，办公电脑无法加载如此庞大的构件体系。同时做此类深化设计时，国内众多插件并不完善，很多需要人工复核、人工绘制，其工作量非常大，如果没有大量的深化人员的投入，BIM 深化设计无法做到与现场进度保持一致。且目前的软件无法完全通过内置参数进行驱动建模，不能大幅度减轻人力的工作，因此软硬件也成为 BIM 深化设计过程中亟待解决的技术难题。

(3) BIM 模型综合会审。

BIM 模型落地实施的一个很重要的前提条件就是 BIM 模型的正确性，其中包含了图模一致性、模型深化精度、模型命名、模型编码、模型边界满足规范要求等应用要求。例如，钢筋的锚固是否正确，机电阀门设置是否正确等，这都离不开设计、施工、咨询、造价、监理等单位的审核。综合会审对各参建单位的 BIM 技术能力是一种考验，而审核职责的划分、审核意见反馈机制的设置、模型修改迭代机制的设置等都会影响会审的质量，进而影响 BIM 模型的落地实施，因此高质量的综合会审依旧是本项目 BIM 技术实施的难点内容。

(4) BIM 模型指导施工。

本项目前期花费了大量精力打造高精度的 BIM 模型，但实施落地最终归根于一线的施工人员。本项目借助了 BIM 模型可视化的特点，对复杂节点出具三维轴测图，制作成二维码张贴上墙，对施工方案制作 4D 施工模拟，从项目部到施工班组层层交底，以弥补工人参差不齐的综合素质，提高对图纸的设计认识。而监理团队会依靠平板上的模型与现场实际施工进行一一对比，验收落实按模施工的应用。虽然 BIM 模型指导施工应用，从施工单位角度开展了多维度的交底工作，再到监理单位对现场按模施工的验收，其指导施工的工作流程较为完整，但终究离不开工人的实操，管理难度较高，所以 BIM 模型指导施工落地实施仍是 BIM

技术实施的一项难点内容。

### 9.1.4 BIM实践总结

**1. 经济效益**

国家层面对鄂州花湖机场的重视程度和投入力度决定了机场对地区经济发展所带来的重要影响。鄂州花湖机场将与武汉天河机场呼应，客货运互补，更有效地辐射周边地区，鄂州、黄石和黄冈三地竞相推进临空经济，新的区域发展格局正在展现。BIM技术的有效落地，助力了"四新"机场的顺利建成，打造了数字孪生机场，提供了基于BIM数据可视化的运维体系，使后期运维成本大大降低。

**2. 社会效益**

未来鄂州花湖机场也将融合科研、加工制造、仓储、物流、商务等产业增值链，实现中国以货运为主的机场零的突破，补齐专业化货运的短板，构建"一港五区"的总体空间发展格局，打造产城融合发展先行区、先进制造引领区、航空物流集聚区、综合服务创新区和生态基底保护区，最终建成航空货运特色鲜明、功能优势突出、高端产业集聚、公共服务高效、绿色生态宜居的临空经济区。

**3. 管理效益**

在项目动工密集时，需协调上千台大型机械设备、上千名管理人员、上千家供应商、上万名作业人员，管理难度极高。而BIM技术正是利用数据手段进行多方协同管理，从而简化流程，提速生产。以我司监理团队为例，通过BIM平台与项目管理平台的有效结合，项目监理人员不仅能从BIM平台上了解现场施工进度与资源配置情况，也能在管控中充分利用BIM模型检查现场施工，确保模型与现场的一致性，极大地提高了现场验收质量。监理人员从交底到验收充分利用BIM技术与信息化手段，采用了新型的项目管理方式，极大地提高了管理效能，同时也提升了项目管理质量。

**4. 组织效益**

BIM应用所创造出来的组织层面的效益，最终体现在了BIM技术在企业的人事组织以及企业组织改善方面的作用。以本项目监理团队为例，中晟宏宇BIM研发中心与项目BIM团队共同推进本项目BIM技术实施应用，通过总结分析不断提炼项目BIM技术应用点，总结撰写系列工作标准，使一线的技术成果得到积累，逐步扩充企业知识库，为企业组织提质增效。

**5. 品牌效益**

鄂州花湖机场项目的BIM技术实施应用，一直以来都获得外界的高度关注。BIM应用为业主、设计与顾问、施工与制造、造价与咨询、运营与维护等各方都提供了新型的展示平台。项目从动工到竣工，中晟宏宇的BIM团队以优质的服务获得参建各方的认可，并且增加了区域以及行业的影响力，为企业其他工程咨询项目树立了标杆。

## 9.2 湖北省医养康复中心项目BIM技术应用案例

### 9.2.1 项目概况

**1. 项目简介**

湖北省医养康复中心项目位于湖北省武汉市洪山区卓刀泉南路西侧。项目总投资7.96亿元，机电造价1.02亿元。主要包括3栋3层综合服务楼、1栋12层和1栋16层养老综合楼、1栋21层康复养护综合楼、1

栋6层养老示范综合楼,以及室外公共绿化广场、道路及地下停车库等配套工程,总建筑面积达12万平方米,其中地上部分建筑面积约8.5万平方米,地下部分建筑面积约3.5万平方米(见图9-2-1)。项目设置床位1200张,主要承担荣誉军人、其他优抚对象的医、康、养、护公益责任与社会化康复养老服务。中晟宏宇工程咨询有限公司承担该项目的机电安装BIM咨询工作。

图9-2-1 湖北省医养康复中心项目

2.项目难点

本项目机电工程专业齐全,包含建筑给水排水及采暖工程、通风与空调工程、建筑电气工程、消防工程、弱电及智能化工程、医用气体工程、医疗废水处理工程等多个专业;专业繁杂,管线众多,管线综合难度大,项目质量目标为"鲁班奖",其质量标准高。

同时本项目是群体建筑,单体建筑多,功能分区复杂,导致核心机房管线分区多,排布难度大,且本项目定位为医疗养老康养为一体的综合性医院,涉及众多医疗专业的协调配合,对现场管理提出了非常高的要求。

3.应用目标

由于项目质量目标为鲁班奖,基于BIM技术的精细化策划显得尤为重要。项目团队采用BIM技术进行深化布局模拟,坚持策划先行、样板引路的施工理念;通过BIM技术精细化建模,形成3D可视化交底,为施工铺平道路,减少现场协调工作量;利用BIM技术作为管理手段,以现场实施进行全方位的技术把控,确保BIM技术的应用为本项目机电安装施工提质增效。本项目于2022年11月28日入选2022—2023年度第一批中国建设工程鲁班奖名单。

## 9.2.2 BIM实施方案

1.人员配置

湖北省医养康复中心项目BIM组织架构图如图9-2-2所示。针对本工程BIM技术应用,中晟宏宇组建项目级BIM团队,配备BIM项目经理1名,结构BIM工程师、建筑BIM工程师、暖通BIM工程师、电气BIM工程师、给排水BIM工程师各1名,由公司BIM研发中心提供技术支持,确保BIM成果落地。

在湖北省医养康复中心项目的建设过程中,中晟宏宇BIM咨询人员为辅助设计施工,串联BIM成果的应用落地,在施工现场培养了一大批会用BIM的管理人员,为后续BIM交底、提高现场管理质量、缩短建设周期、协调资源分配提供了坚实有力的技术支持。

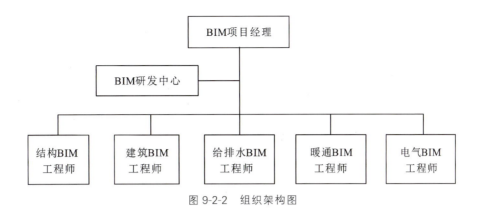

图 9-2-2 组织架构图

### 2. 标准保障

湖北省医养康复中心项目作为创优评先重点项目,施工方与我司共同建立项目 BIM 标准,助力其高质量建设。双方依据各自企业级 BIM 实施标准,统一项目 BIM 应用标准(见图 9-2-3、图 9-2-4)。

# 机电安装分公司BIM指导手册

## BIM建模及管综指导

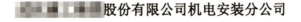

图 9-2-3 施工方 BIM 建模标准

### 3. 实施规划

BIM 团队具体工作流程主要分为三个阶段:

图 9-2-4 监理方 BIM 作业标准

第一个阶段为施工图深化设计阶段的模型搭建。根据设计院提供的设计图纸进行模型搭建,由各专业进行 BIM 深化设计。后进行模型汇总,开展碰撞检测并出具碰撞报告,根据相关方回复重新调整专业 BIM 模型,在解决完碰撞问题和满足净空等要求后,利用 BIM 模型创建相关平立剖面图、节点大样图及综合图纸等。在过程中提供细部节点模型、动画漫游视频、重难点部位施工模拟等应用项。

第二个阶段是施工阶段的过程管理。项目 BIM 团队根据所有设计 BIM 变更文件实时更新 BIM 模型,确保变更的内容不会产生新的问题。对施工过程进行实时把控,确保项目按模施工。

第三个阶段是竣工阶段的模型完善。根据最终与施工现场情况一致的深化设计模型整理成完整的数字化竣工 BIM 模型,并提交给业主方最终的可存档的模型文件及竣工模型原始数据资料。

由于本项目BIM技术属于针对机电安装专业深化设计的重点应用,因此项目BIM团队在实际应用中,针对以下五个应用点进行重点把控:

(1)在机电安装图纸会审前,借助BIM模型的搭建来辅助图纸会审,提高设计质量;

(2)以BIM技术的可视化、模拟性来辅助审核机电安装各专业施工方案的合理性;

(3)以BIM进度计划模拟来辅助召开工地例会,协调机电安装各个专业工程的进场时间、完工时间、施工作业面,推进施工进度有序展开;

(4)以BIM可视化交底提高施工班组对施工工艺以及设计意图的理解;

(5)以BIM轻量化模型以及可视化的节点图来辅助监理工程师对机电安装工程进行验收。

### 9.2.3 BIM实施过程

本项目质量目标为"鲁班奖",BIM团队根据项目特点结合BIM模型对项目质量管控做了全方位的策划,在BIM应用全过程提供有力支持;对评奖中分值占比较大的施工部位重点策划,做出亮点,精心施工,样板引路,强化过程质量控制,采用分阶段多次验收等方法,达到了预期的效果。主要BIM应用亮点如下:

**1. BIM助力图纸会审**

项目前期,项目BIM团队整合各专业CAD图纸并建立3D综合模型(见图9-2-5),进行模型深化并提交图纸问题报告。而公司BIM研发中心对相关问题报告进行复核,对存在的问题予以指正并将成果打回修订,待审核合格后再报设计单位进行图纸校核。设计单位对问题报告进行回复,最终形成图纸会审前期过程报告资料。

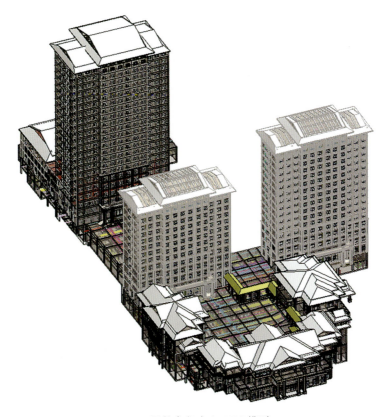

图9-2-5 医养康复中心BIM模型

中晟宏宇项目BIM团队采用"时做时查"的模式,在建立模型过程中实时检查模型,发现工程设计技术问题后以BIM技术问题报告提交给公司BIM研发中心审核,后向设计单位提交并得到有效回复,双审查机制更容易发现问题、提高质量,形成的图纸会审文件更具有专业性与针对性(见图9-2-6)。

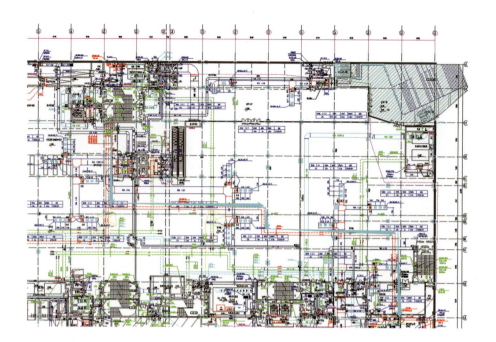

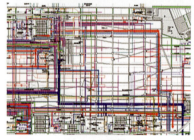

图 9-2-6　图纸会审

以 1#养老综合楼的前室走道为例,参照原设计方案优化后管线底部标高为 2.5 m,能满足吊顶标高为 2.45 m 的需求;项目团队在 BIM 模型搭建后,BIM 研发中心结合以往其他医疗项目的管理经验,以及结合本项目的结构层高、管线综合情况等,重新组织项目 BIM 团队及建设、设计、施工等相关单位对管线进行排布调整,最终将净高调整为 2.7 m,成型吊顶标高为 2.65 m,实现吊顶标高提高 20 cm,大大增加了公共区域的垂直净空,极大地提高了实际使用观感质量(见图 9-2-7、图 9-2-8)。

 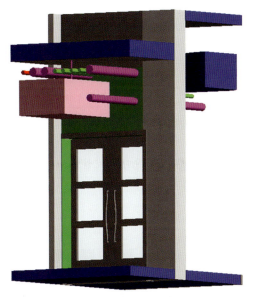

图 9-2-7　原设计走道综合排布方案　　　　图 9-2-8　BIM 布局优化后的公共走道排布方案

BIM 图纸会审过程历时 2 个月,经过前期磨合,项目 BIM 工作小组工作开展也初见成效。BIM 团队共发现并解决设计问题 264 项,为施工铺平道路,极大程度上减小了返工率,提升了管理效率(见图 9-2-9)。

- 20180902-中信回复-医养康复中心F5层-机电图纸问题报告
- 20180915医养康复中心-地下室B1层-机电深化问题报告
- 20180915医养康复中心-地下室B2层-机电深化问题报告
- 20180922医养康复中心-地下室B1层-机电深化问题报告
- 20180922医养康复中心-地下室B2层-机电深化问题报告
- 20180929医养康复中心-B1层-机电深化问题报告
- 20180929医养康复中心B2层-机电深化问题报告
- 20180929医养康复中心F1层-机电深化问题报告
- 20181010医养康复中心B1层-机电深化问题报告
- 20181010医养康复中心B2层-机电深化问题报告
- 20181017医养康复中心B1机电BIM问题报告
- 20181017医养康复中心地下室B2层-机电深化问题报告
- 20181017医养康复中心康复楼3F层-机电深化问题报告
- 20181017医养康复中心康复楼F2层-机电深化问题报告
- 20181024医养康复中心地下室B1机电深化问题报告
- 20181024医养康复中心康复楼3F层-机电深化问题报告
- 20181024医养康复中心康复楼F1层-机电深化问题报告
- 20181030医养康复中心地下室B1层-机电深化问题报告
- 20181030医养康复中心养老综合楼F1层-机电深化问题报告
- 20181030医养康复中心养老综合楼F2层-机电深化问题报告
- 20181030医养康复中心养老综合楼F4层-机电深化问题报告
- 20181030医养康复中心养老综合楼F5.F6层-机电深化问题报告
- 中信回复-20180908医养康复中心-B2层-机电图纸问题报告
- 中信回复-20180908医养康复中心-康复楼F1层-机电图纸问题报告
- 中信回复-20180908医养康复中心-康复楼F2层-机电图纸问题报告
- 中信回复-20180908医养康复中心-康复楼F4层-机电图纸问题报告

图 9-2-9　BIM 模型问题报告

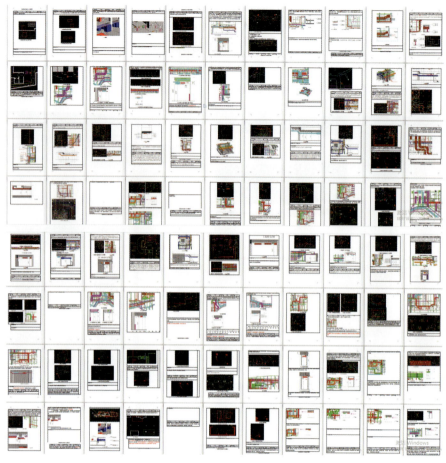

续图 9-2-9

## 2. 深化模型碰撞检测

项目在施工阶段相应工作面开工前一周完成了管综调整和深化设计工作,对施工班组进行了三维可视化交底,减少了现场协调工作,提高了管理效率。

中晟宏宇公司 BIM 研发中心针对本项目特点,对项目 BIM 咨询团队提前进行 BIM 咨询的模型深化审核技术交底,用以核查在管综调整和深化设计阶段施工方深化模型的合理性。项目 BIM 团队对 BIM 深化设计模型运行碰撞检查进行复检,出具碰撞检查报告(见图 9-2-10)。通过对模型的查漏补缺,避免了管综调整失误造成施工问题和策划返工。

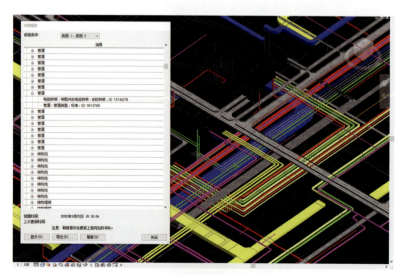

图 9-2-10 BIM 模型碰撞检测报告

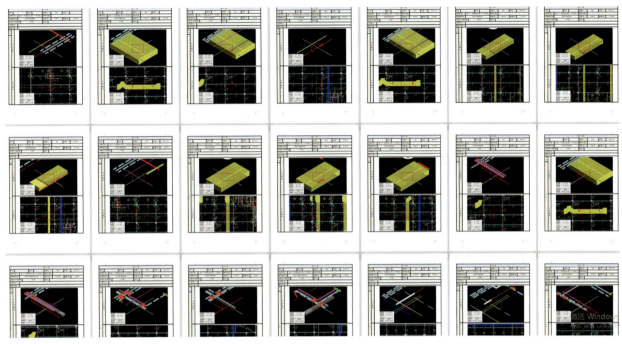

续图 9-2-10

### 3. BIM 审核施工方案

针对施工单位提交的施工方案,项目 BIM 团队结合 BIM 技术对施工方案的可行性进行案例分析。主要审核本方案是否符合相关技术规范要求,利用 BIM 技术的模拟性对本施工方案进行审查,对本施工方案的工艺流程、施工方法、技术措施以及应急预案是否合理进行模拟审查。

项目 BIM 团队以模型为基础,利用二维及三维应用软件为媒介,组织开展验证施工方案是否合理的相关会议(见图 9-2-11)。

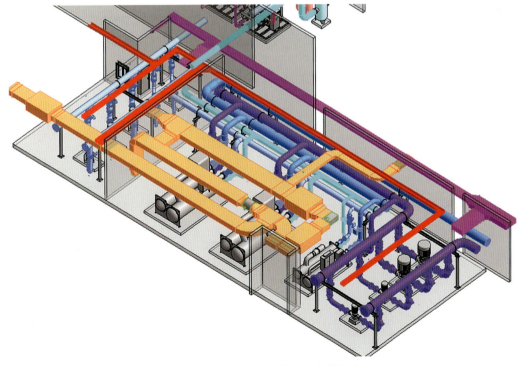

图 9-2-11 机电安装方案审核会议

续图 9-2-11

康复养护综合楼一层 1—2 轴交 B—C 轴的走道宽度仅为 1.7 m，水系统 DN80 以上管道有 8 条，桥架 2 条（尺寸为 400 mm×200 mm、300 mm×200 mm），排烟风管（尺寸为 800 mm×320 mm）与排风风管（尺寸为 500 mm×250 mm）各一条，初始排布方案满足了业主对净高的要求，但未考虑到后期的检修空间。项目 BIM 团队利用 BIM 技术进行多方案的管线排布优化后均无法满足走道检修空间需求，最终决定对排烟风管尺寸进行复核，建议将 800 mm×320 mm 的排烟风管尺寸调整为 600 mm×400 mm，设计单位进行验算，采纳了合理化建议，从而优化了施工方案，提高了安装的质量以及排布的美观性（见图 9-2-12）。

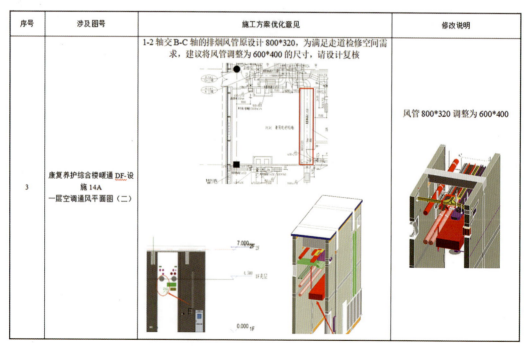

图 9-2-12 施工方案优化意见

## 4. 基于 BIM 的综合优化

对于管综复杂节点，由项目 BIM 团队进行复杂节点深化，后交与公司 BIM 研发中心的资深 BIM 安装工程师进行审核，确保复杂节点的施工工序、安装空间均能满足施工要求。

综合支吊架布置是机电安装施工的重点，直接影响成型美观效果和工程成本。基于功能插件生成支吊架大样图和断面交底图，提高了中晟宏宇 BIM 咨询团队对综合支吊架安全性验算的效率，快速高效地保证了现场安装施工的进度和质量（见图 9-2-13）。

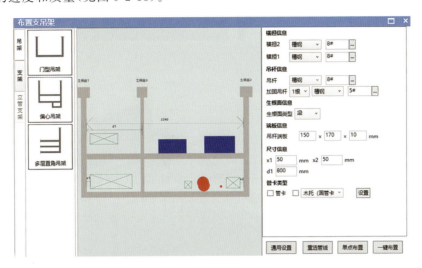

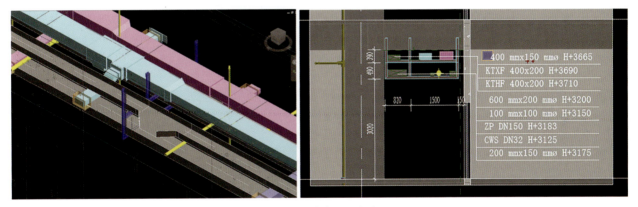

图 9-2-13　综合支吊架布置

此外，针对设计图纸及施工中不合理和未考虑的问题，BIM 团队也逐步进行排查。BIM 工程师在对管综方案进行漫游审核时，发现空调的供回水管无法避开排烟风管时选择向上翻弯，存在漏设自动排气阀以及排气阀设置不合理的现象，漏设排气阀易造成翻弯处供水不畅产生气泡，影响空调使用功能。有局部位置自动排气阀设置不合理，安装在风管上方，也就是翻弯管段的中部，甚至安装在桥架上方，易造成滴漏，影响其他管段及设备。最终 BIM 团队也针对此方案提出了优化性的建议，首先是保证供回水管的水流顺畅，必须翻弯时自动排气阀设置在翻弯处端部最高位置且不影响其他管件设备（见图 9-2-14）。

## 5. 设备机房 BIM 深化设计

随着国家对建筑行业的施工标准越来越高，越来越多的国家级施工奖项对设备用房的重视程度也与日俱增，为达到争创鲁班奖的目标，项目 BIM 团队依靠 BIM 参数化技术，建立了精确的机房 BIM 模型，预先收集设备、配件的品牌、型号、参数及尺寸等信息，重点考虑设备的尺寸、接管位置及安装空间，以确保创建的 BIM 模型对现场施工有足够的指导意义。

其次，设备机房的施工优化方案综合考虑了管线排布对系统的影响，中晟宏宇 BIM 团队从咨询的角度和质量管控要点出发，对 BIM 模型中的管线间距、设备定位、管道保温、检修空间、吊装方案等方面制订了机房深化方案，解决了 BIM 模型无法与现场实际情况接轨的痛点（见图 9-2-15）。

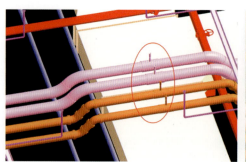
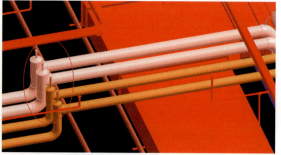

图 9-2-14 优化前后排气阀对比

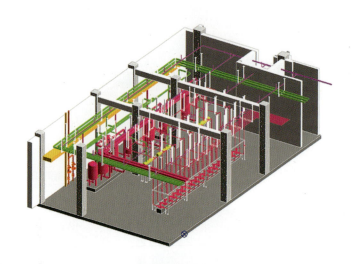

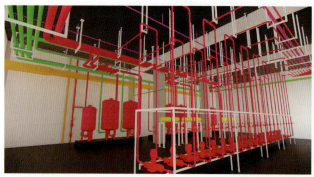

图 9-2-15 热水机房策划效果展示

6. 屋面安装 BIM 深化设计

中晟宏宇项目 BIM 团队在完善三维模型的同时,部分成员依托不同的 BIM 软件对屋面机电安装同步进行精细化策划。BIM 团队首先对屋面综合管线进行 BIM 排布,尽可能地让施工单位利用花架上方空间,横向管件不落地,落地设备保证在同一水平线且基座水平高度一致,确保后期与屋面的砖缝进行对齐。机电安装方案优化后对屋面排砖进行策划,形成策划方案后对出屋面套管进行精准预埋,确保屋面构筑物及屋面管线和屋面排砖之间的协调美观。

大到屋面机电安装整体布局,小到风机基础、通气管支墩、套管、防雷接地、雨水沟排砖布局等,均反映至模型中。在屋面施工时监理单位依据模型进行监督与验收,做到了管道排列有序、设备接线接地规范、基础对砖对缝、整体美观大气(见图 9-2-16)。

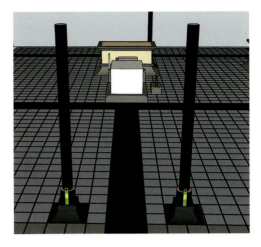
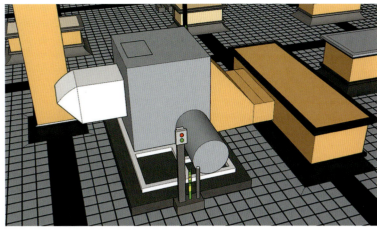

图 9-2-16 屋面策划效果展示

### 7. BIM 模型轻量化交底

深化模型完成后,项目应用 BIM 管理平台,将各种施工策划方案模型轻量化,将 BIM 交底深入至施工、监理现场人员,运用手机、平板等移动端查阅,减少现场拆改,提高施工安装精度(见图 9-2-17)。

图 9-2-17 模型轻量化与手机模型漫游

续图 9-2-17

根据项目的实际特点，BIM 团队针对性地制作了相应实施方案，规范了交底实施流程及制度，拟定了交底应用标准并且全程参与技术交底。

(1) 交底成果的正确性。交底 BIM 模型必须经过前期监理、业主审核通过。

(2) 交底工作的贯通性。复杂节点安装必须出具三维轴测图进行交底，利用三维轴测图及 BIM 模型交底可大大加深作业班组对管综排布的理解。

(3) 施工工艺的准确性。复杂安装方案必须出具工艺模拟视频进行交底，对每道工序进行层层剖析，降低班组技术水平低及责任心不足带来的安装风险。

(4) 责任划分的明确性。对班组交底，施工单位必须责任到人，制定相应的奖惩制度并对交底进行签字确认。

从以上四点出发，既制定了交底制度，又规定了本项目的应用标准，同时联合项目监理全程参与技术交底，确保实施的可行性（见图 9-2-18）。

中晟宏宇 BIM 团队结合平台进行项目动态化管理，BIM 人员现场进行技术交底，在施工过程中实时检查并上传与策划不相符的照片及实施优异照片，进行对应的惩罚、奖励。发现并上传安全风险、安全不达标的做法等，形成项目管理痕迹文件，强有力地克服了项目管理海量纸质档文件的问题，达到项目动态化管理的效果。

8. BIM 辅助进度控制

机电安装工程是相对于土建工程的一个大的分类，其中包含了建筑给排水及采暖、通风与空调、建筑电气、智能建筑等若干分部，专业分包队伍较多，如果进度工作不协调好，不仅影响安装的进度，更会影响安装

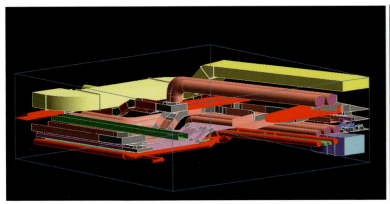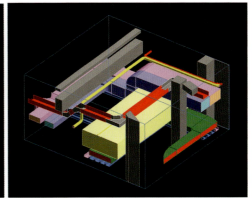

图 9-2-18　复杂节点三维展示

的质量。各参建单位的穿插施工以及班组进场时间节点如果没有进行科学的策划管理,现场无序施工,先进场就抢占好的作业面,拆墙、打孔重复多次,会导致质量管理失控。

本项目的解决办法是利用BIM技术辅助开展项管协调会议实现的。前期的优化方案是经过多方审核确定的,利用BIM模型可视化的特点分析机电安装排布,确定先进场施工班组,划分施工区域,规划施工完成节点,以及作业面交接节点。按模型指导施工避免了打乱仗的现象,提高了穿插施工的效率,减少了施工过程中因无作业面而产生非必要翻弯的现象,杜绝了对土建结构二次破坏的现象。

传统模式下的沟通协调往往会存在耗时长、会议多、效果还欠佳的情况,项目BIM团队在进度控制以及进度协调会议上利用三维进度软件将计划进度与实际进度、BIM模型进行关联(见图9-2-19),更加直观地反映进度滞后节点以及后期的影响,再结合关键线路与各参建单位沟通协调如何调整现场人、材、机的调配,实现进度的赶超。利用这种方法召开协调会议可以大大节省会议时间,提高沟通的效率,并且现场就可以快速模拟优化资源后的进度情况,看是否能够达到预期的效果。

利用BIM技术管理手段与现场实际施工管控相结合的工作模式,可以在最优施工方案确保施工质量的前提下加快推进现场的施工进度,改善沟通协调耗时长且效率不高的现状。

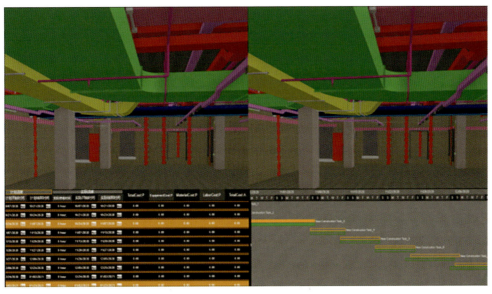

图 9-2-19　进度模拟软件

9. BIM辅助机电验收

本项目BIM团队采用BIM技术以及信息化的手段来辅助开展机电安装工程的质量验收,大大提高了验收的效率以及验收的质量,能够快速判断现场的施工是否与方案相匹配,是否与相关设计规范要求相匹配(见图9-2-20)。主要采用了以下五种手段来辅助机电安装质量验收:

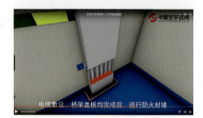

图 9-2-20　BIM 辅助机电安装质量验收

（1）利用 BIM 轻量化的平台在现场用平板或手机直接查看已经审核通过的 BIM 深化模型，检查现场机电安装方案是否与深化模型一致，高效准确地对现场机电安装方案进行管控，可以大大降低后期管线安装拆改以及任意开洞所造成的质量、进度、成本上的损失；

（2）利用二维码现场扫描验收，可以将 BIM 模型中复杂节点的三维轴测图输出为二维码进行现场检查，或者将复杂节点进行标注切图张贴在现场，均可以直观高效地对安装质量进行验收；

（3）利用 BIM 技术研发力量，将提前制作的机电安装控制要点的 BIM 虚拟视频对照着现场实际安装进行质量验收，快速查找与安装规范不符的部位，进行现场整改；

（4）利用 BIM 信息模型作为载体，对施工材料及设备参数等数据进行便捷提取，确保施工与设计的一致性；

（5）利用手机质量巡查软件，结合 BIM 模型，现场对安装质量、施工安全等方面进行巡检记录，并反馈给各参建方，提升现场综合监管能力。

### 9.2.4　BIM 实践总结

**1. 综合收益**

湖北省医养康复中心的 BIM 技术属于单点应用，所涉及的应用点以及参建单位不多，但极具落地性，中晟宏宇 BIM 团队对 BIM 咨询应用有了更深刻的认识。依托于 BIM 技术，该项目在图纸审查、质量管理、人力资源配置、安装成本控制等多个方面取得效果显著。

通过医养康复中心项目工程全周期 BIM 应用，团队拓展了族库文件，积累了渲染材质文件，进一步改进了样板文件和标准化指导手册，提升了 BIM 咨询人员的业务能力，为中晟宏宇 BIM 咨询应用积累了可复用资源和宝贵的经验。

**2. 未来 BIM 应用规划**

将继续扩展 BIM 技术在医疗项目的专项应用，利用 BIM 技术从医疗设施功能、区域划分、医患防护等角度出发，推进公司已有医疗项目 BIM 咨询应用的展开。加速 BIM 技术与工程咨询业务板块的融合，通过人员培训、制度优化、经验总结的办法，全方面提升 BIM 人员的现场管控能力和工程咨询人员的 BIM 知识储备，拓宽 BIM 技术在工程咨询单位的应用场景，为企业其他咨询项目 BIM 专项应用提供了借鉴。

## 9.3 湖北省档案馆新馆项目 BIM 技术应用案例

### 9.3.1 项目概况

**1. 项目简介**

湖北省档案馆新馆项目为集中统一保管湖北省省直机关、团体、企事业单位档案,并提供档案为社会各界服务的文化事业机构。项目位于武汉市东湖高新区花山生态园(花山大道以东、花城大道以北),占地面积60亩,总建筑面积60053平方米,总投资约5.09亿元。

新馆设计地面15层(裙房3层)、地下1层,具备档案安全保管、爱国主义教育、档案开发利用、政府公开信息查阅、电子文件备份、图书阅览、档案抢救保护等服务功能(见图9-3-1)。

图 9-3-1　湖北省档案馆新馆项目

**2. 项目难点**

经研究招标文件和现场踏勘发现,现场条件和四周环境复杂,施工场所及周边道路狭窄,对主要设备资料、构件采买、加工、进场及现场搬运有一定影响,且工程体量大,一次性投入的人力、物力、机械较多,各工种穿插施工,需要保证场内交通顺畅、减少材料机械二次搬运、塔吊及堆场布置合理有序,施工现场布置符合安全、环保、卫生等要求。

### 9.3.2 BIM 技术实施方案

**1. 组织架构与分工**

本项目建立项目 BIM 实施团队,负责开展 BIM 应用实施的落地。责任到人,落实到位,推进 BIM 技术应用落地。BIM 组织架构图如图9-3-2所示。

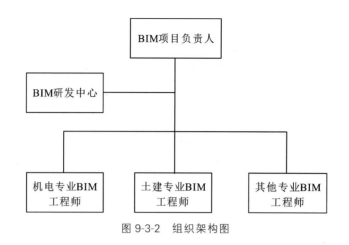

图 9-3-2 组织架构图

本项目成立 BIM 项目团队,由公司 BIM 研发中心抽调精英和公司具备过硬专业知识并精通 BIM 技术的工程师共同组成,由公司 BIM 研发中心提供技术支持,项目 BIM 团队负责项目 BIM 技术实施。各专业配备相应的专业负责人,项目 BIM 团队技术人员为 6 人,其中 BIM 项目负责人 1 名,机电专业 BIM 工程师 2 名,土建专业 BIM 工程师 2 名,其他专业 BIM 工程师 1 名。具体岗位工作职责见表 9-3-1。

表 9-3-1 项目工作职能表

| 序号 | 职务 | 工作职能 |
| --- | --- | --- |
| 1 | BIM 项目负责人 | 协调建设单位、监理、总包和上级关系,全面负责本工程 BIM 技术的建立、运用、管理,组织召开相关会议,全面推进工程 BIM 应用目标的实现 |
| 2 | 土建专业 BIM 工程师 | 负责本工程建筑专业 BIM 建模、深化设计等工作,提供完整的建筑信息模型,主要的平面、立面、剖面视图和门窗明细表,以及面视图三道尺寸标注,方便施工沟通 |
| 3 | 机电专业 BIM 工程师 | 负责本工程机电专业 BIM 建模、深化设计等工作,对本工程机电专业建立并运用 BIM 模型,完成管线综合深化设计、管路的设计复核等工作。提供完整的电气信息模型,主要的平面、立面、剖面视图和门窗明细表,以及面视图三道尺寸标注,方便施工沟通 |
| 4 | 其他专业 BIM 工程师 | 配合 BIM 团队进行模型的建立与信息的完善,为项目实施 BIM 应用提供支持,定期参与 BIM 会议 |

**2. BIM 实施总体规划**

中晟宏宇提供 BIM 咨询服务,运用于以下三个阶段:

(1)施工准备阶段。

施工准备阶段的 BIM 应用主要目标为提升工程质量,利用 BIM 技术为解决设计环节中可能存在的"错漏碰缺"等问题,提供技术上的保障。对设计图中可能存在的不符合施工要求及影响施工进度、质量的问题,协助设计方进行图纸优化,最终为达到建设单位建造高质量建筑的目标服务。

(2)施工阶段。

施工阶段的 BIM 应用主要针对施工过程中的成本、进度、质量、安全、沟通协调等方面进行全面管理,并充分利用 BIM 技术精细化与可视化特点,将各项施工指标进行精准化的过程管控。

(3)竣工交付阶段。

竣工交付阶段将按照国家规定和合同要求交付竣工模型和相关竣工资料。中晟宏宇将最后的竣工模型(包含族库、构件等)以及所有模型信息移交至建设单位,并对建设单位进行 BIM 资料相关培训交底,向建设单位提交能够浏览和使用本项目 BIM 模型的软件,根据合同要求进行运维阶段 BIM 信息参数化(如厂家信息、规格信息、维保信息等),满足未来建设单位对自持物业的运维要求。

3. BIM 成果目标

本项目在现场施工前,按照建设单位和 BIM 顾问要求完成本项目 BIM 实施策划,针对该项目制定 BIM 建模统一标准,完成各专业建模工作,通过三维模型数据接口集成土建、钢结构、机电、幕墙等多专业模型,开展承包范围内所有专业图纸深化设计、4D 仿真施工模拟、管线综合优化、净高复核、预留预埋洞口优化、复杂技术交底、工程量统计、模型漫游方案评估等应用。

以 BIM 模型为载体,为施工过程中的进度管理、现场协调、成本管理、材料管理等关键过程提供准确的构件几何位置、工程量、资源量、计划时间等,帮助管理人员进行有效决策和精细管理,减少施工变更,缩短项目工期、控制项目成本、提升工程质量。

在施工过程中定时维护 BIM 模型,确保最终竣工模型的准确性,将竣工模型移交给建设单位,方便后期运维管理。

本项目 BIM 成果目标如表 9-3-2 所示。

表 9-3-2  BIM 成果目标表

| 应用阶段 | 成果预期 | 成果目标 |
| --- | --- | --- |
| 施工准备阶段 | 三维可视化模型 | 制订详细的建模进度计划,并开展具体建模工作。对实际模型与设计图纸表达相矛盾的内容进行核查记录,并形成报告 |
| | 碰撞检查 | 通过建立各专业模型,模型综合后进行全专业综合碰撞检查。针对碰撞检查产生碰撞报告及时反馈,进而提前指导施工与设计更改优化。借助第三方软件平台,全面督促发现、识别与管理碰撞检查问题 |
| | 管线综合 | 针对设计图纸和 BIM 三维模型,深化调整 BIM 模型,出具管综模型和机电综合图 |
| 施工阶段 | 重难点施工模拟与优化 | 通过模拟软件模拟项目大型设备进场、安装及现场施工排布等重难点施工工艺。通过第三方平台对模拟成果进行集中管理 |
| | 施工算量 | 为项目提供动态工程量计算,支持本地清单算量规则的及时量价报表输出。为施工算量算价及支付提供数据支持 |
| | BIM 模型更新与维护 | 依据已签认的设计变更、洽商类文件和图纸,对施工图模型进行同步更新 |
| 竣工交付阶段 | 竣工移交 | 通过第三方软件平台以及扩展插件工具,将三维模型中的各种信息进行扩展,实现竣工数据移交,为建设单位后期运维管理提供基础 |

## 9.3.3  BIM 实践过程

1. 保障措施

(1)组织保障体系。

按照 BIM 组织架构表成立 BIM 工作团队,由项目 BIM 负责人全权负责 BIM 系统管理和维护。成立 BIM 管理领导小组,由总工程师任组长,组员包括公司 BIM 负责人、项目领导班子及 BIM 系统各专业负责人等,定期沟通,保证能够及时、顺畅地解决问题。

(2)例会制度。

项目 BIM 负责人及各专业负责人参与工程例会和设计协调会,及时了解设计和工程进展状况。项目 BIM 团队内部每周召开一次碰头会,针对本周工作情况和遇到的问题,修正下周工作计划。

(3) 质量保障措施。

①人员培训。

在建模工作开展之前,组织各建模单位对本项目 BIM 实施规划及具体的实施细则进行学习,确保各方对本项目的 BIM 实施规划有一致的理解,从而保证建模质量。

②模型质量控制。

在 BIM 工作的过程中加强内部培训和指导,确保各建模工程师对本规划有正确一致的理解。每个模型和应用成果在提交前,BIM 质量负责人应参照审查验收的要求标准,对模型进行质量检查确认,确保其符合要求。

③质量检查机制。

针对各项工作内容建立质量检查机制,检查内容如表 9-3-3 所示。质量检查的结果将以书面记录的方式反馈,并明确不合格项的情况、整改意见和整改时限。

表 9-3-3 BIM 成果质量检查表

| 阶段 | 检查内容 | 参检单位 | 检查要点 | 检查频率 |
| --- | --- | --- | --- | --- |
| 施工前准备阶段 | 规划设计模型 | | 模型与图纸的一致性;<br>模型深度满足各阶段要求;<br>建模方法与规定一致 | 每 3 天 |
| | 初步设计模型 | | | 每 3 天 |
| | 施工图设计模型 | | | 每 3 天 |
| 施工阶段 | 施工模型建模与更新 | BIM 咨询 | 是否按照进度进行模型更新 | 每 3 天 |
| | 设计变更 | | 设计变更是否得到确认;<br>模型是否修改 | 每 3 天 |
| | 变更工程量计量 | | 变更工程量是否正确 | 每 3 天 |
| | 模型深化到竣工模型 | | 深化设计模型是否符合要求 | 每 3 天 |
| 竣工阶段 | 竣工阶段的各项应用 | 建设单位、BIM 咨询 | — | 每 3 天 |

④各阶段交付前的审查。

针对各阶段交付制定审查办法,审查的结果将进行书面记录并通报给 BIM 咨询方,同时抄报建设单位。不合格的模型和应用将被拒绝接收,并明确不合格的情况、整改意见和时间。合格的模型和应用成果,将被批准,由接收方接收,同时将以书面记录的方式反馈给参与方。交付前审查内容如表 9-3-4 所示。

表 9-3-4 交付前审查检查表

| 时间点 | 检查内容 | 参检单位 | 模型接收单位 | 检查要点 |
| --- | --- | --- | --- | --- |
| 施工图设计完成 | 施工图设计模型 | 总包或 BIM 顾问、各专业分包 | BIM 咨询、施工方 | 1.模型精度是否满足规划、各阶段实施细则和相关合同规定的等级深度要求;<br>2.提交方是否采用本规划规定的方式进行建模;<br>3.交付的模型与 CAD 图纸内容是否保持一致 |
| 施工完成 | 竣工模型 | 建设单位、总包或 BIM 咨询或各专业分包 | 运维方 | |

2. BIM 实践应用重点

(1) 基于 BIM 的图纸审查。

在工程进展的不同阶段,根据施工图完成 BIM 模型的创建,并将相关参数录入 BIM 模型中,实现参数查询与统计,为后续的 BIM 应用奠定基础。

中晟宏宇湖北省档案馆新馆项目 BIM 团队选派有经验的各专业 BIM 工程师,对设计图纸进行审核,并根据设计图纸建立项目 BIM 模型。三维建模过程中,结合规范和施工经验,通过将各专业模型叠加、综合,及时发现模型中各专业之间的错、漏、碰、缺等问题,累计提出 70 余个图纸问题(见表 9-3-5),大大减少了设计变更数量,确保了施工进度,为建设单位节约了投资。

表 9-3-5　图纸问题记录表(部分)

| 工程名称 | | 湖北省档案馆新馆项目 BIM 技术应用工程 | | | | |
|---|---|---|---|---|---|---|
| 释疑类别 | | ☐建筑　☐结构<br>☐水　☑暖　☐电 | 审图方式 | ☑平面　☐模型 | 审图日期 | 2019-01-07 |
| 图纸位置 | | 地下一层通风及防排烟平面图 03 | | 问题等级 | ☐错误　☑提示 | |
| 问题编号 | 问题描述 | $D—E$ 轴/13—14 轴平时排风机房与战时送风机房设备位置相同,存在后期无法安装问题。 | | | | |
| 1 | 释疑内容 | 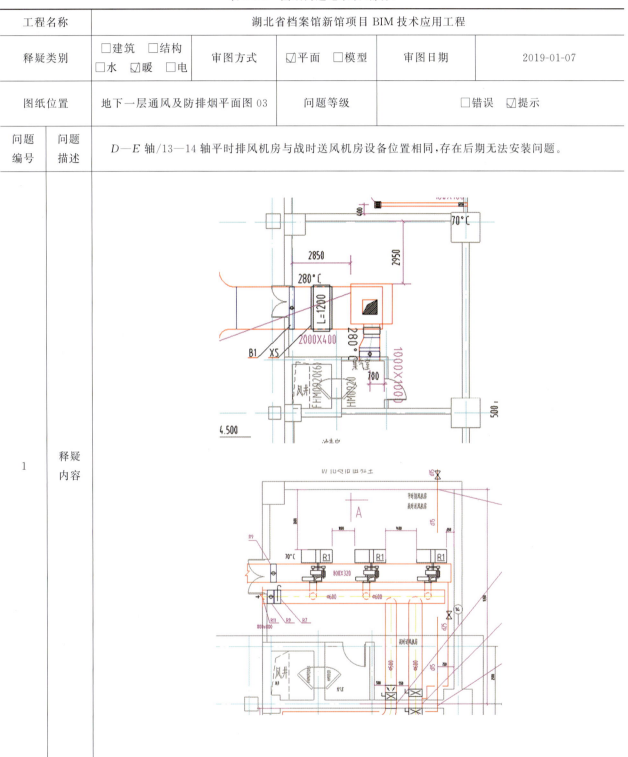 | | | | |

续表

| 工程名称 | | 湖北省档案馆新馆项目 BIM 技术应用工程 | | | | | |
|---|---|---|---|---|---|---|---|
| 释疑类别 | | ☐建筑 ☐结构 ☐水 ☑暖 ☐电 | | 审图方式 | ☑平面 ☑模型 | 审图日期 | 2019-01-07 |
| 图纸位置 | | 四层空调通风平面图 16 | | 问题等级 | | ☐错误 ☑提示 | |
| 问题编号 | 问题描述 | 四层风井连通管无法正常安装，与风机立管碰撞严重。 | | | | | |
| 2 | 释疑内容 | 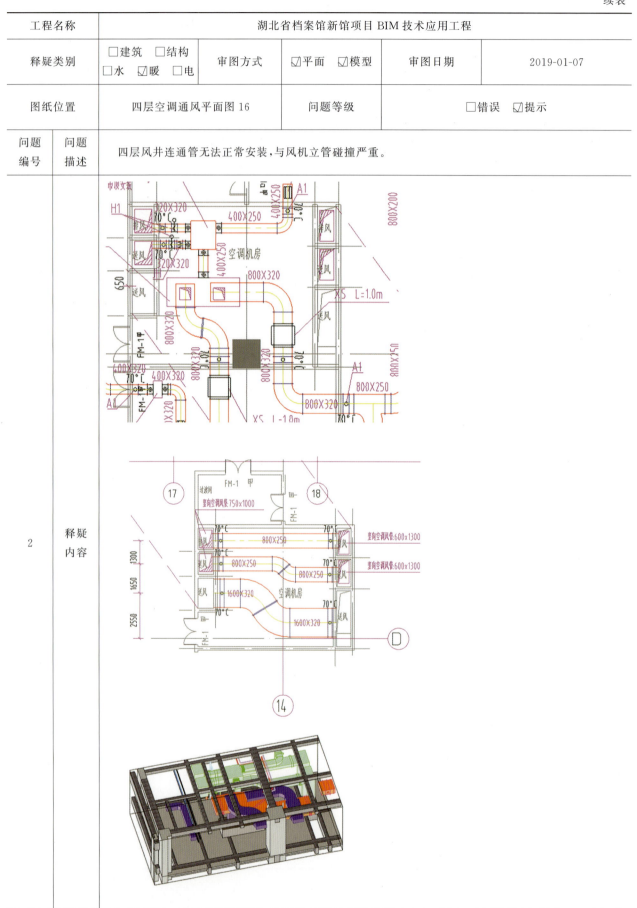 | | | | | |

续表

| 工程名称 | | 湖北省档案馆新馆项目BIM技术应用工程 | | | | | |
|---|---|---|---|---|---|---|---|
| 释疑类别 | | □建筑　☑结构<br>□水　□暖　□电 | 审图方式 | ☑平面　□模型 | | 审图日期 | 2019-01-07 |
| 图纸位置 | | 裙楼二层梁平法施工图<br>裙楼二层结构平面布置图 | | 问题等级 | | ☑错误　□提示 | |
| 问题编号 | 问题描述 | 裙楼二层2轴~4轴交G、F轴La位置不一致,梁板平面图,梁位置不统一,导致洞口偏差。 | | | | | |
| 3 | 释疑内容 | 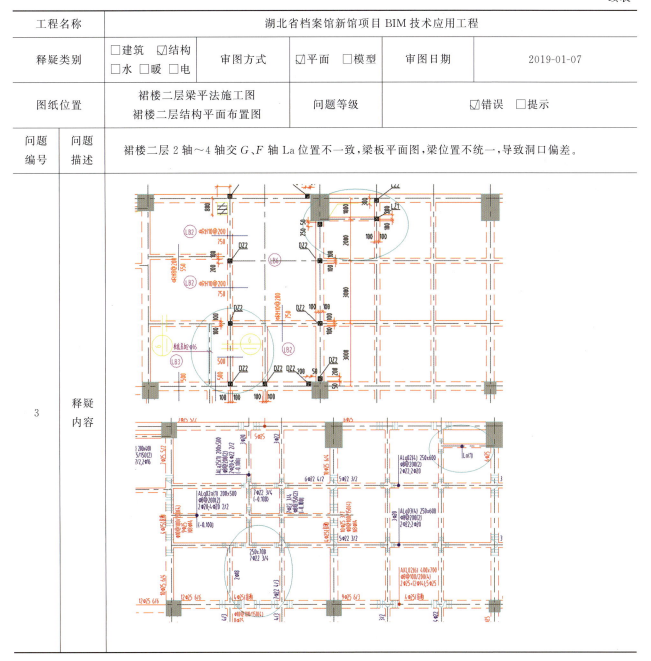 | | | | | |

(2)模型搭建与模型深化。

BIM团队按照质量控制目标搭建项目BIM模型(见图9-3-3、图9-3-4),将施工建筑、结构模型与机电安装各专业模型整合在一起,并根据检查机制落实"三天一检",确保模型质量。

在模型深化阶段,在完成机电各专业间碰撞检查以及机电专业与土建专业碰撞检查后,先将碰撞点协调解决后,再继续进行安装专业管线综合优化设计。针对机房以及管线密集的走廊区域,使用成品支吊架,将管线排布优化到净空最大化,并做到排布美观(见图9-3-5、图9-3-6)。

(3)三维场布策划。

场地布置是施工组织设计中的重要的一环,也是确保项目施工顺利进行的前提和基础。通过对设计总平面的场地进行区域划分,使办公、生活、施工等区域独立,便于管理,达到保证工程进度、提高工程效率的目的。三维场地模拟是以相关信息数据为基础建立三维模型,将它们之间的关系通过三维的形式表现出来,与传统二维图纸相比,表达更加直观。

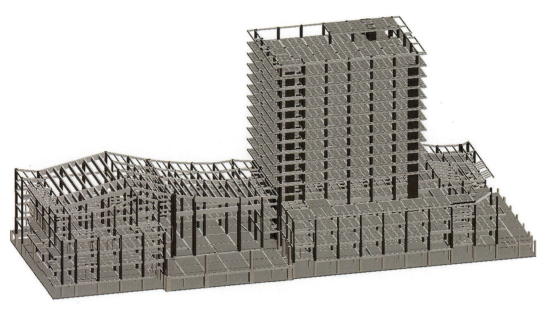

图 9-3-3 土建 BIM 模型

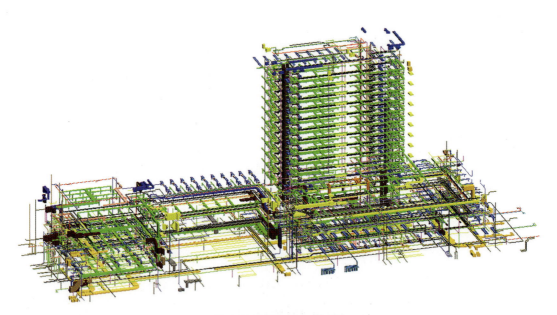

图 9-3-4 机电 BIM 模型

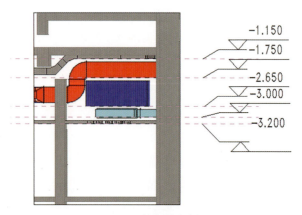

图 9-3-5 复杂节点剖面图

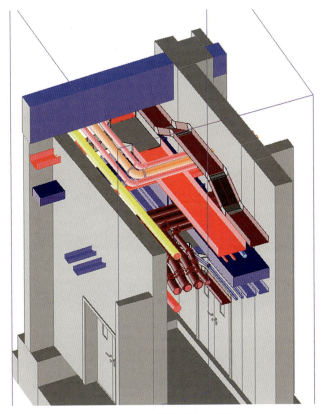

图 9-3-6　复杂节点三维图

项目BIM团队搭建场地模型,按基坑施工阶段、主体结构施工阶段、装饰装修施工阶段进行场地布置规划,分别构建各阶段的三维场地布置模型(见图9-3-7),并对施工各阶段的场地地形、既有设施、周边环境、施工区域、临时道路及设施、加工区域、材料堆场、临水临电、施工机械、安全文明施工设施等进行统一规划布置和分析优化,利用360度全景技术输出轻量化模型,进行动态的施工模拟,以判断施工各阶段场地布置是否合理。主要思路如下:

图 9-3-7　三维场地布置展示

续图 9-3-7

①在不影响施工的前提下,合理划分材料堆放场地和施工区域。根据各施工阶段合理布置施工道路,保证材料运输道路通畅,为施工提供便利。

②根据施工流程要求进行布置,减少对专业工种施工的干扰。

③根据施工生产安排布置生产设施,且满足安全消防及劳动保护的要求,临设布置做到不占用施工场地。

④总体施工开始后,随工程进展情况对施工区域内影响施工的临设、库棚、堆场等设施进行动态调整。

⑤考虑到施工流程存在交叉施工的情况,按时间段进行分阶段布置;同时,现场机械将根据本工程环境、构筑物特点进行布置,以满足整个现场及施工过程的需要。

⑥三维实景漫游。

BIM漫游技术相较于其他漫游技术,其模型参数化优势明显,包括建筑构件的材质、强度、定位等属性均能在漫游时通过相关操作展现,其精确性、真实性和可操作性,使其成为一个有用的工具。

在本项目中BIM图纸会审完成后得到施工图设计BIM模型,BIM团队在施工阶段相应工作面开工前一周完成管综调整和深化设计工作,再进行漫游视频和复杂节点工艺视频的制作,利用实景漫游技术对施工班组进行三维可视化交底,减少了现场协调工作,提高了管理效率(见图9-3-8、图9-3-9)。

图9-3-8　BIM漫游模型

图9-3-9　实景展示

### 9.3.4 BIM 应用总结

**1. 经济效益分析**

基于 BIM 项目的场布模拟应用提高了项目计划的可行性,本项目通过综合深化和施工模拟发现问题 143 处,提出 89 条优化意见,提前发现了设计问题和图纸错误,避免了项目返工。

通过 BIM 模型直观准确地展示施工过程、复杂节点、区域净高控制,进行可视化方案交底,减少了专项交底会议 21 次,最大限度地合理协调各专业间的问题,满足建设单位等相关方的各项要求,缩短了工期,创造了经济效益。

**2. 社会效益分析**

本项目利用 BIM 技术精细化管理与数字化拓展提高了现场管理效率及工程质量,为建设单位及项目赢得了良好的口碑,提升了生产效率及沟通效率。BIM 技术作为联系各参建单位、部门的纽带,大大提高了项目团队间的配合度,为参建企业积累了项目层级的 BIM 应用经验。

同时也促进了 BIM 技术在企业的应用,加深了项目团队对 BIM 技术的理解,积累了经验。通过图纸审查、三维场布策划,得到了建设单位及参建方对 BIM 技术的认可。

## 9.4 高科创新产业园项目 BIM 技术应用案例

### 9.4.1 项目概况

高科创新产业园项目位于武汉东湖高新区未来一路以东、科技二路以北,规划净用地面积 30123.39 平方米,总建筑面积 50363.83 平方米,其中地上 38536.33 平方米。其中地上分为 1♯楼 4 层 20.05 米高、2♯楼 6 层 23.4 米高、3♯楼 15 层 55.95 米,地下室共计停车位 310 个(见图 9-4-1)。

图 9-4-1 高科创新产业园效果图

1. 项目难点

(1)本项目采用全过程BIM技术应用,对项目BIM咨询团队人员素质要求高。

(2)设计阶段图纸的不确定,耗时耗工,并要求精度高。

(3)施工组织难度大,分包单位众多,多专业交叉施工协调难度大,施工组织难度高。

2. BIM技术实施规划

(1)应用目标。

通过BIM技术落地高科创新产业园建设项目,在项目部全体管理人员的共同努力下,通力配合,推进BIM技术的应用,尽最大可能实现如下应用目标:

安全、质量控制目标:提高施工现场质量控制及安全管理水平,最大限度地减少现场返工,提高一次性验收合格率。

进度控制目标:减少施工过程的返工,优化施工组织安排,实现总工期目标。

效益控制目标:优化施工方案,统筹安排施工投入,减少返工窝工损失,提高协调效率,实现企业收益目标。

创优目标:牢固把握BIM技术应用,提升项目整体管理水平,全力配合项目部各项创优目标的申报和完成。

(2)组建BIM团队。

根据本项目的特点,从公司BIM研发中心抽调技术骨干组建项目BIM咨询团队,由BIM项目组组长全面负责BIM咨询团队管理工作,并统一协调BIM各相关方,如各专业BIM工程师、建设单位、设计单位和各分包商等。各专业至少配置1位熟练掌握本专业业务且熟悉BIM建模、浏览软件操作的人员,组成项目BIM团队,负责BIM模型的创建、维护,根据设计图和深化设计图,构建精确的三维模型,准确地发现图纸问题并及时解决,并对BIM模型进行优化,最终形成竣工模型。具体的团队组建见图9-4-2。

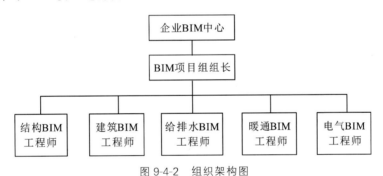

图 9-4-2  组织架构图

(3)BIM团队各岗位职责。

本项目BIM团队主要负责:BIM模型的创建、维护,并在三维模型的基础上进行相关的BIM应用。项目BIM咨询团队整体有关BIM工作的职责如表9-4-1所示。

表 9-4-1  项目团队岗位职责表

| 主要岗位/部门 | BIM工作及责任 |
| --- | --- |
| BIM项目组组长 | 编制BIM实施方案、工作计划、建模标准;负责BIM模型构建的工作分配及进度保证;负责监督、检查项目执行进展;负责提报各专业模型及优化意见 |
| 建筑专业BIM工程师 | 负责BIM建筑专业模型建立;负责维护、共享、管理等工作;负责审核、优化BIM模型及数据,确保模型与相关的施工图纸、图纸设计变更等保持一致;负责模型渲染效果图;负责与其他专业相关工作的协调、配合 |

续表

| 主要岗位/部门 | BIM 工作及责任 |
|---|---|
| 结构专业 BIM 工程师 | 负责 BIM 结构专业模型建立;负责维护、共享、管理等工作;负责审核、优化 BIM 模型及数据,确保模型与相关的施工图纸、图纸设计变更等保持一致;负责与其他专业相关工作的协调、配合 |
| 给排水专业 BIM 工程师 | 负责 BIM 给排水专业模型建立;负责维护、共享、管理等工作;负责审核、优化 BIM 模型及数据,确保模型与相关的施工图纸、图纸设计变更等保持一致;负责与其他专业相关工作的协调、配合 |
| 暖通专业 BIM 工程师 | 负责 BIM 暖通专业模型建立;负责维护、共享、管理等工作;负责审核、优化 BIM 模型及数据,确保模型与相关的施工图纸、图纸设计变更等保持一致;负责与其他专业相关工作的协调、配合 |
| 电气专业 BIM 工程师 | 负责 BIM 电气专业模型建立;负责维护、共享、管理等工作;负责审核、优化 BIM 模型及数据,确保模型与相关的施工图纸、图纸设计变更等保持一致;负责与其他专业相关工作的协调、配合 |

(4)工作制度。

①软硬件管理制度。

硬件方面包括规范设备购置、管理、应用、维护、维修及报废等方面的工作;而软件方面则包括系统的采购、权限分配、运行信息系统安全等方面。需要注意的是,BIM 的应用系统往往对硬件系统有较高的要求,软硬件的配合需要提前做好分析准备。另一方面,BIM 软件种类繁多,需要根据 BIM 项目所提出的具体应用需求进行选型搭配,避免造成资金的浪费。

②应用组织制度。

该制度需要明确规定 BIM 实施团队成员构成和岗位职责。该制度中对于各类岗位的知识结构和能力要求要有明确的规定。

③项目实施管理制度。

该制度的主要内容是制定 BIM 项目管理的目标和应取得的项目成果,明确项目管理的任务、时间进度等内容,预判项目进行中可能发生的变更和风险,以及如何有效地管理、控制、处理项目进程等问题。

④数据维护制度。

BIM 的实施最终以 BIM 平台的形式体现,BIM 平台在项目的实施过程中会形成数量庞大的数据信息,因此一开始就设立一个良好的数据维护制度至关重要,主要包括 BIM 模型数据标准、数据归档格式、访问权限、工程管理数据等内容。该制度最重要的作用是保证 BIM 平台的数据同步和数据安全,避免数据在不同的工作流程中不同步以及数据混乱、数据丢失的情况。

⑤培训管理制度。

培训管理制度既要考虑到普及性,又要考虑到专业岗位的针对性。对于通用的 BIM 知识、BIM 实施流程、各个环节的交付标准等内容,可以制订整个 BIM 实施团队的培训计划;而对于一些专职的岗位,例如 BIM 数据分析师,则需要制订专门的培训课程专项进行。完善的培训管理制度主要是需要保障在项目实施的阶段,项目的 BIM 实施人员能及时到位地展开工作。

(5)工作流程。

本项目工作流程见图 9-4-3。

(6)成果输出。

本项目主要成果见表 9-4-2。

# 第9章 BIM技术咨询应用案例分析

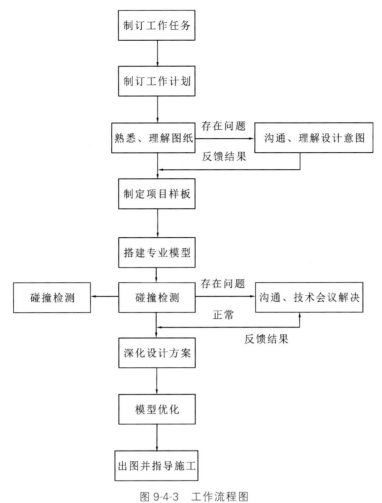

图 9-4-3 工作流程图

表 9-4-2 成果输出表

| 序号 | BIM 应用 | | 预期成果 |
|---|---|---|---|
| 1 | 建模 | 建筑模型 | 提供准确、完整的工程信息模型 |
| | | 结构模型 | |
| | | 暖通模型 | |
| | | 电气模型 | |
| | | 给排水模型 | |
| 2 | 空间管理 | 碰撞检测报告、管综优化图、净空分析报告、预留洞口图 | 提前发现各专业间的冲突,协助图纸会审,深化设计,降低设计风险,减少变更,加快施工进度 |
| 3 | 变更管理 | 模型维护,工程量变更依据 | 提供几乎实时动态、准确、完整的变更模型调整,实现对过程中签证、变更等资料的快速创建,方便在结算阶段追溯 |
| 4 | 竣工交付 | 维护和更新施工阶段 BIM 模型,形成竣工模型 | 包含大量运维所需数据和资料的 BIM 模型,实现 BIM 竣工模型的信息与实际建筑物信息一致 |
| 5 | 虚拟漫游 | 漫游视频、现场漫游展示 | 虚拟场景化,提前发现影响实际施工的碰撞点,加快施工进度 |
| 6 | 动画渲染 | 动画渲染视频 | 实现设计所见即所得,可视化展示项目的真实效果 |

(7)实施计划。

根据招标文件中对工作内容和工期节点的要求,以及本工程的总体工期要求,为保证工程的顺利进行,制订以下BIM实施计划。

在项目中标后30天内,BIM咨询团队建立一个精度为LOD300的BIM模型,包括建筑、结构、暖通、电气、给排水等专业。BIM实施计划见表9-4-3。

表9-4-3 工作内容表

| 序号 | 工作内容 | 完成时间及结果 |
| --- | --- | --- |
| 1 | BIM团队组建 | 合同完成前完成核心人员召集工作,合同签订后3日内完成团队组建及进行任务分工 |
| 2 | 熟悉、理解图纸 | 拿到建设单位提供的图纸一周内 |
| 3 | 搭建各专业模型 | 合同签订后,30天内完成各专业模型的搭建 |
| 4 | 各专业进行碰撞检测,形成检测报告 | 合同签订后,35天内根据检测报告形成有建设性的深化设计意见,提请建设单位及设计院审核 |
| 5 | 基于BIM模型完成施工图会审 | 合同签订后,60天内完成模型的优化,提请建设单位和深化设计单位及设计院审核 |
| 6 | 出图 | 设计院审核合格后,7天内完成CAD出图 |
| 7 | 设计变更管理及模型维护 | 收到设计变更确认单后7天内完成模型的更新 |
| 8 | 施工阶段模型管理 | 各参建单位模型的传递及解读 |
| 9 | 深化模型审核 | 对施工单位报审的深化模型进行审核 |
| 10 | 模型审核问题会审 | 对各参建单位审核意见进行开会讨论,并要求修改 |
| 11 | 图模一致现场管理 | 对现场质量、工艺进行管控,与最终模型保持一致 |
| 12 | 竣工模型管理 | 竣工验收7天内完成竣工模型 |

(8)工作任务分工。

本项目BIM团队由BIM项目组组长及各专业(建筑、结构、暖通、电气、给排水)BIM工程师组成,共6人,负责BIM模型的创建、维护,确保设计图和深化设计图能清楚形象地以三维模型展现出来,预先发现图纸问题并及时解决,并对设计方案进行优化,最终形成包含过程管理信息的竣工模型。具体分工见表9-4-4。

表9-4-4 任务分工表

| 工作岗位 | 工作任务 |
| --- | --- |
| BIM项目组组长 | 制订BIM实施方案并组织实施 |
| 暖通专业BIM工程师 | BIM暖通专业模型建立及应用 |
| 电气专业BIM工程师 | BIM电气专业模型建立及应用 |
| 给排水专业BIM工程师 | BIM给排水专业模型建立及应用 |
| 建筑专业BIM工程师 | BIM建筑专业模型建立及应用 |
| 结构专业BIM工程师 | BIM结构专业模型建立及应用 |

(9)实施标准保障。

本项目实施标准保障参照公司BIM工作标准(见图9-4-4至图9-4-6)。

图 9-4-4 《BIM 建模指导手册》　　图 9-4-5 《BIM 管综深化排布方案指导手册》　　图 9-4-6 《BIM 模型深化审核监理作业指导手册》

## 9.4.2　设计阶段 BIM 应用

**1. 全专业模型创建**

设计阶段建立全专业 BIM 模型(见图 9-4-7、图 9-4-8)。

图 9-4-7　土建 BIM 模型

**2. 空间整体管理**

采用 BIM 工作集的方式将各专业的 BIM 模型整合在一起,使用专业碰撞软件进行全专业碰撞分析,对深化设计与施工图的符合性进行核查,使施工图纸更精准。如图 9-4-9 至图 9-4-12 所示,可将完成的整合模型导出至碰撞检测软件,选择要碰撞的系统进行测试。

**3. 净高分析**

通过 BIM 多专业集成应用,检查楼层之间净高是否存在净高不足的情况,避免工期延误,大幅度减少返工,改善工程质量,提前预见问题,减少危险因素,大幅提升工作效率(见图 9-4-13、图 9-4-14)。

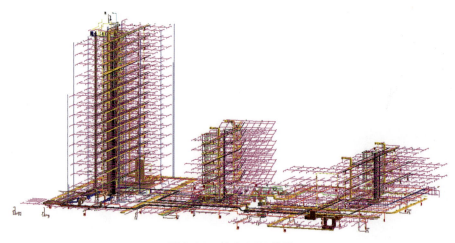

图 9-4-8　机电 BIM 模型

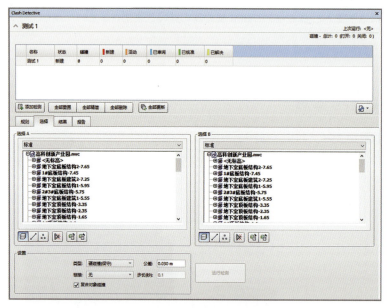

图 9-4-9　选择碰撞测试模型

| | |
|---|---|
| 名称 | 碰撞1 |
| 距离 | -0.054m |
| 说明 | 硬碰撞 |
| 状态 | 新建 |
| 网格位置 | L-Xa：4米5 |
| 创建日期 | 2018/3/1 08:49:44 |

**项目 1**

| | |
|---|---|
| 元素 ID | 1724604 |
| 图层 | F2 |
| 项目 名称 | MEP_XF新风系统颜色 |
| 项目 类型 | 实体 |

**项目 2**

| | |
|---|---|
| 元素 ID | 1183856 |
| 图层 | F2 |
| 项目 名称 | 带配件的电缆桥架 |
| 项目 类型 | 线 |

图 9-4-10　碰撞节点详情

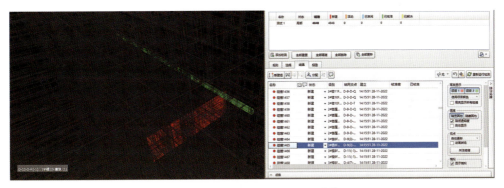

图 9-4-11 点击并在三维找到碰撞

### 碰撞报告

| 公差 | 碰撞 | 新建 | 类型 | 状态 |
|---|---|---|---|---|
| 0.030m | 506 | 506 | 硬碰撞 | 确定 |

| | | | | | | 项目 1 | | 项目 2 | |
|---|---|---|---|---|---|---|---|---|---|
| 图像 | 碰撞名称 | 状态 | 距离 | 网格位置 | 说明 | 碰撞点 | 项目 ID | 路径 | 项目 ID | 路径 |
| 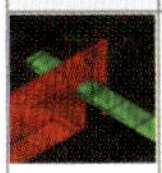 | 送风风管与基本墙 1 | 新建 | -2.125 | P-22 : BTN | 硬碰撞（保守） | x:103.700、y:101.850、z:18.700 | 元素 ID: 1843343 | 文件 > WHGK_ALL.nwd > WHGK_AR_Towers.nwc > 4F > 墙 > 基本墙 > AR-IntWall 200 > 基本墙 > Default Wall | GUID: 1ce493ff-c3d7-48a6-86b2-a419de7b3637 | 文件 > WHGK_ALL.nwd > WHGK_MEP_Skirt Room.nwd > 段 > 风管 (1881) > 矩形风管 (1879) > SA (88) > 矩形风管 [5305666] > 壳 |

图 9-4-12 形成碰撞报告书

## 四、模型净高分析

本项目通过复杂节点的提取与分析，着重列举地下室车行道、电梯前室、主楼走道净高分析结果。

| 工程名称 | 高科创新产业园建设项目 BIM 技术应用工程 | | |
|---|---|---|---|
| 图纸位置 | D-T/D-U 处车行道净高分析 | 排布等级 | □高 ☑中 □一般 |
| 控制净高 | 2.2 米 | 实际净高 | 2.27 米 |
| 行车道描述 | 此车行道穿行并行两条风管，尺寸为 800x400、1250x500，两条动力桥架 CT1 600x150 、 CT2 400x150，一条母线，一条消火栓支管 DN100，喷淋管若干。按图施工将管线进行排布后净高为 2.27 米，满足要求。 | | |
| 问题编号 | 排布描述 | 此车行道净宽为 4.3 米，梁下净高 3.1 米，此次排布分两层进行，上层为动力桥架 CT1、CT2 和一条母线以及消防管线并行排布，下层垂直上层管线排布两条风管，喷淋支管在上方进行穿插，确保了一定的施工间距。 | |
| 01 | 车行道 1 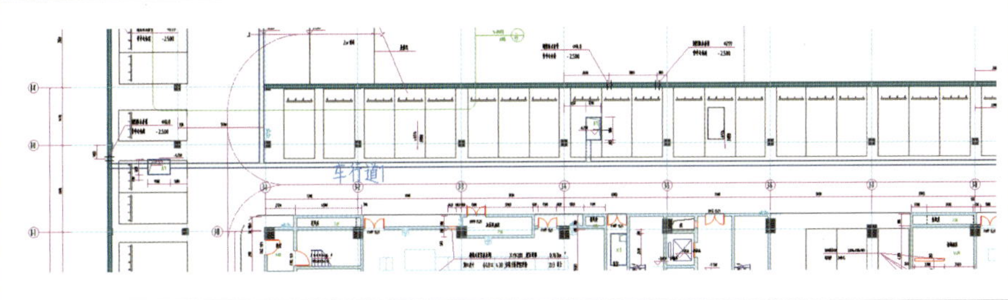 | | |

图 9-4-13 车行道 1 净高分析

| 工程名称 | 高科创新产业园建设项目BIM技术应用工程 | | |
|---|---|---|---|
| 图纸位置 | D-P/D-N处车行道净高分析 | 排布等级 | □高 □中 □一般 |
| 控制净高 | 2.2米 | 实际净高 | 2.27米 |
| 行车道描述 | 此车行道横向贯穿5条风管、1条桥架，尺寸分别为1条800x400排风管、2条1000x630加压送风管、1条800x400加压送风管、1条1250x500加压送风管，1条400x100的弱电桥架。纵向贯穿7根水管、2条桥架、1条母线，尺寸分别为1根DN65生活给水管、2根DN100生活给水管、2根DN150的高区消防主管、2根DN150的喷淋主管、2条300x150的桥架、一条母线。喷淋支管若干，按图施工将管线进行排布后净高为2.27米  满足要求。 | | |
| 问题编号 | 排布描述 | 车道宽5.5米，梁下净高4.9米，此次排布粗略分为三层，为了便于施工将桥架排布至最底层，横向一条、纵向三条，中间5条风管横向并行排布，最上方纵向7根水管并行排布。各管线间保证一定的施工间距，以确保施工能够顺利进行。 | |
| 02 | 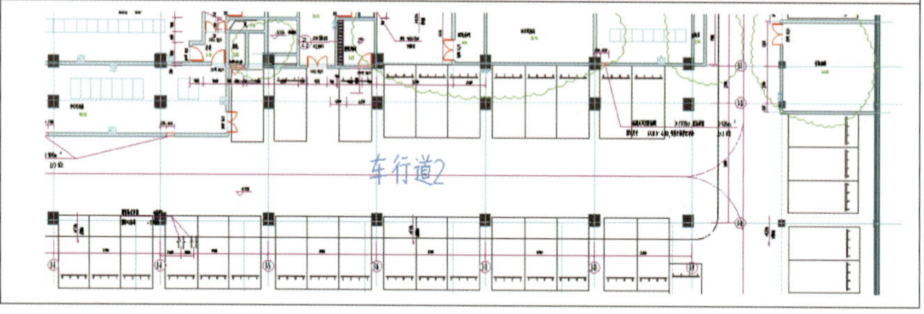 车行道2 | | |

图 9-4-14  车行道2净高分析

**4. 设计优化与管理**

通过BIM模型的三维可视化，可以直观地发现各专业间设计内容的错误，发现很多传统二维模式下不易发现的错误，查找出不符合设计图集、规范之处，并生成图纸问题报告，提交建设单位及设计院，通过沟通、技术会议等解决图纸的问题。具体实施流程如下：

（1）对施工图纸进行审图分析；
（2）根据施工图纸进行各专业的BIM模型创建；
（3）建模过程中记录发现的图纸问题，并基于专业暂定处理方式；
（4）将图纸整理形成报告，一般问题集中反馈，重大问题实时反馈提交（见图9-4-15、图9-4-16）；

| 工程名称 | 高科创新产业园建设项目BIM技术应用工程 | | |
|---|---|---|---|
| 图纸位置 | 1#楼3F走道 | 排布等级 | □高 □中 □一般 |
| 控制净高 | 2.6米 | 实际净高 | 2.3米 |
| 走道描述 | 此走道排布1根DN150的喷淋水管，两条桥架尺寸分别为200×100、150×100，1条风管尺寸为1000×250 | | |
| 问题编号 | 排布描述 | 此走道分为三层排布，喷淋位于左上方，桥架在中间靠右排布，风管布置在最下方 | |
| 02 | 1#楼3F走道 | | |

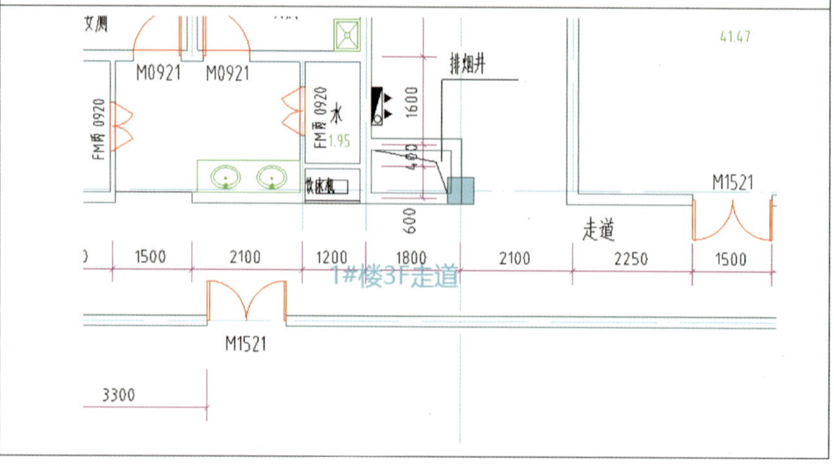

图 9-4-15  走道机电排布问题

| 工程名称 | 高科创新产业园建设项目BIM技术应用工程 | | |
|---|---|---|---|
| 图纸位置 | 2#楼电梯前室 | 排布等级 | □高 ☑中 □一般 |
| 控制净高 | 2.5米 | 实际净高 | 米 |
| 电梯前室描述 | 2#楼电梯前室纵向贯穿5根水管、一条风管,分别为三根DN100的生活给水管,1根DN150的生活给水管、1根DN150的喷淋主管,一条1000×400的加压送风管。纵向贯穿4根水管、一条桥架,分别为2根DN150的消防主管、2根DN150的喷淋主管,1条200×150的动力桥架。 | | |
| 问题编号 | 排布描述 | | |
| 02 | 2#楼电梯前室 | 此电梯前室排布分为纵向一层、横向两层,纵向5根水管均排布在左侧,右侧排布风管,横向最下层排布水管4根,上方排布动力桥架1条,详情见下三维剖切图。 | |

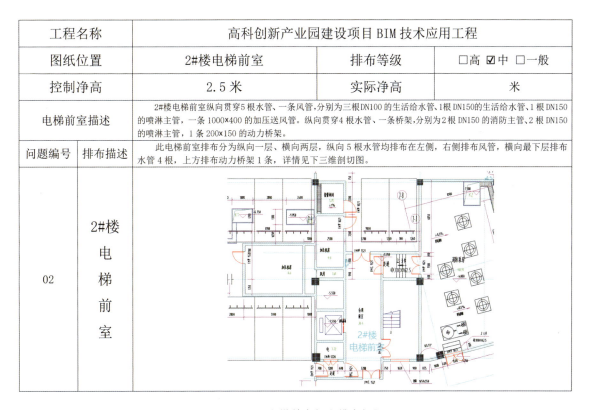

图 9-4-16 电梯前室机电排布问题

(5) 对设计可优化部分进行整理。

例如本项目在设计阶段进行建模,发现1、2#楼空调室外机挑板大样上部挑板厚度为200 mm,配筋为双层双向钢筋;3#楼空调室外机挑板大样上部挑板厚度为120 mm,配筋为双层双向钢筋,下部挑板厚度为100 mm,配筋为双层双向钢筋。存在1、2、3#楼结构尺寸和钢筋大样不一致的问题(见图9-4-17)。

## 五、优化前后对比报告

| 工程名称 | 高科创新产业园建设项目BIM技术应用工程 | | |
|---|---|---|---|
| 图纸位置 | 1、2、3#楼大样① | 调整类别 | □建筑 ☑结构 □水 □暖 □电 |
| 初始状态 | | 优化状态 | |

图 9-4-17 大样钢筋设计优化1

其调整方案为：1、2＃楼空调室外机挑板大样上部挑板厚度改为 120 mm，配筋改为单层双向钢筋；3＃楼空调室外机挑板大样挑板厚度不变，上下不挑板配筋均改为单层双向钢筋。最终形成 1、2、3＃楼大样配筋的统一（见图 9-4-18）。

| | | | |
|---|---|---|---|
| 问题简述 | 1、2#楼空调室外机挑板大样可知上部挑板厚度为 200mm，配筋为双层双向钢筋<br>3#楼空调室外机挑板大样上部挑板厚度为 120mm，配筋为双层双向钢筋，下部挑板厚度为 100mm，配筋为双层双向钢筋 | 调整方案 | 1、2#楼空调室外机挑板大样可知上部挑板厚度改为 120mm，配筋改为单层双向钢筋<br>3#楼空调室外机挑板大样挑板厚度不变，上下不挑板配筋均改为单层双向钢筋<br>最终形成 1、2、3#楼大样配筋的统一 |
| 预期效果 | 经初步统计，1、2#楼节省钢筋量为 4.7 吨、5.4 吨，3#楼节约钢筋量为 14 吨，预计节省钢筋总量为 24 吨。此处优化同样可以节约大量混凝土的用量。 | | |

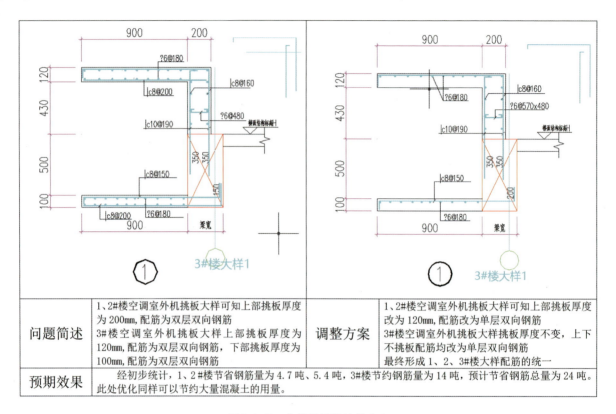

图 9-4-18　大样钢筋设计优化 2

原设计图地下室抗浮锚杆在满足承载力要求的情况下设置为 2 根直径 28 的钢筋（见图 9-4-19）。

| 工程名称 | 高科创新产业园建设项目 BIM 技术应用工程 | | |
|---|---|---|---|
| 图纸位置 | 地下室结构平面图　图号 02 | 调整类别 | □建筑 ☑结构 □水 □暖 □电 |
| 初始状态 | | 优化状态 | |
| 04 释疑内容 | 抗浮锚杆设计说明:<br>本工程抗浮设计水位定为绝对标高31.30~33.75;为解决地下室整体和底板的局部抗浮问题,在地下室底板区格内设置抗浮锚杆,锚杆采用热轧钢筋HRB400级钢(Φ),fy=360 N/mm[l2lm;水泥砂浆强度等级为M30。锚杆锚入第(4)层,即粉质黏土夹碎石层内深度不小于3.0米,单根锚杆抗拔承载力特征值Rt[f100KN。在工程锚杆施工前,按本工程设计要求先在场区内布置3根锚杆进行破坏性试验,以复核所设计锚杆的抗拔承载力。根据此试验结果,由设计单位调整单根锚杆承载力和锚杆布置方案后方可进行工程锚杆的施工。工程锚杆施工完毕后,应抽取5%的锚杆进行抗拔承载力检验,试验锚杆位置结合现场施工情况确定。<br>锚杆抗拔承载力检验要求按《建筑地基基础设计规范》(GB50007-2011)附录Y执行。用于抗拔承载力检验的锚杆其钢筋为2Φ28。<br>地下室顶板各项施工完成后,应尽快按设计厚度筑填覆土,使用周期间,严禁改变覆土厚度;地下室顶板上部填土及景观布置完成之前,应严格做好地下室水位的降水工作,防止锚杆承受超出设计承载力要求的情况出现,确保地下室在施工阶段的抗浮稳定性。<br>本说明未注明的均按现行相关规范执行。 | | 抗浮锚杆设计说明:<br>本工程抗浮设计水位定为绝对标高31.30~33.75;为解决地下室整体和底板的局部抗浮问题,在地下室底板区格内设置抗浮锚杆,锚杆采用热轧钢筋HRB400级钢(Φ),fy=360 N/mm[l2lm;水泥砂浆强度等级为M30。锚杆锚入第(4)层,即粉质黏土夹碎石层内深度不小于3.0米,单根锚杆抗拔承载力特征值Rt[f100KN。在工程锚杆施工前,按本工程设计要求先在场区内布置3根锚杆进行破坏性试验,以复核所设计锚杆的抗拔承载力。根据此试验结果,由设计单位调整单根锚杆承载力和锚杆布置方案后方可进行工程锚杆的施工。工程锚杆施工完毕后,应抽取5%的锚杆进行抗拔承载力检验,试验锚杆位置结合现场施工情况确定。<br>锚杆抗拔承载力检验要求按《建筑地基基础设计规范》(GB50007-2011)附录Y执行。用于抗拔承载力检验的锚杆其钢筋为2Φ20。<br>地下室顶板各项施工完成后,应尽快按设计厚度筑填覆土,使用周期间,严禁改变覆土厚度;地下室顶板上部填土及景观布置完成之前,应严格做好地下室水位的降水工作,防止锚杆承受超出设计承载力要求的情况出现,确保地下室在施工阶段的抗浮稳定性。<br>本说明未注明的均按现行相关规范执行。 |

图 9-4-19　设计说明抗浮锚杆配筋更改

调整方案为：经 BIM 工程师对地下室抗浮锚杆承载力进行验算，2 根直径 28 的钢筋用料过多，存在浪费现象，最终优化后更换为 2 根直径 20 的钢筋（见图 9-4-20）。

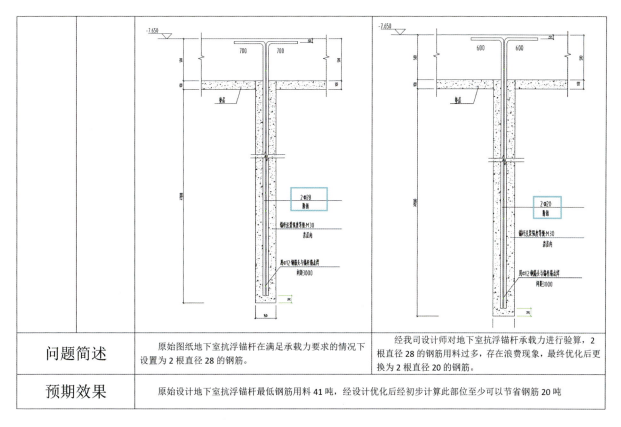

图 9-4-20　抗浮锚杆更改后剖面图

1#楼墙身大样图显示 2F 梁 L16(2)200×600 位于 1—D/1—8～1—10 轴处大样与结构有误,且外部浅灰色铝板线条与立面线条高度不符,最终无法进行空调外机的安装。

调整方案为:原有 2F 梁 1—D 轴处 L16(2)200×600 在 1—9/1—10 处往里退 200,保证建筑外围线条的一致性,解决门窗安装问题的同时,满足了空调室外机安装条件(见图 9-4-21 至图 9-4-23)。

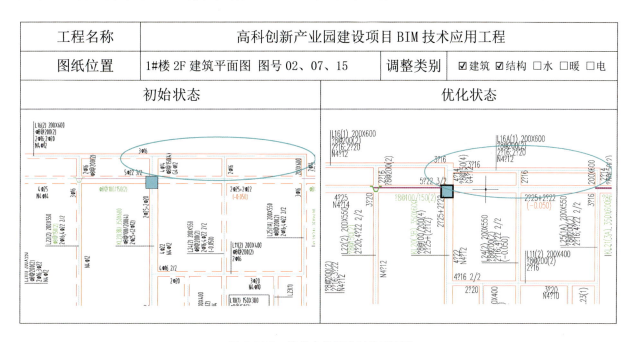

图 9-4-21　墙身大样更改对比平面图

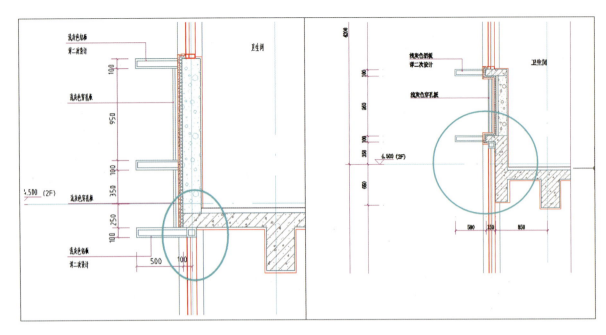

图 9-4-22 墙身大样更改对比剖面图

图 9-4-23 墙身大样更改对比三维图

### 9.4.3 施工阶段 BIM 技术应用

**1. 模型审核**

BIM 模型审核是 BIM 技术应用中必不可少的一个环节,审核工作烦琐细致、花费时间,但却决定了 BIM 模型的质量,直接关系到 BIM 模型应用是否能够落地。

本项目主要从土建、机电两个专业模型进行审核编制,根据 BIM 审核实施标准、项目深化图纸、相关规范等审核模型,主要从以下几个方面审核:模型文件内容审核、项目基准审核、模型构件审核、模型审核、属性信息审核、构件碰撞审核、模型视图审核、图模一致审核、模型计量审核、资源族库审核、模型应用点审核等。

通过审核建筑模型,发现建筑门洞与室外建筑物不吻合,形成问题审核表,交予施工单位修改,并提交修改后版本,BIM 咨询单位继续审核,直至模型达到建设单位要求为止(见图 9-4-24)。

## 第9章 BIM技术咨询应用案例分析

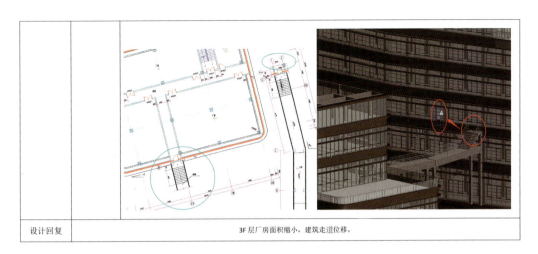

图 9-4-24 土建模型审核意见

通过审核机电模型,发现水泵房管道排布混乱,审核后形成问题记录并提供管综优化方案,BIM咨询单位继续审核并修改,直至模型达到建设单位要求为止(见图9-4-25)。

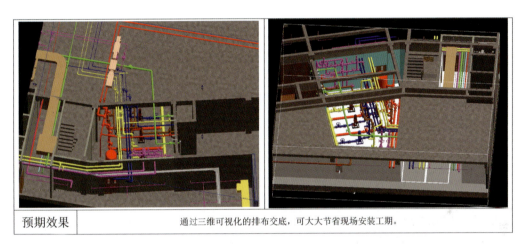

图 9-4-25 机电模型审核意见

### 2. 重要节点二维码交底

项目人员将复杂节点、关键节点的BIM模型上传至项目平台,并做注释,用于现场管理人员、施工班组进行可视化技术交底,同时制作二维码粘贴于施工现场,便于管理人员、工人随时查看,提高对现场工人的交底沟通效率(见图9-4-26、图9-4-27)。

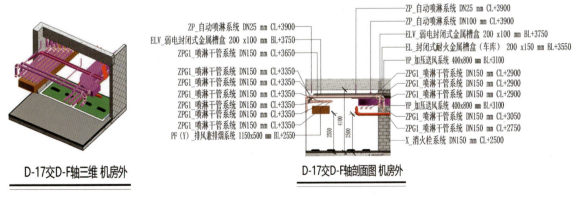

图 9-4-26 机电重要节点三维展示　　　　图 9-4-27 机电重要节点拆分展示

### 3. BIM 进度管理

本工程在过程中需要多专业相互配合、合理分工、协同作业,因此施工进度管理尤为重要。通过三维管理软件,进行进度计划导入。项目现场管理人员通过手机 APP 在现场记录每一个部位的完成情况,项目部 BIM 平台自动更新进度数据,由此,将 BIM 模型与工程施工计划链接起来,实现工程施工进度在 BIM 平台实时更新,便于进度控制。

### 4. BIM 安全管理

构建信息化安全管理体系,安全管理过程可追溯、结果可分析。对隐患部位进行拍照,下发整改单,责任人进行整改,整改完成后安全员进行复查,自动生成台账和整改单,辅助项目实现安全管理信息化、可视化;项目决策层通过 BIM 平台检查近期发生的安全隐患和未销项隐患,对各参建单位针对性地下达限时整改指令,总体上大大提高了安全信息的收集、传递、处理效率,也形成了可视化可追溯电子档案,提高了项目的安全管理水平。

### 5. BIM 质量管理

材料设备管控利用 BIM 技术和信息化手段,生成材料设备清单、材料设备采购清单、进场验收材料设备清单,通过比对以上"三单"信息,检验材料设备的符合性。如存在差异,利用 BIM 软件,提取 BIM 模型中每个构件材料设备属性及参数,形成材料设备清单,包含对材料设备的要求。清单与模型中构件建立对应关系,作为进场验收和现场使用的依据,便于追溯。

应用 BIM 技术,将质量检查验收标准植入 BIM 模型,各方在对工程实体进行检查验收时,可以实时查阅质量标准,实现标准统一、便于查询;在现场验收检查时,执行质量标准,提高质量检查验收工作效率。

### 6. 动画渲染

利用 BIM 模型制作三维动画,有效率高、成本低、真实感强的特点,有助于设计方案的完善。它可以向建设单位、监理单位、施工单位等参建方形象地表达设计者的意图,展示建筑完成后的效果(见图 9-4-28、图 9-4-29)。

图 9-4-28　动画渲染效果图 1

### 7. 漫游分析

通过虚拟漫游软件进入建筑物内部进行漫游,从第三视角发现可能发生的施工错误,提前予以纠正;并且可以通过虚拟漫游实现三维可视化交底,让施工人员清晰地了解各个构件信息、设备位置关系、空间关系、施工顺序等,提高施工人员对图纸的理解(见图 9-4-30)。

图 9-4-29　动画渲染效果图 2

图 9-4-30　地下室管综复杂漫游分析

### 8. 三维场布

建筑工地通常施工场地狭小,但场地内的机械、设备、材料众多,还包括塔吊、水、电、道路布置等,如何合理地进行场地布置对工程的顺利实施至关重要,且建筑施工根据施工阶段的不同,场地布置存在较大的差异。通过 BIM 的三维场布技术,可以提前对各阶段的场地布置进行模拟分析,提高场地布置的合理性和利用率,这是工程顺利实施的重要基础。在本项目中利用 BIM 场布软件按施工阶段不同分阶段进行场地布置,并制作 360 度全景图,生成二维码,便于现场管理人员用手机移动端扫描二维码,实时查看场地三维实景布置,从施工全过程的角度来进行场地的管理,确保合理使用施工场地(见图 9-4-31 至图 9-4-34)。

图 9-4-31　项目整体三维场布

图 9-4-32　项目生活区三维场布

图 9-4-33　项目办公区三维场布

图 9-4-34 项目作业区三维场布

9. 模型维护

在模型维护过程中,及时根据设计变更、工程变更对三维模型进行更新,并及时将变更后的模型反馈给现场管理人员及施工班组(见图 9-4-35),保证模型与变更及现场的同步性,并保存好修改前后的模型,做好模型版本管理,实现模型变更的可追溯性,为今后成本核算做准备。

图 9-4-35 机房变更模型

### 9.4.4 竣工阶段模型交付与维护

1. BIM 竣工模型信息录入要点

信息录入包括:

(1)项目的基本信息;

(2)模型精细尺寸和位置;

(3)总体尺寸和位置,包括数据参数;

(4)设备参数及厂家信息;

(5)工程质量资料;

(6)项目进度计划资料;

(7)设计变更及调整资料。

**2. BIM 竣工模型完善**

项目竣工完成后,BIM 咨询团队根据后续设备维修更换完善竣工模型。建筑物的运营一般周期较长,其中的设施、设备皆各有其使用年限,构筑物局部的维保以及项目改建、增建等行为会不断地发生,运用 BIM 运维模块对其参数、维修保养记录进行录入,新增或移除设备均非常快速,也不会产生数据不一致的情形。

### 9.4.5 BIM 应用总结

**1. 管理效益**

(1)综合运用 BIM 技术对该工程进行三维模拟建造,主要目的是解决建造的可行性问题,优化施工方案,同时可以对设计图错、漏、碰、缺之处提前发现并进行纠错,最终减少甚至消除施工阶段出现的返工、窝工等现象,减少施工阶段的工程变更,促进项目顺利实施。

(2)施工现场运用 BIM 技术,使得项目的安全、质量、进度、成本等管控有了一定的提升,提高了项目管理效率。

(3)施工现场利用 BIM 技术对管理人员、作业人员进行更直观的可视化交底,提高了工程参建方的沟通效率,提升了工程项目的施工质量。

**2. 经济效益**

通过 BIM 技术应用手段,对本项目的工程量进行统计算量,利用 BIM 技术及时发现图纸的错误,提前解决问题,避免了后期施工不必要的返工情况,有效精准地控制投资。

## 9.5 中国移动东湖高新信息港园区项目BIM技术应用案例

### 9.5.1 项目概况

**1. 项目简介**

中国移动(湖北)东湖高新信息港园区(二期)项目位于九峰三路以北、光谷八路以西(见图 9-5-1)。建筑总面积为 8.1 万平方米,二期拟建 5.9 万平方米,设置 2 栋 4 层标准化数据中心机房楼、1 栋动力中心(含开闭所)、1 栋 5 层维护支撑用房、地下车库等。

中晟宏宇工程咨询有限公司 BIM 研发中心提供 BIM 咨询服务,运用于施工图深化设计阶段、施工阶段、运维阶段,依照施工图创建 LOD300 的模型并深化为 LOD400,并利用 BIM 技术实施工程管理咨询服务,进行成本、质量、安全的管控。

**2. 项目难点**

本项目主要为新建数据机房工程,设备管线工程较复杂,易出现管线之间或管线与结构构件之间发生碰撞的情况,影响施工进度,造成返工或浪费,甚至存在安全隐患。整体测量控制、建筑物红线定位、建筑的平面布置、专业设备和管线的预留及安装、房间空间尺寸、建筑高程等工作复核工作量大,控制精度高,特别是本项目有大量的数据机房相关设备需要进行安装,为项目施工重难点。

# 第9章 BIM技术咨询应用案例分析

图 9-5-1 中国移动东湖高新信息港园区项目

## 9.5.2 BIM 整体方案

**1. 组织架构与分工**

本着策划先行的整体原则,中晟宏宇 BIM 研发中心组建中国移动项目 BIM 团队,项目共配备 BIM 咨询管理及实施人员 6 人,其中 BIM 项目经理 1 人、土建 BIM 工程师 1 人、机电 BIM 工程师 1 人、三维场布 BIM 工程师 1 人、动画渲染 BIM 工程师 1 人、漫游视频 BIM 工程师 1 人(见图 9-5-2)。项目岗位职责见表 9-5-1,具体根据项目的实施情况进行人员调动,确保满足项目施工需求。

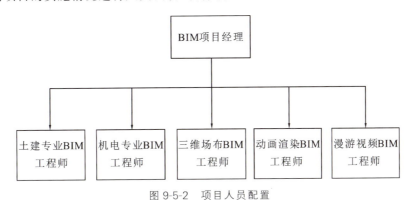

图 9-5-2 项目人员配置

表 9-5-1 岗位职责分工表

| 序号 | 职位 | 岗位职责 |
| --- | --- | --- |
| 1 | BIM 项目经理 | 统一规划协调项目 BIM 技术应用管理工作,制订 BIM 实施策划方案及信息化系统建设部署,监督和组织 BIM 成员进行相关工作,总体把控项目各阶段 BIM 应用实施情况 |
| 2 | 土建 BIM 工程师 | 负责 BIM 土建专业模型建立、整合及协调工作,负责审核、优化 BIM 模型及数据,确保模型与相关的施工图纸、图纸设计变更等保持一致,负责与其他专业相关工作的协调、配合 |

续表

| 序号 | 职位 | 岗位职责 |
| --- | --- | --- |
| 3 | 机电 BIM 工程师 | 负责项目机电专业 BIM 模型建立、整合、审核、协调工作，监督机电专业分包 BIM 技术应用情况，确保模型与相关的施工图纸、图纸设计变更等保持一致；负责与其他专业相关工作的协调、配合 |
| 4 | 三维场布 BIM 工程师 | 利用 BIM 相关软件，实现三维可视化的场地布置，可提前规划材料堆场以及临建设施的布置。可输出高清图片、视频以及 360°全景场地布置的二维码，供扫描后从任意角度查看 |
| 5 | 动画渲染 BIM 工程师 | 利用 BIM 相关软件，制作项目动画渲染视频，向业主可视化展示项目的真实效果，提前对项目功能性、不合理处等进行评估和调整 |
| 6 | 漫游视频 BIM 工程师 | 负责项目漫游视频制作，并向业主现场漫游展示，提前发现影响实际施工的碰撞点，加快项目的施工进度 |

2. 项目资源配置

实施 BIM 技术应用所推荐的办公硬件配置见表 9-5-2。

表 9-5-2　BIM 办公硬件配置一览表

| 序号 | BIM 电脑配置 | 型号 | 建议品牌 |
| --- | --- | --- | --- |
| 1 | CPU | i7 9700F | Intel 盒装 |
| 2 | 内存 | DDR4　8 GB | 金士顿 |
| 3 | 硬盘 | 1TB 机械 | 希捷 |
| 4 | M2 固态硬盘 | 240 GB | 金士顿 |
| 5 | 主板 | B365 | 华硕 |
| 6 | 显卡 | GTX 2060　6 GB | 影驰 |
| 7 | 电源 | 750 W | 航嘉 |
| 8 | 机箱 | ATX 标准型 | 航嘉 |
| 9 | 显示器 | 24 寸 | AOC |
| 10 | 键鼠 | 键鼠套装 | 罗技 |
| 11 | 戴尔 DELL 灵越 5000（笔记本） | 15.6 寸十代 i5-1035G1　8 GB　256 GB　MX230　2 GB 独显　含单肩包、无线鼠标 | 戴尔 |

### 9.5.3　咨询服务方案

1. BIM 咨询服务总体规划

主导和协调业主、设计单位、施工单位、监理单位在中国移动（湖北）东湖高新信息港园区（二期）项目的建设工程中对整个项目过程进行 BIM 咨询工作。

BIM 团队针对本项目编制了 BIM 咨询服务方案，建立起建筑、结构、机电安装的三维建筑模型，进行功能房间、人员流动的方案优化；实施碰撞检查和管线综合优化，对设备机房管线综合排布进行分析，进行可视化施工交底，对施工过程中的重点、难点进行动态控制，多方位应用漫游展示功能；通过信息平台协助多方协调和过程监管，竣工时移交精准的竣工模型，为后期的改造提供依据，并提供工程造价对比分析报告。

## 2. BIM 咨询服务目标

为中国移动(湖北)东湖高新信息港园区(二期)工程项目 BIM 技术提供有效支撑,增进工程项目的纵横向联系,增强工程项目全过程信息流的整体把控,进而达到提升决策水平、节约投资成本、提高工程质量、缩短建设周期、有效规避风险等目的,提升工程造价管理水平,为后期运维和改造提供精准的依据,实现对建筑项目的全周期化信息管理,提升整体行业效率,具有极高的应用价值。通过 BIM 技术的应用,预期可实现减少 70%~80%的返工,减少 40%~60%的变更成本,节省 10%左右的工期。

### 9.5.4 BIM 实施过程

#### 1. BIM 咨询服务应用点

本项目 BIM 咨询服务主要应用点见表 9-5-3。

表 9-5-3 BIM 咨询服务应用点

| 序号 | 阶段 | BIM 应用点 | | 预期效果 |
|---|---|---|---|---|
| 1 | 施工图深化设计阶段 | 建模 | 建筑模型 | 提供准确、完整的工程信息模型 |
| | | | 结构模型 | |
| | | | 暖通模型 | |
| | | | 电气模型 | |
| | | | 给排水模型 | |
| 2 | | 深化设计 | 设计验证及优化 | 提前在模型中发现很多传统二维图纸无法发现的图纸问题,一方面事前发现设计错误可有效控制成本,另一方面也提高了设计图纸的质量,加快了设计进度 |
| | | | 三维辅助图审 | |
| 3 | 施工阶段 | 空间管理 | 碰撞检测 | 碰撞检测报告 |
| | | | 净高分析 | 净高分析报告 |
| | | | 预留洞口定位 | 预留洞口定位图 |
| | | | 管线综合排布及碰撞优化 | 提前发现影响实际施工的碰撞点,运用三维模型更快地找到最优方案,并进行优化排布,加快施工进度 |
| 4 | | 可视化交底 | 三维可视化 | 比二维图纸更加直观、易懂 |
| 5 | | 虚拟漫游 | 漫游视频、现场漫游展示 | 虚拟场景化,提前发现影响实际施工的碰撞点,加快施工进度 |
| 6 | | 动画渲染 | 动画渲染视频 | 使得设计所见即所得,可视化展示项目的真实效果,提前对项目功能性、不合理处等进行评估和调整 |
| 7 | | 场地布置 | 三维场地布置图 | 利用 BIM 相关软件,实现三维可视化的场地布置,可提前规划材料堆场以及临建设施的布置。可输出高清图片、视频以及 360°全景场地布置的二维码,供扫描后从任意角度查看 |
| 8 | | 施工模拟 | 4D 施工模拟 | 将计划进度与模型进行有效挂接,实现建筑实体的虚拟建造 |
| 9 | 运维阶段 | 竣工模型交付 | 竣工模型交付 | 将设备相关运维信息进行录入,完善过程模型信息 |

续表

| 序号 | 阶段 | BIM 应用点 | 预期效果 |
|---|---|---|---|
| 10 | 运维阶段 | BIM 技术培训 | 针对业主以及项目部相关人员开展 BIM 技术相关培训,培训课时 3 个工作日 |

2. BIM 模型深化管控体系

(1) BIM 模型的搭建与深化。

本项目运用 BIM 技术开展工程建设相关应用,其前提条件就是搭建 BIM 模型。本项目采取分阶段 BIM 模型搭建,在施工图设计阶段搭建初步 BIM 模型,输出一定的成果来辅助提升施工图设计的质量,以减少后期施工因设计不合理带来的变更签证以及项目的拆改而影响工程的施工工期。在施工准备阶段对初步模型进行深化,开展一系列施工阶段的 BIM 技术应用。

(2) BIM 模型的交付与运行。

本项目 BIM 模型会根据不同时间节点向业主进行交付,在施工图深化设计阶段提交各专业深化初步模型以及相关成果,在施工准备阶段向业主提交深化 BIM 模型,在实际施工过程应用阶段根据项目的开展情况对深化模型进行拆分交付,输出拆分深化模型,从而实现 BIM 技术在各个阶段按需开展,实现效益的最大化。

3. BIM 技术重点应用

(1) 咨询服务方案。

BIM 咨询服务围绕建筑全生命周期,可以提供各阶段 BIM 应用解决方案。针对本项目的实际应用需求,BIM 研发中心编写了 BIM 咨询服务方案(见图 9-5-3),主要针对施工图深化设计阶段、施工准备阶段、施工阶段、竣工交付阶段的实施应用内容,以及设备机房管线综合排布、数据中心整体空间管理、BIM 深化模型维护等重要环节进行了深化方案设计。

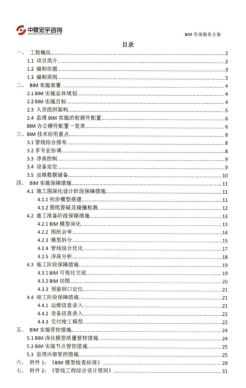

图 9-5-3　项目 BIM 咨询服务方案

根据 BIM 咨询服务方案,项目 BIM 团队能快速熟悉项目概况,指导团队工作思路及编制实施计划,是确保项目 BIM 技术应用落地最为关键的一环。

(2)三维辅助图审。

施工图深化设计阶段会为本项目提供准确、完整的各专业工程信息模型,并对设计图纸进行验证及优化,综合考虑各建筑单体等方面,直接对 BIM 模型进行修改,比较不同方案的效果,并将不同方案进行计算机分析,寻找最佳建筑方案。

本项目 BIM 人员建立各专业三维模型,组织对项目模型及图纸进行联合校审(见图 9-5-4)。主要审查结构形式、总体布置是否与项目总体策划匹配,专业内部是否匹配,专业间是否存在干扰、冲突,以及总体布置是否合理、美观;各专业间的结构、设备、管线是否存在干扰、冲突;孔洞、通道、集水井等隐蔽工程是否满足功能及使用要求等。通过三维辅助图纸会审,将图纸转化成模型,发现了标高、专业碰撞、部位构造、空间布局、预留预埋等设计问题 120 余处,做到快速、准确、全面地检查设计图纸中的错、漏、碰、缺等问题。

图 9-5-4 三维图审视频会议

(3)模型深化。

针对项目模型碰撞与边界,构件拆分是否满足检验批划分,施工属性、规程、规范、标准的符合性,模型精度(包括几何精度、属性精度)等内容,项目 BIM 团队根据 BIM 实施相关约束性文件开展审核,并且紧扣相关图集与规范。审核完成后,记录下来,形成 BIM 模型审查记录表,反馈给业主方,确保模型精度符合预期。

本项目主体设计外墙采用幕墙,在土建施工阶段需要进行预埋件的精准预埋,且项目各楼层各类机房众多,包括空调机房、制冷机房、发电机房、网络机房、数据机房、水泵机房等,为确保能协调好各专业的施工,中晟宏宇 BIM 团队进行全专业 BIM 模型深化(见图 9-5-5、图 9-5-6)。

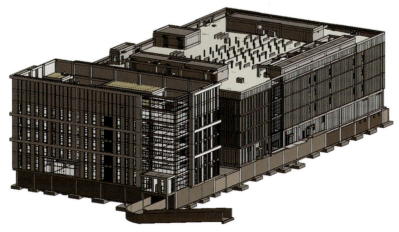

图 9-5-5 土建深化模型

图 9-5-6　机电深化模型

在模型深化的过程中,将各专业模型导入合模软件,进行各专业碰撞检测,并导出碰撞处的截图和具体参数,用于优化模型、解决碰撞问题,优化完成后导出相关图纸指导现场施工(见表 9-5-4、表 9-5-5)。

表 9-5-4　土建深化记录表(部分)

工程名称:中国移动(湖北)东湖高新信息港园区(二期)工程　　　　　　　　　　　　出报日期:2021 年 6 月 25 日

| 序号 | 图纸编号 | 问题概述 | 模型截图 | 图纸截图 |
| --- | --- | --- | --- | --- |
| 1 | FG-205 | 模型柱与图纸不符 | 地库 3—9/3—E | |
| 2 | FG-210 | 缺少加腋 | 地库 | |
| 3 | FG-210 | 梁板碰撞 | 地库 3—8 交 3—1/F | |

表 9-5-5　机电深化记录表（部分）

工程名称：中国移动（湖北）东湖高新信息港园区（二期）工程　　　　　　　　　　出报日期：2021 年 6 月 25 日

| 序号 | 图纸编号 | 问题概述 | 模型截图 | 图纸截图 |
|---|---|---|---|---|
| 1 | FK-315 | 柜式离心风机出风口应位于设备上方，静压箱与风口碰撞 | 地下车库通风平面图 | |
| 2 | — | 模型内静压箱未设置管道连接接口 | 地下车库排烟风管 | — |
| 3 | — | 风口与风管间未有效连接 | 地下车库排烟风管 | |

(4) 净高分析。

净高分析即通过 BIM 模拟预建造，形象、直观、准确地表现出每个区域的净高，根据各区域净高要求及管线排布方案进行净高分析，提前发现净高不足、功能不合理和美观性差的部位并做出相应调整，避免后期设计变更，从而缩短工期、节约成本（见图 9-5-7）。

在本项目中，新建数字中心属于云计算基础服务设施，为以后方便维修与管理，对整体空间有着较高的要求。有效的空间管理不仅提高了空间和数字中心相关资产的实际利用率，而且还对在这些空间中工作的人的生产力产生积极的影响。

通过搭建各专业模型，根据施工方案以及各专业分包单位实际情况，项目 BIM 团队开展管线综合深化，做好净高分析与碰撞检测，输出一系列管线安装成果，并对整体安装空间进行数据分析，形成三维轴测图，确定最优施工方案及顺序，避免后期因拆改而产生不必要的变更以及施工进度的延误，为业主节省成本的同时大大加快工程施工的进度。

(5) 管线综合排布。

经过对本项目的设计图纸进行仔细阅读，BIM 团队分析后认为本建设项目具有专业众多、管线复杂等特点，为保证整个机电系统的通畅，同时又能提升效率，应最大化地利用建筑的有限空间，这也是本次项目应用 BIM 技术的重点和难点。

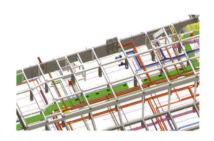
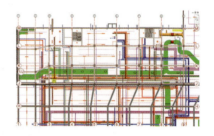

对于成排管线区域，管线尽量贴车位尾部布置。

图 9-5-7　净高分析报告

中晟宏宇 BIM 团队运用 BIM 技术进行管线综合排布分析，根据本项目的建筑结构和特性，对各个剖面内的管线排布设计进行简单化，对于一些不合理的设计排布进行调整，有吊顶的相关部位需要对设计图上的标高进行复核，最终做到管线排布美观、净空及间距符合要求（见图 9-5-8）。

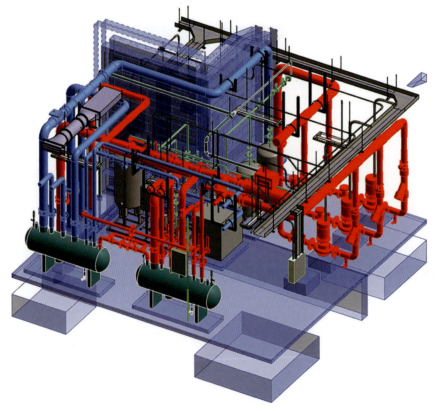

图 9-5-8　重要节点展示

（6）视频漫游。

以虚拟漫游视频的方式展示 BIM 工作成果，能让参建单位直观地了解整个项目完成后的整体效果，在建筑物建造之前以真实的人的视角进入建筑物进行实际漫游，提前发现问题并及时解决。

利用 BIM 技术相关软件，使得所见即所得，可视化展示项目的真实效果，业主可提前对本项目的功能性、不合理处等进行评估和调整。也可实现计划进度与工程构件的动态链接,通过施工动态模拟可形象直观地表达进度计划和施工过程,以及重要环节施工工艺。在模拟过程中,可以及时发现和修正总承包单位报送的进度计划存在的需要调整和协调的问题,为建设单位直观了解工程项目情况和管理工程进度提供便捷工具。

中晟宏宇BIM团队利用BIM展示动画(见图9-5-9、图9-5-10),在动画的引领下查找使用功能不合理处并在方案中加以修改,并进行施工技术交底,不仅能使设计信息简单明了,施工人员也能提前预判周边环境对施工方法带来的不利影响,提前选择合理的施工方案,避免后期的返工或者窝工。

图 9-5-9　制冷机房漫游

图 9-5-10　室外漫游

### 9.5.5　BIM 实践总结

1. BIM 实施保障措施

本项目开展 BIM 技术应用,项目 BIM 团队基于 BIM 技术的管理水平、项目整体沟通效率有了显著提高,降低了管理难度与管理风险。而项目 BIM 成果的成功落地,离不开公司 BIM 实施应用的保障措施。项目在实施过程中严格遵循以下相关保障措施,确保 BIM 应用的成功落地。

(1)质量考核措施。

根据项目应用要求及过程制订考核时间表,我司 BIM 研发中心对本 BIM 应用进行过程跟踪审查,设定相应的工作流程和工作内容,保证其有条不紊地运行。从图纸校核、结构校验、节点深化、实体优化、各方协调等各环节入手,确保工程的安全和质量,节约成本,提升品质,体现其在施工总承包管理中的价值。

(2)作业指导措施。

为了使本项目 BIM 深化模型满足技术标准,BIM 研发中心结合公司 BIM 审核文件《BIM 模型审核作业指导手册》、公司各专业样板文件创建指导手册、《BIM 建模指导手册》、《BIM 管道排布基本原则》及本项目相关 BIM 实施技术标准文件等进行审核,主要内容包含碰撞与边界、模型构件、属性信息、规程规范以及相关标准约束性文件等,确保深化模型符合设计标准及施工要求。

(3)进度保障措施。

根据项目的施工进度计划,我司采用弹性工作模式,在满足项目 BIM 应用需求的前提下,合理进行人员分配,采取高效的 BIM 协调作业模式,并制订合理的 BIM 工作进度计划,保证在规定时间完成相应的 BIM 技术成果的落地工作。

(4)例会管理制度。

BIM 工作组内部每周召开一次碰头会,针对本周工作情况和遇到的问题,制订下周工作计划。BIM 工作组定期向业主汇报工作进展情况以及遇到的困难、需要联合解决的问题,及时对问题给予处理和解决。

(5)公司考核制度。

公司 BIM 研发中心每周开展项目 BIM 进度控制会议,确保每个项目符合预期进度。若进度滞后,将进行研判,及时提供改进措施。公司采取 BIM 项目考评制度,将考评结果纳入月度红黑榜,对优秀 BIM 项目团队予以物质奖励,必要时对考评不合格的 BIM 项目团队采取人员更换等管控措施。

2. 下一步规划

本项目通过 BIM 技术,在大型信息港园区的施工中采用数字化协同的方式,发挥施工阶段前的设计优化、方案先行的优势。通过建立各专业模型,将现有的二维设计图纸转化成三维建筑信息模型,根据结构、空间净高、管线、设备之间的关系及避让原则,进行碰撞检测,对碰撞结果进行合理的调整,解决图纸当中存在的错误,优化设计。通过多维度可视化三维漫游调整 BIM 模型,选择最佳的技术方案,减少了各参建方重复沟通调整设计和比选方案的时间和环节,大大提升了前置工作的效率及完成效果。

接下来 BIM 团队将继续优化工作模式,公司 BIM 研发中心加强并完善企业体系保障措施,实时跟进行业 BIM 技术应用方向,扎根行业 BIM 实施风向标项目实施 BIM 相关工作,分析行业落地 BIM 技术应用点,编制项目切实可行的 BIM 咨询服务方案。同时通过项目的实践探索制定企业相关 BIM 技术标准以及相关 BIM 实施制度,完成企业 BIM 资源的整体规划,通过自身优势将 BIM 咨询团队与公司各业务模块进行有效耦合,打造一支建设工程 BIM 咨询专业团队,从客户需求出发,为客户量身定制专业的 BIM 咨询服务。